JN037571

2025年度版

広島県・広島市の
理科

過 去 問

協同教育研究会 編

協同出版

本書には，広島県・広島市の教員採用試験の過去問題を収録しています。各問題ごとに，以下のように5段階表記で，難易度，頻出度を示しています。

難　易　度

非常に難しい　☆☆☆☆☆
やや難しい　☆☆☆☆
普通の難易度　☆☆☆
やや易しい　☆☆
非常に易しい　☆

頻　出　度

◎　ほとんど出題されない
◎◎　あまり出題されない
◎◎◎　普通の頻出度
◎◎◎◎　よく出題される
◎◎◎◎◎　非常によく出題される

はじめに～「過去問」シリーズ利用に際して～

　教育を取り巻く環境は変化しつつあり，日本の公教育そのものも，教員免許更新制の廃止やGIGAスクール構想の実現などの改革が進められています。また，現行の学習指導要領では「主体的・対話的で深い学び」を実現するため，指導方法や指導体制の工夫改善により，「個に応じた指導」の充実を図るとともに，コンピュータや情報通信ネットワーク等の情報手段を活用するために必要な環境を整えることが示されています。

　一方で，いじめや体罰，不登校，暴力行為など，教育現場の問題もあいかわらず取り沙汰されており，教員に求められるスキルは，今後さらに高いものになっていくことが予想されます。

　本書の基本構成としては，出題傾向と対策，過去5年間の出題傾向分析表，過去問題，解答および解説を掲載しています。各自治体や教科によって掲載年数をはじめ，「チェックテスト」や「問題演習」を掲載するなど，内容が異なります。

　また原則的には一般受験を対象としております。特別選考等については対応していない場合があります。なお，実際に配布された問題の順番や構成を，編集の都合上，変更している場合があります。あらかじめご了承ください。

　最後に，この「過去問」シリーズは，「参考書」シリーズとの併用を前提に編集されております。参考書で要点整理を行い，過去問で実力試しを行う，セットでの活用をおすすめいたします。

　みなさまが，この書籍を徹底的に活用し，教員採用試験の合格を勝ち取って，教壇に立っていただければ，それはわたくしたちにとって最上の喜びです。

協同教育研究会

C O N T E N T S

第1部

広島県・広島市の
理科
出題傾向分析

広島県・広島市の理科　傾向と対策

　広島県は，2022年度に出題形式の大きな変更があり，2023年度，2024年度も同様の形式である。2021年度以前は，中学・高校ともに，計算の途中経過を書かせる設問や論述問題，作図問題を含む全問記述形式であったが，2022年度以降は，中学・高校ともにマーク式を基本とし，学習指導要領や実験・観察に関連して，授業での指導内容や留意点を論述させる問題のみ，記述形式となっている。試験時間は例年と同じ120分であり，他の自治体と比較すると試験時間は長いが，論述問題を考慮するとそれほど余裕はないだろう。

　中学理科については，2024年度は，学習指導要領に関する大問が1問，中学理科と高校理科の共通総合問題が大問1問(物理・化学・生物・地学の各科目の中設問からなる)の他に，物理・化学・生物・地学の大問がそれぞれ1問，理科の授業における実験の方法・留意点についての大問1問の計7問構成となっている。共通総合問題は，中学から高校基礎レベルの範囲の基本的な内容が問われる出題内容であるが，各科目の大問は，高校理科の専門問題と共通の問題であり，高校応用レベルの内容からの出題で難易度は高めである。4科目とも高校の範囲を含めた幅広い知識が必要であり，主要な実験や現象の考え方についての説明や，実験上の注意点や留意点をしっかりと押さえておく必要がある。まずは教科書の重要例題，重要実験を確実に理解した上で，大学入学共通テスト対策の問題集等で演習を重ねておけば，実際の試験を想定した具体的な対策を行うことができるだろう。

　学習指導要領については，理科における「見方・考え方」について，指導計画の作成と内容の取扱いにおける観察や定点観測の留意点についての論述問題が出題された。学習指導要領についての論述問題では，学習指導要領解説に示されている内容をどれだけ熟読・理解できているかが重要となるので，学習指導要領内のキーワードを押さえながら，学習指導要領解説と併せて熟読・理解した上で，適切な記述ができるよう準

備しておきたい。

　高校理科については，2024年度も物理・化学・生物・地学の4科目の試験が実施された。実施がないということもありえるので，事前に募集科目について確認をしておく必要がある。各科目とも，中学理科と高校理科の共通総合問題が1問，各科目の専門問題が2問(ここまですべてマーク式)の他に，学習指導要領に関する科目共通の論述問題が1問，科目別の実験・観察の指導についての論述問題1問の計5問構成である。各科目の専門問題は，高校応用レベルの問題であり，年度によっては大学教養レベルの設問も含まれる。内容は，知識の応用や計算問題，実験の留意点を問うものなど様々である。したがって，まずは教科書の内容を確実に理解し，大学入試を想定した問題集で知識の確認を行うとよい。題材となる実験や現象はどれも基本的なものであるが，本質を理解していないと解答できない設問も多いので，教科書や参考書の隅々まで目を通しておくこと。同時に実際の指導を想定し，主要な実験や現象の考え方についての説明や，実験上の注意点や留意点を押さえて記述できる必要がある。できるならば，大学入学共通テスト対策の問題集だけでなく，難関大学の個別試験の対策問題集までカバーしておくことを勧める。

　学習指導要領については，中学理科と同様に，理科における「見方・考え方」について，科学的概念を使用して考えたり説明したりする学習活動の充実のための工夫についての論述問題が出題された。論述問題では，単純に学習指導要領を一通り読むような一般的な対策だけでは対応できないので，学習指導要領解説を併せて熟読・理解し，実際に自分の言葉で自分が専門とする科目の指導をどのように進めていくかを具体的に考えて，わかりやすい文章で説明することを学習しておく必要がある。

　さらに過去問には必ず当たっておこう。数年分の過去問を実際の受験のつもりで試すことにより，出題形式に慣れ，出題傾向を知ることができ，自分の苦手な分野を知ることができる。苦手克服の対策により，自信にもつながるのである。

過去5年間の出題傾向分析

■中学理科

科目	分類	主な出題事項	2020年度	2021年度	2022年度	2023年度	2024年度
物理	身近な物理現象	光	●				
		音					●
		力			●	●	
	電流の働き	電流と回路			●		●
		電流と磁界			●		
	運動の規則性	運動と力			●		
		仕事, エネルギー, 熱				●	
	学習指導要領	内容理解, 空欄補充, 正誤選択	●		●	●	●
化学	身近な物質	物質の性質		●		●	●
		物質の状態変化	●				
		水溶液					
		酸性・アルカリ性の水溶液			●		
		気体の性質					
	化学変化と分子・原子	物質の成り立ち				●	
		化学変化と物質の質量	●			●	
	物質と化学変化の利用	酸化・還元	●				●
		化学変化とエネルギー					
	学習指導要領	内容理解, 空欄補充, 正誤選択	●				
生物	植物のからだのつくりとはたらき	観察実験					
		花や葉のつくりとはたらき		●			
		植物の分類		●			
	動物のからだのつくりとはたらき	刺激と反応	●				
		食物の消化	●				●
		血液の循環					
		呼吸と排出					
	生物の細胞と生殖	生物のからだと細胞			●		●
		生物の殖え方					●
		環境・生態系				●	
	学習指導要領	内容理解, 空欄補充, 正誤選択	●	●			
地学	大地の変化	岩石				●	
		地層					
		地震				●	
	天気の変化	雲のでき方・湿度					●
		前線と低気圧		●			●
		気象の変化		●			

科目	分類	主な出題事項	2020年度	2021年度	2022年度	2023年度	2024年度
地学	地球と宇宙	太陽系			●		
		地球の運動と天体の動き	●				
	学習指導要領	内容理解, 空欄補充, 正誤選択	●	●			●

■高校物理

分類	主な出題事項	2020年度	2021年度	2022年度	2023年度	2024年度
力学	力	●	●		●	●
	力のモーメント					
	運動方程式	●				●
	剛体の回転運動					
	等加速度運動	●			●	●
	等速円運動					●
	単振動					●
	惑星の運動・万有引力			●		
	仕事, 衝突				●	
波動	波動の基礎					
	音波					
	光波			●	●	
電磁気	電界と電位		●			●
	コンデンサーの基礎					
	直流回路					●
	コンデンサー回路		●			
	電流と磁界					
	電磁誘導					
	交流電流		●	●		
	電磁波		●			
熱と気体	熱, 状態の変化				●	
	状態方程式					
	分子運動					
	熱力学第一法則					
原子	光の粒子性	●				
	物質の二重性					
	放射線					
	原子核反応	●				
その他	実験・観察に対する考察					●
学習指導要領	内容理解, 空欄補充, 正誤選択	●		●	●	●

■高校化学

分類	主な出題事項	2020年度	2021年度	2022年度	2023年度	2024年度
物質の構成	混合物と純物質					
	原子の構造と電子配置			●		
	元素の周期表					
	粒子の結びつきと物質の性質		●			
	原子量, 物質量	●				●
	化学変化とその量的関係	●	●	●	●	
物質の変化	熱化学					
	酸と塩基			●		●
	酸化と還元	●			●	●
	電池					●
	電気分解					
無機物質	ハロゲン					
	酸素・硫黄とその化合物					
	窒素・リンとその化合物					
	炭素・ケイ素とその化合物					
	アルカリ金属とその化合物					
	2族元素とその化合物					
	アルミニウム・亜鉛など				●	
	遷移元素					
	気体の製法と性質	●			●	
	陽イオンの沈殿, 分離				●	
有機化合物	脂肪族炭化水素					
	アルコール・エーテル・アルデヒド・ケトン					
	カルボン酸とエステル					
	芳香族炭化水素					
	フェノールとその誘導体					
	アニリンとその誘導体					
	有機化合物の分離					
物質の構造	化学結合と結晶			●		
	物質の三態					
	気体の性質					
	溶液, 溶解度					
	沸点上昇, 凝固点降下, 浸透圧					
反応速度と化学平衡	反応速度	●				●
	気相平衡					●
	電離平衡					●
	溶解度積					●
	ルシャトリエの原理					

分類	主な出題事項	2020年度	2021年度	2022年度	2023年度	2024年度
天然高分子	糖類		●			
	アミノ酸・タンパク質	●				
	脂質					
合成高分子	合成繊維					
	合成樹脂（プラスチック）			●		
	ゴム			●		
生活と物質	食品の化学					
	衣料の化学		●			
	材料の化学					
生命と物質	生命を維持する反応					
	医薬品					
	肥料					
学習指導要領	内容理解，空欄補充，正誤選択	●		●	●	●

■高校生物

分類	主な出題事項	2020年度	2021年度	2022年度	2023年度	2024年度
細胞・組織	顕微鏡の観察	●		●		
	細胞の構造	●		●		
	浸透圧					
	動物の組織					
	植物の組織					
分裂・生殖	体細胞分裂					
	減数分裂					
	重複受精					
発生	初期発生・卵割					
	胚葉の分化と器官形成				●	
	誘導					
	植物の組織培養					
感覚・神経・行動	感覚器					
	神経・興奮の伝導・伝達					●
	神経系					●
	動物の行動					●
恒常性	体液・血液循環					
	酸素解離曲線					
	ホルモン					
	血糖量の調節				●	
	体温調節					
	腎臓・浸透圧調節				●	
	免疫			●		

分類	主な出題事項	2020年度	2021年度	2022年度	2023年度	2024年度
恒常性	器官生理					
	自律神経系					
遺伝	メンデル遺伝				●	
	相互作用の遺伝子					
	連鎖					
	伴性遺伝					
	染色体地図					
植物の反応	植物の反応					
	植物ホルモン					
	オーキシンによる反応					
	種子の発芽					
	花芽形成					
遺伝子	DNAの構造とはたらき				●	
	遺伝情報の発現とタンパク質合成					
	遺伝子の発現・調節			●		
	遺伝子工学					
酵素・異化	酵素反応					
	好気呼吸		●			
	嫌気呼吸					
	筋収縮					●
同化	光合成曲線					●
	光合成の反応					
	窒素同化					
	C4植物					
個体群・植物群落・生態系	成長曲線・生存曲線・生命表					
	個体群の相互作用					
	植物群落の分布		●			
	植物群落の遷移		●			●
	物質の循環					
	物質生産					
	湖沼生態系					
	環境・生態系					●
進化・系統・分類	進化の歴史					
	分子系統樹	●				
	進化論					
	集団遺伝	●				
	系統・分類					
学習指導要領	内容理解，空欄補充，正誤選択	●		●	●	●

10

■高校地学

分類	主な出題事項	2020年度	2021年度	2022年度	2023年度	2024年度
惑星としての地球	地球の姿		●			
	太陽系と惑星					
大気と海洋	大気の運動	●				●
	天候			●		
	海水の運動			●		
地球の内部	地震と地球の内部構造					
	プレートテクトニクス		●	●		
	マグマと火成活動				●	
	地殻変動と変成岩	●			●	
地球の歴史	地表の変化と堆積岩				●	
	地球の歴史の調べ方	●			●	
	日本列島の生い立ち					
宇宙の構成	太陽の姿			●		
	恒星の世界		●			
	銀河系宇宙				●	
その他	実習活動の要点					
学習指導要領	内容理解, 空欄補充, 正誤選択	●		●	●	

11

第 2 部

広島県・広島市の
教員採用試験
実施問題

2024年度　実施問題

中高理科共通

【1】次の1～4に答えなさい。

1　音の性質について，次の(1)～(3)に答えなさい。

(1)　次の実験1～4は，モノコードの弦をはじいたときの音の大きさや高さを調べる実験の方法について述べたものです。また，以下の図は，実験2～4の一部を模式的に示したものです。実験2～4の結果を，実験1の結果と比較してまとめたあとの表中の空欄　ア　～　シ　に当てはまる語句として適切なものを，あとの①～⑤のうちからそれぞれ1つずつ選び，その番号を答えなさい。ただし，同じものを繰り返し選んでもよいこととします。

> 【実験1】モノコードの弦をはじき，音の大きさや高さを調べる。
>
> 【実験2】他の条件は変えず，モノコードの弦をはじく強さが実験1よりも強いときと弱いときで，音の大きさや高さを調べる。
>
> 【実験3】他の条件は変えず，モノコードのことじの位置を変えて，弦の振動する部分の長さが実験1よりも長いときと短いときで，音の大きさや高さを調べる。
>
> 【実験4】他の条件は変えず，モノコードのねじを回して，弦を張る強さが実験1よりも強いときと弱いときで，音の大きさや高さを調べる。

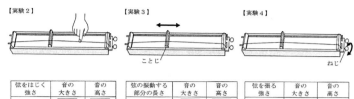

弦をはじく 強さ	音の 大きさ	音の 高さ
強い	ア	イ
弱い	ウ	エ

弦の振動する 部分の長さ	音の 大きさ	音の 高さ
長い	オ	カ
短い	キ	ク

弦を張る 強さ	音の 大きさ	音の 高さ
強い	ケ	コ
弱い	サ	シ

① 変化しない　② 大きい　③ 小さい　④ 高い
⑤ 低い

(2) 音の性質についての記述として適切なものを，次の①～⑤のうちから全て選び，その番号を答えなさい。

① 音の伝わる速さは空気中よりも水中のほうが速く，水中よりも鉄の中のほうが速い。

② 太鼓をばちでたたくと，太鼓の膜が振動し，膜に接する空気も振動して，空気に圧力の高い部分と低い部分ができ，空気の振動が横波となって伝わる。

③ 音の高さを等しくしても，リコーダーとギターで異なった音として聞こえるのは，それぞれの音の波形が異なっているためである。

④ リコーダーなどの管楽器では，気柱の長さを変えることで，固有振動数を変えて，音の高さを変えている。

⑤ 2つのおんさを同時に鳴らしてうなりが生じるとき，2つのおんさの振動数は等しい。

(3) 次の文章は，空気中を伝わる音の速さについて述べたものです。文章中の空欄[　ア　]～[　エ　]に当てはまる数字として適切なものを，以下の【ア～エの選択肢】の①～⑩のうちからそれぞれ1つずつ選び，その番号を答えなさい。ただし，同じものを繰り返し選んでもよいこととします。また，文章中の空欄[　オ　]に当てはまる数値として最も適切なものを，あとの【オの選択肢】の①～⑨のうちから選び，その番号を答えなさい。

15

> 　1気圧，t〔℃〕の空気中を伝わる音の速さV〔m/s〕は，$V=331.5+0.6t$と表される。1気圧，32.5℃の空気中で，A地点から壁に向かって音を出したところ，A地点において$6.00×10^{-1}$秒後に壁からの反射音が聞こえた。このとき，A地点から壁までの距離を有効数字3桁で表すと，[　ア　].[　イ　][　ウ　]$×10^{[　エ　]}$mである。
>
> 　また，A地点から同じ壁に向かって音を出し，A地点において$6.24×10^{-1}$秒後に壁からの反射音が聞こえるときの空気の温度は，[　オ　]℃である。ただし，そのときの気圧は1気圧とする。

【ア～エの選択肢】

① 1　　② 2　　③ 3　　④ 4　　⑤ 5　　⑥ 6

⑦ 7　　⑧ 8　　⑨ 9　　⑩ 0

【オの選択肢】

① －20　　② －10　　③ －2　　④ －1　　⑤ 0

⑥ 1　　⑦ 2　　⑧ 10　　⑨ 20

2　酸化還元反応について，次の(1)～(3)に答えなさい。

(1)　次の図は，3種の水溶液(硫酸マグネシウム水溶液，硫酸亜鉛水溶液，硫酸銅水溶液)が入ったマイクロプレートに，3種の金属板(マグネシウム板，亜鉛板，銅板)をそれぞれ1枚ずつ入れた様子を模式的に示しており，マイクロプレートの横の列には同じ種類の水溶液，縦の列には同じ種類の金属板が入っています。それぞれの組合せにおける，金属板に起きる変化についてまとめた以下の表中の空欄　ア　～　ケ　に当てはまる文として適切なものを，あとの①～③のうちからそれぞれ1つずつ選び，その番号を答えなさい。ただし，同じものを繰り返し選んでもよいこととします。

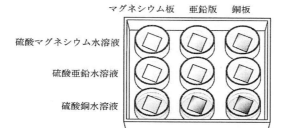

	マグネシウム板	亜鉛板	銅板
硫酸マグネシウム水溶液	ア	イ	ウ
硫酸亜鉛水溶液	エ	オ	カ
硫酸銅水溶液	キ	ク	ケ

① 変化しない。

② 金属板の表面に黒い物質が付着する。

③ 金属板の表面に赤い物質が付着する。

(2) 電池についての記述として適切なものを，次の①～⑤のうちから全て選び，その番号を答えなさい。

① 化学電池には，マンガン乾電池，アルカリ乾電池，リチウムイオン電池などのように，使い切りタイプの一次電池と，鉛蓄電池，ニッケル水素電池，リチウム電池のように，充電して繰り返し使うことができる二次電池がある。

② 燃料電池は，水素と酸素がもつ化学エネルギーを電気エネルギーとして直接取り出す装置で，水素を供給することで継続して電気エネルギーを取り出すことができる。

③ 酸化銀電池は，電圧が安定していて長期間使用できるため，腕時計の電池としても利用されている。

④ マンガン乾電池では，負極活物質として酸化マンガン(Ⅳ)，正極活物質として亜鉛が用いられている。

⑤ ダニエル電池では，放電により，負極側で陽イオンが増え続け，正極側で陽イオンが減り続けるが，素焼き板やセロハンを

用いて陽イオンや陰イオンが少しずつ移動できるようにすることで，電気的な中性を保っている。

(3) 次の文章は，鉛蓄電池の反応について述べたものです。文章中の空欄[　ア　]〜[　ウ　]に当てはまる数字として適切なものを，以下の①〜⑩のうちからそれぞれ1つずつ選び，その番号を答えなさい。ただし，同じものを繰り返し選んでもよいこととします。なお，Oの原子量を16.0，Sの原子量を32.1，Pbの原子量を207とします。

> 鉛蓄電池では，負極活物質に鉛，正極活物質に酸化鉛(IV)，電解質水溶液に希硫酸を用いている。鉛蓄電池の放電により，正極の酸化鉛(IV)が0.200mol反応するときの，負極の質量の増加量を有効数字3桁で表すと，[　ア　][　イ　]．[　ウ　]gである。

① 1　　② 2　　③ 3　　④ 4　　⑤ 5　　⑥ 6
⑦ 7　　⑧ 8　　⑨ 9　　⑩ 0

3　生物の殖え方，体細胞分裂について，次の(1)〜(3)に答えなさい。

(1) 生物の殖え方についての記述として適切なものを，次の①〜⑤のうちから全て選び，その番号を答えなさい。

①　ヒドラなどで見られる，体の一部に突起が生じて成長し，独立して新しい個体となる生殖を出芽という。

②　栄養生殖の例として，ジャガイモのように，土中の根が栄養分を蓄えて殖えるものや，サツマイモのように，土中の茎が栄養分を蓄えて殖えるものなどがある。

③　セイロンベンケイは，葉から新しい芽がいくつも出てきて育ち，新しい根，茎，葉ができるが，成長すると花が咲き，種子をつくることもできる。

④　被子植物の受精は，花粉管の中を移動して胚珠に達した花粉管核が，卵細胞と合体することで起こる。

⑤　生殖細胞が形成されるときに起こる減数分裂は，連続して起

18

こる2回の分裂からなる。

(2)　ネギの根端の細胞を450個観察し，細胞周期のそれぞれの時期の細胞数を数えたところ，分裂期の前期，中期，後期，終期の細胞数はそれぞれ45個，23個，9個，13個でした。このときの間期にかかる時間として最も適切なものを，次の①〜⑨のうちから選び，その番号を答えなさい。なお，それぞれの時期の細胞数は，その時期にかかる時間の長さに比例するものとし，細胞周期に要する時間は20時間とします。

① 11時間　② 12時間　③ 13時間　④ 14時間
⑤ 15時間　⑥ 16時間　⑦ 17時間　⑧ 18時間
⑨ 19時間

(3)　次の文章は，体細胞分裂におけるDNA量の変化について述べたものです。文章中の空欄[　ア　]〜[　ウ　]に当てはまる数値の組合せとして適切なものを，以下の①〜⑧のうちから選び，その番号を答えなさい。

間期は，DNA複製の準備を行うDNA合成準備期，DNAの複製を行うDNA合成期，分裂の準備を行う分裂準備期の3つの時期に分けられる。DNA合成準備期の細胞当たりのDNA量を1としたとき，分裂準備期の細胞当たりのDNA量は[　ア　]，分裂期の細胞当たりのDNA量は[　イ　]，娘細胞の細胞当たりのDNA量は[　ウ　]となる。

	ア	イ	ウ
①	1	1	1
②	1	1	2
③	1	2	1
④	1	2	2
⑤	2	1	1
⑥	2	1	2
⑦	2	2	1
⑧	2	2	2

4　気象とその変化について，次の(1)〜(3)に答えなさい。

(1)　気象とその変化についての記述として適切なものを，次の①〜

19

⑤のうちから全て選び，その番号を答えなさい。

①　雲には，水平方向に広がる積雲や，垂直方向に発達する層雲がある。

②　雲をつくる水滴や氷の粒はとても小さく空気中を漂っているが，これらが合体するなどして大きくなり，落ちてきたものが雨や雪である。

③　寒冷前線の進む速さは温暖前線より遅いため，地上の暖気の範囲はしだいに広くなる。

④　寒冷前線側の寒気と温暖前線側の寒気の気温が異なると閉塞前線ができる。

⑤　閉塞前線ができると，地表付近は全て寒気におおわれ，低気圧は消滅してしまうことが多い。

(2)　次の文章は，圧力に関する実験と大気圧について述べたものです。文章中の空欄[　ア　]～[　ウ　]に当てはまる数値として適切なものを，以下の①～⑨のうちからそれぞれ1つずつ選び，その番号を答えなさい。なお，100gの物体にはたらく重力の大きさを1.00Nとします。

【圧力に関する実験】

> 　縦30.0cm，横30.0cm，厚さ5.00cmのやわらかいスポンジを2個机の上に置き，一方のスポンジの真ん中には1辺10.0cmの正方形の薄い板を，もう一方のスポンジの真ん中には1辺5.00cmの正方形の薄い板を載せた。それぞれの板の上に，400gのおもりを板からはみ出さないように載せたところ，いずれのスポンジもへこみ，へこみ方は1辺5.00cmの板の上におもりを載せた場合の方が大きくなった。
>
> 　この実験において，1辺10.0cmの板の上におもりを載せたときにスポンジにはたらく圧力は[　ア　]Pa，1辺5.00cmの板の上におもりを載せたときにスポンジにはたらく圧力は[　イ　]Paである。ただし，板の重さは無視できるものとする。

【大気圧について】

> 　大気による圧力を大気圧といい，高さ0mの海面1.00m²上にある空気の質量が10.0tであるとき，この海面上での大気圧は，[　ウ　]Paである。

① 　$4.00×10^{-2}$ 　　② 　$8.00×10^{-2}$ 　　③ 　$1.60×10^{-1}$

④ 　$4.00×10^2$ 　　⑤ 　$8.00×10^2$ 　　⑥ 　$1.00×10^3$

⑦ 　$1.60×10^3$ 　　⑧ 　$1.00×10^4$ 　　⑨ 　$1.00×10^5$

(3) 　次の図は，フェーン現象のしくみを模式的に示したもので，以下の文章は，この図について説明したものです。また，あとの表は，気温と飽和水蒸気量を示したものです。これらを基に，文章中の空欄[　ア　]に当てはまる数値として適切なものを，あとの【アの選択肢】の①〜⑨のうちから選び，その番号を答えなさい。また，文章中の空欄[　イ　]に当てはまる数値として適切なものを，あとの【イの選択肢】の①〜⑨のうちから選び，その番号を答えなさい。また，文章中の空欄[　ウ　]に当てはまる数値として適切なものを，あとの【ウの選択肢】の①〜⑨のうちから選び，その番号を答えなさい。

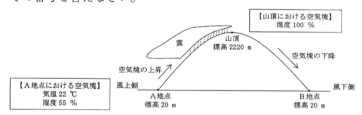

> 　A地点，B地点はいずれも標高20m，この山の標高は2220mである。気温22℃，湿度55％の空気塊が山の風上側の麓にあるA地点で山にぶつかり，山腹を上昇すると，標高約[　ア　]mに達したときに雲が発生して雨を降らせる。その後，空気塊が山頂に達したときに雲が消え，山頂で空

気塊の湿度が100％となったとすると，空気塊が山腹を下降し，山の風下側の麓のあるB地点に到達したときの気温は約[　イ　]℃，湿度は約[　ウ　]％である。ただし，雲がない場合は，気温は100m上昇するごとに1℃下がり，100m下降するごとに1℃上がることとし，雲がある場合は，気温は100m上昇するごとに0.5℃下がり，100m下降するごとに0.5℃上がることとする。

気温〔℃〕	飽和水蒸気量〔g/m³〕	気温〔℃〕	飽和水蒸気量〔g/m³〕
0	4.8	16	13.6
2	5.6	18	15.4
4	6.4	20	17.3
6	7.3	22	19.4
8	8.3	24	21.8
10	9.4	26	24.4
12	10.7	28	27.2
14	12.1	30	30.4

【アの選択肢】

① 140　　② 360　　③ 580　　④ 800　　⑤ 1020

⑥ 1240　　⑦ 1460　　⑧ 1680　　⑨ 1900

【イの選択肢】

① 16　　② 18　　③ 20　　④ 22　　⑤ 24　　⑥ 26

⑦ 28　　⑧ 30　　⑨ 32

【ウの選択肢】

① 23　　② 27　　③ 31　　④ 35　　⑤ 39　　⑥ 43

⑦ 47　　⑧ 51　　⑨ 55

(☆☆☆◎◎◎)

中　学　理　科

【１】次の文章は，電流計について述べたものです。文章中の空欄[　ア　]～[　ウ　]に当てはまる語句や式の組合せとして適切なものを，以下の①～⑧のうちから選び，その番号を答えなさい。

回路のある部分に流れる電流を測定したいときは，電流計を測定したい部分と[　ア　]に接続すればよい。また，内部抵抗がr_A〔Ω〕の電流計の測定範囲をn倍に広げたいときは，抵抗値が[　イ　]〔Ω〕の抵抗器を電流計と[　ウ　]に接続すればよい。

	ア	イ	ウ
①	直列	$(n-1)r_A$	直列
②	直列	$(n-1)r_A$	並列
③	直列	$\dfrac{r_A}{n-1}$	直列
④	直列	$\dfrac{r_A}{n-1}$	並列
⑤	並列	$(n-1)r_A$	直列
⑥	並列	$(n-1)r_A$	並列
⑦	並列	$\dfrac{r_A}{n-1}$	直列
⑧	並列	$\dfrac{r_A}{n-1}$	並列

(☆☆☆◎◎◎)

【2】次の1・2に答えなさい。

1　物質についての記述として適切なものを，次の①〜⑤のうちから全て選び，その番号を答えなさい。

① 原油の分留では，精留塔の内部の温度が上部ほど高いので，軽油とナフサでは，沸点が高い軽油の方が，精留塔の上部で得られる。

② 分液ろうとにヨウ素ヨウ化カリウム水溶液(ヨウ素液)とヘキサンを入れ，よく振り混ぜてから静置すると，ヨウ素は水よりもヘ

23

キサンに溶けやすいので，ヨウ素がヘキサンに抽出される。

③　硝酸カリウムに少量の硫酸銅(Ⅱ)五水和物が混合した混合物を適量の熱水に溶かし，ゆっくりと冷却していくと，ほぼ純粋な硝酸カリウムを結晶として取り出すことができる。

④　酸素の同素体には，無色・無臭の気体である酸素と，淡青色で特異臭をもつ有毒な気体であるオゾンがある。

⑤　硫黄の同素体である斜方硫黄，単斜硫黄，ゴム状硫黄のうち，単斜硫黄が常温で最も安定である。

2　次の表は，水素と酸素の同位体の質量数及び自然界における存在比を示したものです。また，以下の文章は，水素と酸素の同位体を含む水分子について述べたものです。文章中の空欄[　ア　]に当てはまる分子式として適切なものを，あとの【アの選択肢】の①～⑨のうちから選び，その番号を答えなさい。また，文章中の空欄[　イ　]～[　エ　]に当てはまる数字として適切なものを，あとの【イ～エの選択肢】の①～⑩のうちからそれぞれ1つずつ選び，その番号を答えなさい。ただし，同じものを繰り返し選んでもよいこととします。

元素名	同位体	質量数	存在比〔％〕
水素	^1H	1	99.9885
	^2H	2	0.0115
酸素	^{16}O	16	99.757
	^{17}O	17	0.038
	^{18}O	18	0.205

> ¹H原子1個，²H原子1個，¹⁶O原子1個が結合してできた水分子の分子式を¹H²H¹⁶Oと示すとき，¹H原子，²H原子，¹⁶O原子，¹⁷O原子，¹⁸O原子からなる水分子の分子式は，¹H¹H¹⁶O，¹H¹H¹⁷O，¹H¹H¹⁸O，¹H²H¹⁶O，¹H²H¹⁷O，¹H²H¹⁸O，²H²H¹⁶O，²H²H¹⁷O，²H²H¹⁸Oの9通りが考えられる。このうち，自然界における存在比が大きい方から6番目である水分子の分子式は[　ア　]である。また，この水分子の自然界における存在比を有効数字2桁で表すと，[　イ　].[　ウ　]×10⁻[エ]%である。

【アの選択肢】

①　¹H¹H¹⁶O　　②　¹H¹H¹⁷O　　③　¹H¹H¹⁸O　　④　¹H²H¹⁶O

⑤　¹H²H¹⁷O　　⑥　¹H²H¹⁸O　　⑦　²H²H¹⁶O　　⑧　²H²H¹⁷O

⑨　²H²H¹⁸O

【イ～エの選択肢】

①　1　　②　2　　③　3　　④　4　　⑤　5　　⑥　6　　⑦　7

⑧　8　　⑨　9　　⑩　0

(☆☆☆◎◎◎)

【3】 次の図は，温度と二酸化炭素濃度を一定にして，光の強さと二酸化炭素吸収速度の関係を表した，陽生植物と陰生植物の光－光合成曲線です。また，以下の文章は，この図から考えられることについて述べたものです。文章中の空欄[　ア　]・[　イ　]に当てはまる数値として適切なものを，あとの【ア・イの選択肢】の①～⑨のうちからそれぞれ1つずつ選び，その番号を答えなさい。また，文章中の空欄[　ウ　]～[　カ　]に当てはまる数字として適切なものを，あとの【ウ～カの選択肢】の①～⑨のうちからそれぞれ1つずつ選び，その番号を答えなさい。ただし，同じものを繰り返し選んでもよいこととします。

25

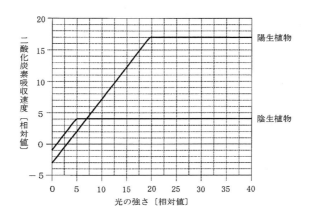

陽生植物の光飽和点は[　ア　]，光補償点は[　イ　]である。陽生植物と陰生植物の呼吸速度を最も簡単な整数比で表すと，[　ウ　]：[　エ　]である。陽生植物と陰生植物の見かけの光合成速度が等しいときの，陽生植物と陰生植物の光合成速度を最も簡単な整数比で表すと，[　オ　]：[　カ　]である。

【ア・イの選択肢】
① 3　　② 6　　③ 10　　④ 13　　⑤ 16　　⑥ 20
⑦ 23　　⑧ 26　　⑨ 30

【ウ〜カの選択肢】
① 1　　② 2　　③ 3　　④ 4　　⑤ 5　　⑥ 6　　⑦ 7
⑧ 8　　⑨ 9

(☆☆☆◎◎◎)

【4】次の1・2に答えなさい。
1　大気の運動についての記述として適切なものを，次の①〜⑤のうちから全て選び，その番号を答えなさい。
　　① 熱帯収束帯では，雲ができる際に放出される凝結熱によって大気はさらに暖められ，大規模な上昇気流が生じる。

② 亜熱帯高圧帯では，東西に連なった積乱雲の群れができ，多量の雨が降る。

③ 低緯度地域には，熱帯収束帯と亜熱帯高圧帯を結ぶ大規模な対流活動であるハドレー循環がある。

④ ジェット気流は季節によって南北に移動し，夏は低緯度側を，冬は高緯度側を吹く。

⑤ 極偏東風は，南極大陸の沖合に停滞する大規模な低気圧に吹き込んでいる。

2 次の文章は，大気にはたらく力と風の吹き方について述べたものです。以下の(1)・(2)に答えなさい。

地球の[ア]により生じる見かけの力を[イ]という。高度が約1kmを超えると，[イ]と[ウ]がつり合い，[エ]が吹く。北半球における[エ]の風向を矢印で示した図として適切なものは(a)である。

高度約1kmまでの地表付近では，[イ]と[ウ]の他に，地表と空気の間に[オ]がはたらくため，風は，[イ]，[ウ]，[オ]がつり合うように吹く。このときの北半球における風向を矢印で示した図として適切なものは(b)である。

---

(1) 文章中の空欄[ア]～[オ]に当てはまる語句として適切なものを，次の①～⑧のうちからそれぞれ1つずつ選び，その番号を答えなさい。なお，同じ記号の空欄には同じ語句が入るものとします。

① 自転　　② 公転　　③ 摩擦力　　④ 転向力
⑤ 気圧傾度力　　⑥ 傾度風　　⑦ 地衡風　　⑧ 旋衡風

(2) 文章中の空欄(a)・(b)に当てはまる図として最も適切なものを，次の①～⑧のうちからそれぞれ1つずつ選び，その番号を答えなさい。なお，各図中の実線は等圧線を示しています。

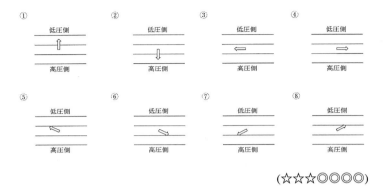

(☆☆☆◎◎◎)

【5】平成29年3月告示の中学校学習指導要領　理科　について，次の1・2に答えなさい。

1　目標　には，「自然の事物・現象に関わり，理科の見方・考え方を働かせ，見通しをもって観察，実験を行うことなどを通して，自然の事物・現象を科学的に探究するために必要な資質・能力を次のとおり育成することを目指す。」と示されています。理科における「見方」とはどのようなことですか。また，理科における「考え方」とはどのようなことですか。それぞれについて書きなさい。

2　指導計画の作成と内容の取扱い　2　(7)には，「継続的な観察や季節を変えての定点観測を，各内容の特質に応じて適宜行うようにすること。」と示されています。継続的な観察や季節を変えての定点観測を行わせる際の指導における留意点として，どのようなことが考えられますか。書きなさい。

(☆☆◎◎◎)

【6】理科の授業において，次の薬品・器具等の中から必要だと思われるものを使って，唾液がデンプンを他の糖に変える働きを確かめる方法を，生徒に立案させることとします。以下の1・2に答えなさい。

薬品・器具等	0.5％デンプン溶液，ヨウ素ヨウ化カリウム水溶液(ヨウ素液)，ベネジクト液，水でうすめた唾液，40℃の湯，試験管，試験管立て，試験管ばさみ，ビーカー，ガスバーナー，駒込ピペット，スポイト，沸騰石，保護眼鏡

1 　唾液がデンプンを他の糖に変える働きを確かめる方法として，どのような方法が考えられますか。その方法として適切なものを，具体的に書きなさい。

2 　唾液がデンプンを他の糖に変える働きを確かめる方法を生徒に立案させる際の，指導における留意点として，どのようなことが考えられますか。具体例を挙げて書きなさい。

(☆☆☆◎◎◎)

高 校 理 科

【共通問題】

【1】平成30年3月告示の高等学校学習指導要領　各学科に共通する各教科　理科　について，次の1・2に答えなさい。

1 　目標　には，「自然の事物・現象に関わり，理科の見方・考え方を働かせ，見通しをもって観察，実験を行うことなどを通して，自然の事物・現象を科学的に探究するために必要な資質・能力を次のとおり育成することを目指す。」と示されています。理科における「見方」とはどのようなことですか。また，理科における「考え方」とはどのようなことですか。それぞれについて書きなさい。

2 　各科目にわたる指導計画の作成と内容の取扱い　2　(1)　には，「各科目の指導に当たっては，問題を見いだし観察，実験などを計画する学習活動，観察，実験などの結果を分析し解釈する学習活動，科学的な概念を使用して考えたり説明したりする学習活動などが充実するようにすること。」と示されています。科学的な概念を使用

して考えたり説明したりする学習活動の充実を図るためには，どのような工夫が考えられますか。書きなさい。

(☆☆○○○)

【物理】

【1】次の1～3に答えなさい。

1 次の文章は，電流計について述べたものです。文章中の空欄
[ア]～[ウ]に当てはまる語句や式の組合せとして適切なものを，以下の①～⑧のうちから選び，その番号を答えなさい。

> 回路のある部分に流れる電流を測定したいときは，電流計を測定したい部分と[ア]に接続すればよい。また，内部抵抗がr_A〔Ω〕の電流計の測定範囲をn倍に広げたいときは，抵抗値が[イ]〔Ω〕の抵抗器を電流計と[ウ]に接続すればよい。

	ア	イ	ウ
①	直列	$(n-1)r_A$	直列
②	直列	$(n-1)r_A$	並列
③	直列	$\dfrac{r_A}{n-1}$	直列
④	直列	$\dfrac{r_A}{n-1}$	並列
⑤	並列	$(n-1)r_A$	直列
⑥	並列	$(n-1)r_A$	並列
⑦	並列	$\dfrac{r_A}{n-1}$	直列
⑧	並列	$\dfrac{r_A}{n-1}$	並列

2　次の文章は，自由電子の移動について述べたものです。文章中の
　　空欄[　ア　]～[　ウ　]に当てはまる式の組合せとして適切なもの
　　を，以下の①～⑧のうちから選び，その番号を答えなさい。

　　　　図1のように，断面積 S〔m²〕の導体において，電気量 $-e$
　　　〔C〕の自由電子が，1m³当たりに n 個あり，それらの自由電子
　　　が，平均して速さ v〔m/s〕で移動しているとする。このとき，
　　　導体のある断面を t〔s〕間に通過する電子の数と電気量の大き
　　　さから，電流の大きさは，[　ア　]〔A〕となる。

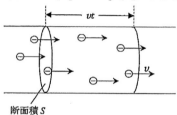

図1

　　　また，図2のように，長さ l〔m〕，断面積 S〔m²〕の導体の
　　両端に電圧 V〔V〕を加えると，導体内部に電場が生じる。導
　　体中の自由電子はこの電場から静電気力を受けて，陽イオン
　　と衝突しながら移動するが，自由電子全体を平均すると，一
　　定の速さ v〔m/s〕で移動するようになる。このとき，自由電
　　子は陽イオンから速さ v に比例した抵抗力 kv〔N〕(k は比例定
　　数)を受けているとすると，この抵抗力と電場から受ける力の
　　つり合いにより，電流の大きさは，[　イ　]〔A〕となる。こ
　　のことから，この導体の抵抗率は，[　ウ　]〔Ω・m〕となる。

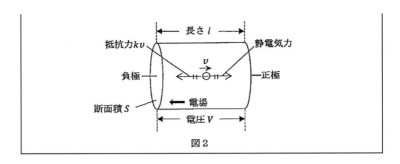

図2

	ア	イ	ウ
①	$envtS$	$\dfrac{entS}{kl}V$	$\dfrac{kt}{en}$
②	$envtS$	$\dfrac{entS}{kl}V$	$\dfrac{kt}{e^2n}$
③	$envtS$	$\dfrac{e^2ntS}{kl}V$	$\dfrac{kt}{en}$
④	$envtS$	$\dfrac{e^2ntS}{kl}V$	$\dfrac{kt}{e^2n}$
⑤	$envS$	$\dfrac{enS}{kl}V$	$\dfrac{k}{en}$
⑥	$envS$	$\dfrac{enS}{kl}V$	$\dfrac{k}{e^2n}$
⑦	$envS$	$\dfrac{e^2nS}{kl}V$	$\dfrac{k}{en}$
⑧	$envS$	$\dfrac{e^2nS}{kl}V$	$\dfrac{k}{e^2n}$

3　次の文章は，導体の抵抗率の温度による変化について述べたものです。文章中の空欄[　ア　]に当てはまる数値として最も適切なものを，以下の【アの選択肢】①～⑨のうちから選び，その番号を答えなさい。また，文章中の空欄[　イ　]に当てはまる語句として最

も適切なものを，あとの【イの選択肢】の①〜⑤のうちから選び，その番号を答えなさい。

一般に，導体に電流が流れるとジュール熱が発生し，導体の温度が上昇する。そのため，導体内の陽イオンの熱運動が活発になって，自由電子の進行を妨げるようになり，抵抗値が増加する。$0℃$，t〔℃〕における抵抗率をそれぞれ ρ_0〔Ω・m〕，ρ_t〔Ω・m〕，抵抗率の温度係数を α〔/K〕とするとき，導体の抵抗率の温度係数 α〔/K〕は導体の材質によって表1のように決まり，あまり広くない温度範囲では，$\rho_t = \rho_0(1 + \alpha t)$という関係式が成り立つ。

表1

導体	抵抗率の温度係数 α〔/K〕
アルミニウム	4.2×10^{-3}
タングステン	4.9×10^{-3}
鉄	6.5×10^{-3}
銅	4.4×10^{-3}
ニクロム	9.3×10^{-5}

断面積 $1.0 \times 10^{-6} m^2$，長さ $1.0 \times 10^{-1} m$ のある導体の両端に $1.0 \times 10^{-2} A$ の電流を流し，導体の温度 t〔℃〕を変えて導体の両端にかかる電圧 V〔V〕を測定したところ，各温度における電圧 V〔V〕は表2のようになった。このとき，温度 $0℃$ における抵抗率 ρ_0〔Ω・m〕を求めると，[ア]Ω・mとなり，この導体の材質は[イ]であると考えられる。

表2

温度 t〔℃〕	電圧 V〔V〕
20	9.44×10^{-5}
60	1.16×10^{-4}

【アの選択肢】
① 　2.7×10^{-9}　　② 　8.4×10^{-8}　　③ 　2.7×10^{-6}
④ 　8.4×10^{-4}　　⑤ 　2.7×10^{-3}　　⑥ 　8.4×10^{-2}
⑦ 　2.7　　　　　　　　⑧ 　8.4×10^{2}　　⑨ 　2.7×10^{3}

【イの選択肢】
① 　アルミニウム　　② 　タングステン　　③ 　鉄　　④ 　銅
⑤ 　ニクロム

(☆☆☆◎◎◎)

【２】次の1～3に答えなさい。

1　次の文章は，等速円運動について述べたものです。文章中の空欄
　　[　ア　]～[　ウ　]に当てはまるものの組合せとして適切なものを，
　　以下の【ア～ウの選択肢】の①～⑧のうちから選び，その番号を答
　　えなさい。また，文章中の空欄[　エ　]・[　オ　]に当てはまるも
　　のの組合せとして適切なものを，あとの【エ・オの選択肢】の①～
　　④のうちから選び，その番号を答えなさい。

　　　　次の図は，xy平面内において，原点Oを中心に半径r，角速
　　　度ωで反時計回りに等速円運動している質点の運動について
　　　模式的に示したものである。
　　　　時刻0に質点が点A(r, 0)を通過したとすると，時刻tにおけ
　　　る質点の座標(X, Y)は，半径r，角速度ω，時刻tを用いて
　　　[　ア　]となる。このとき，時刻tでの速度ベクトルは[　イ　]，
　　　加速度ベクトルは[　ウ　]で表され，速度の向きは常に
　　　[　エ　]を向き，加速度の向きは常に[　オ　]を向く。

34

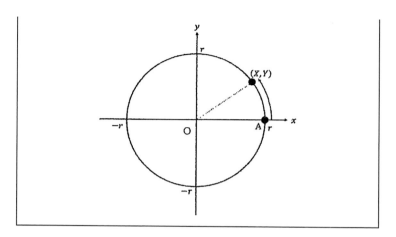

【ア～ウの選択肢】

	ア	イ	ウ
①	$(r\cos\omega t,\ r\sin\omega t)$	$(\omega Y,\ -\omega X)$	$(\omega^2 X,\ \omega^2 Y)$
②	$(r\cos\omega t,\ r\sin\omega t)$	$(\omega Y,\ -\omega X)$	$(-\omega^2 X,\ -\omega^2 Y)$
③	$(r\cos\omega t,\ r\sin\omega t)$	$(-\omega Y,\ \omega X)$	$(\omega^2 X,\ \omega^2 Y)$
④	$(r\cos\omega t,\ r\sin\omega t)$	$(-\omega Y,\ \omega X)$	$(-\omega^2 X,\ -\omega^2 Y)$
⑤	$(r\sin\omega t,\ r\cos\omega t)$	$(\omega Y,\ -\omega X)$	$(\omega^2 X,\ \omega^2 Y)$
⑥	$(r\sin\omega t,\ r\cos\omega t)$	$(\omega Y,\ -\omega X)$	$(-\omega^2 X,\ -\omega^2 Y)$
⑦	$(r\sin\omega t,\ r\cos\omega t)$	$(-\omega Y,\ \omega X)$	$(\omega^2 X,\ \omega^2 Y)$
⑧	$(r\sin\omega t,\ r\cos\omega t)$	$(-\omega Y,\ \omega X)$	$(-\omega^2 X,\ -\omega^2 Y)$

【エ・オの選択肢】

	エ	オ
①	円の中心	円の接線方向
②	円の中心	円の中心
③	円の接線方向	円の接線方向
④	円の接線方向	円の中心

2　次の文章は，鉛直面内での運動について述べたものです。文章中の空欄[　ア　]に当てはまるグラフの概形として適切なものを，以下の【アの選択肢】の①～⑤のうちから選び，その番号を答えなさい。また，文章中の空欄[　イ　]・[　ウ　]に当てはまる式として適切なものを，あとの【イ・ウの選択肢】の①～⑨のうちからそれぞれ1つずつ選び，その番号を答えなさい。なお，同じ記号の空欄には同じ式が入るものとします。また，文章中の空欄[　エ　]～[　カ　]に当てはまる文として適切なものを，あとの【エ～カの選択肢】の①～⑥のうちからそれぞれ1つずつ選び，その番号を答えなさい。

次の図は，質量mの質点が初速度の大きさv_0でなめらかな水平面を移動して点Aを通過し，半径rの円筒のなめらかな内面に沿って円運動する様子を模式的に示したものである。

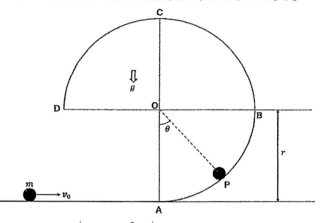

∠AOP$=\theta\left(0\leqq\theta\leqq\dfrac{3}{2}\pi\right)$となる図中の点Pを質点が通過するときの垂直抗力の大きさをN_θとし，横軸をθ，縦軸をN_θとしたときのグラフの概形として最も適切なものは[　ア　]である。

また，v_0を変えながら，円筒内を運動する質点の運動の様子を観察すると，v_0の範囲と質点の運動の様子の関係は次のようになる。ただし，重力加速度の大きさをgとする。

v_0 の範囲	質点の運動の様子
$0 < v_0 <$ [イ]	[エ]
[イ] $\leqq v_0 <$ [ウ]	[オ]
[ウ] $\leqq v_0$	[カ]

【アの選択肢】

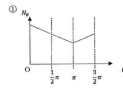
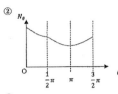
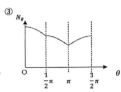

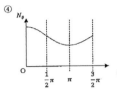
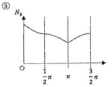

【イ・ウの選択肢】

① $\sqrt{gr}$　　② $\sqrt{2gr}$　　③ $\sqrt{3gr}$　　④ $2\sqrt{gr}$　　⑤ $\sqrt{5gr}$

⑥ $\sqrt{6gr}$　　⑦ $\sqrt{7gr}$　　⑧ $2\sqrt{2gr}$　　⑨ $3\sqrt{gr}$

【エ〜カの選択肢】

① 点Bに達することなく，折り返す。

② 点Bに達することなく，円筒の内面から離れる。

③ 点Bを通過したのち，点Cに達することなく，折り返す。

④ 点Bを通過したのち，点Cに達することなく，円筒の内面から離れる。

⑤ 点Cを通過したのち，点Dに達することなく，円筒の内面から離れる。

⑥ 点Cを通過したのち，点Dを通過する。

3　次の文章は，単振り子の周期を測定する実験の方法，結果，考察について述べたものです。以下の(1)〜(3)に答えなさい。

【方法】

糸の一端におもりを付け，糸の他端をスタンドに固定しておもりをつるす。また，糸をスタンドに固定した位置に分度器を取り付ける。おもりの質量を200g，単振り子の長さ(糸をスタンドに固定した位置からおもりの重心の位置までの長さ)を0.25mとして，鉛直方向からの振れ角が5°となるようにおもりを振らせて，おもりが100往復する時間を測定し，これを数回行って平均を求める(実験1)。さらに，おもりの質量，単振り子の長さ，振れ角を変えて同様に100往復する時間の平均を求める(実験2～実験9)。

【結果】

次の表は，実験1～実験9のおもりの質量，単振り子の長さ，振れ角，100往復する時間の平均を示したものである。

	おもりの質量〔g〕	単振り子の長さ〔m〕	振れ角〔°〕	100往復する時間の平均〔s〕
実験1	200	0.25	5	101
実験2	400	0.25	5	101
実験3	600	0.25	5	101
実験4	200	1.0	5	202
実験5	400	1.0	5	202
実験6	600	1.0	5	202
実験7	200	0.25	10	101
実験8	400	0.25	10	101
実験9	600	0.25	10	101

【考察】

表の実験1～3の結果より，単振り子の周期は[ア]ことが分かる。また，実験1～3と実験4～6の結果を比べて，単振り子の周期は[イ]ことが分かる。さらに，実験1～3と実験7～9の結果を比べて，単振り子の周期は[ウ]ことが分かる。

(1)　文章中の空欄[ア]～[ウ]に当てはまる語句として適切なものを，次の①～⑨のうちからそれぞれ1つずつ選び，その番号を答えなさい。

① おもりの質量に関係していない

② おもりの質量が大きくなると，長くなる

③ おもりの質量が大きくなると，短くなる

④ 振れ角に関係していない

⑤ 振れ角が大きくなると，長くなる

⑥ 振れ角が大きくなると，短くなる

⑦ 単振り子の長さに関係していない

⑧ 単振り子の長さが長くなると，長くなる

⑨ 単振り子の長さが長くなると，短くなる

(2) 実験1〜9の結果と，単振り子の周期と単振り子の長さの関係式から，円周率を3.14として重力加速度の大きさgを求め，有効数字2桁で表すとき，次の式中の空欄[　エ　]・[　オ　]に当てはまる数字として最も適切なものを，次の①〜⑩のうちからそれぞれ1つずつ選び，その番号を答えなさい。ただし，同じものを繰り返し選んでもよいこととします。

g=[　エ　].[　オ　]m/s^2

① 1　　② 2　　③ 3　　④ 4　　⑤ 5　　⑥ 6

⑦ 7　　⑧ 8　　⑨ 9　　⑩ 0

(3) 実験1と同じ実験を，大きさが等しく向きが異なる加速度で運動している箱の内部で行うことを考えます。水平方向右向きに運動している箱の内部でおもりを振らせたとき，加速しているときの単振り子の周期をT_A，減速しているときの単振り子の周期をT_Bとします。また，鉛直方向上向きに運動している箱の内部でおもりを振らせたとき，加速しているときの単振り子の周期をT_C，減速しているときの単振り子の周期をT_Dとします。このとき，T_A，T_B，T_C，T_Dの大小関係を表した式として適切なものを，次の①〜⑨のうちから選び，その番号を答えなさい。ただし，箱の加速度の大きさは，重力加速度の大きさより小さいものとします。

① $T_A=T_B=T_C=T_D$　　② $T_C=T_D<T_A=T_B$

③ $T_B=T_D<T_A=T_C$　　④ $T_D<T_A=T_B<T_C$

40

⑤ $T_B < T_D < T_A < T_C$ ⑥ $T_A = T_B < T_C = T_D$

⑦ $T_C < T_B < T_A < T_D$ ⑧ $T_C < T_A = T_B < T_D$

⑨ $T_B < T_A < T_C < T_D$

(☆☆☆◎◎◎)

【3】「物理基礎」の授業において，次の器具等の中から必要だと思われるものを使って，物体に働く力と物体に生じる加速度の関係を見いだす方法を，生徒に立案させることとします。以下の1・2に答えなさい。

器具等	記録タイマー，記録テープ，力学台車，ばねばかり，方眼用紙

1　物体に働く力と物体に生じる加速度の関係を見いだす方法として，どのような方法が考えられますか。その方法として適切なものを，具体的に書きなさい。

2　物体に働く力と物体に生じる加速度の関係を見いだす方法を生徒に立案させる際の，指導における留意点として，どのようなことが考えられますか。具体例を挙げて書きなさい。

(☆☆☆◎◎◎)

【化学】

【1】次の1～3に答えなさい。

1　物質についての記述として適切なものを，次の①～⑤のうちから全て選び，その番号を答えなさい。

①　原油の分留では，精留塔の内部の温度が上部ほど高いので，軽油とナフサでは，沸点が高い軽油の方が，精留塔の上部で得られる。

②　分液ろうとにヨウ素ヨウ化カリウム水溶液(ヨウ素液)とヘキサンを入れ，よく振り混ぜてから静置すると，ヨウ素は水よりもヘキサンに溶けやすいので，ヨウ素がヘキサンに抽出される。

③　硝酸カリウムに少量の硫酸銅(Ⅱ)五水和物が混合した混合物を

適量の熱水に溶かし，ゆっくりと冷却していくと，ほぼ純粋な硝
酸カリウムを結晶として取り出すことができる。

④　酸素の同素体には，無色・無臭の気体である酸素と，淡青色で
特異臭をもつ有毒な気体であるオゾンがある。

⑤　硫黄の同素体である斜方硫黄，単斜硫黄，ゴム状硫黄のうち，
単斜硫黄が常温で最も安定である。

2　次の表は，水素と酸素の同位体の質量数及び自然界における存在
比を示したものです。また，以下の文章は，水素と酸素の同位体を
含む水分子について述べたものです。文章中の空欄[　ア　]に当て
はまる分子式として適切なものを，あとの【アの選択肢】の①～⑨
のうちから選び，その番号を答えなさい。また，文章中の空欄
[　イ　]～[　エ　]に当てはまる数字として適切なものを，あとの
【イ～エの選択肢】の①～⑩のうちからそれぞれ1つずつ選び，その
番号を答えなさい。ただし，同じものを繰り返し選んでもよいこと
とします。

元素名	同位体	質量数	存在比〔%〕
水素	^1H	1	99.9885
	^2H	2	0.0115
酸素	^{16}O	16	99.757
	^{17}O	17	0.038
	^{18}O	18	0.205

　^1H原子1個，^2H原子1個，^{16}O原子1個が結合してできた水分
子の分子式を$^1H^2H^{16}O$と示すとき，^1H原子，^2H原子，^{16}O原子，
^{17}O原子，^{18}O原子からなる水分子の分子式は，$^1H^1H^{16}O$，
$^1H^1H^{17}O$，$^1H^1H^{18}O$，$^1H^2H^{16}O$，$^1H^2H^{17}O$，$^1H^2H^{18}O$，$^2H^2H^{16}O$，
$^2H^2H^{17}O$，$^2H^2H^{18}O$の9通りが考えられる。このうち，自然界に

おける存在比が大きい方から6番目である水分子の分子式は
[　ア　]である。また，この水分子の自然界における存在比を
有効数字2桁で表すと，[　イ　].[　ウ　]×10$^{-[$　エ　$]}$%である。

【アの選択肢】

① $^1H^1H^{16}O$　　② $^1H^1H^{17}O$　　③ $^1H^1H^{18}O$　　④ $^1H^2H^{16}O$

⑤ $^1H^2H^{17}O$　　⑥ $^1H^2H^{18}O$　　⑦ $^2H^2H^{16}O$　　⑧ $^2H^2H^{17}O$

⑨ $^2H^2H^{18}O$

【イ～エの選択肢】

① 1　　② 2　　③ 3　　④ 4　　⑤ 5　　⑥ 6　　⑦ 7

⑧ 8　　⑨ 9　　⑩ 0

3　次の文章は，同位体の存在比を，自然界における存在比とは異な
る存在比に人工的に変えた鉄について述べたものです。文章中の空
欄[　ア　]～[　ウ　]に当てはまる数字として適切なものを，以下
の①～⑩のうちからそれぞれ1つずつ選び，その番号を答えなさい。
ただし，同じものを繰り返し選んでもよいこととします。なお，Cu
の原子量を63.5，Oの原子量を16.0とします。

同位体の存在比を，自然界における存在比とは異なる存在
比に人工的に変えた鉄2.26gに十分な量の希硫酸を加え，発生
した気体を全て捕集した。この気体を，酸素のない状態で，
加熱した酸化銅4.98gと完全に反応させたところ，酸化銅と銅
の混合物が4.34g残った。この実験結果を基に，同位体の存在
比を人工的に変えた鉄の相対質量の平均値を求め，有効数字3
桁で表すと，[　ア　][　イ　].[　ウ　]となる。

① 1　　② 2　　③ 3　　④ 4　　⑤ 5　　⑥ 6　　⑦ 7

⑧ 8　　⑨ 9　　⑩ 0

（☆☆☆◎◎◎）

【２】次の1～3に答えなさい。

1　平衡移動についての記述として適切なものを，次の①～⑤のうちから全て選び，その番号を答えなさい。

①　可逆反応N_2(気)＋$3H_2$(気)$\rightleftarrows$$2NH_3$(気)が平衡状態にあるとき，温度と体積を一定に保ったままヘリウムガスを加えると，平衡は左に移動し，温度と全圧を一定に保ったままヘリウムガスを加えると，平衡は移動しない。

②　H_2＋$I_2$$\rightleftarrows$$2HI$のように，反応の前後で気体分子の総数が変化しない反応では，圧力変化による平衡の移動は起こらない。

③　吸熱反応である四酸化二窒素から二酸化窒素が生成する反応が，密閉容器内で平衡状態にあるとき，圧力一定で温度を上げると，平衡が移動して気体の色が薄くなる。

④　可逆反応で触媒を用いると，活性化エネルギーは正反応，逆反応ともに小さくなるため，反応速度は正反応，逆反応ともに大きくなるが，平衡は移動しない。

⑤　C(固)＋CO_2(気)$\rightleftarrows$$2CO$(気)が平衡状態にあるとき，温度一定で圧力を高めると，左向きに平衡が作動する。

2　次の文章は，平衡移動と平衡定数について述べたものです。文章中の空欄[　ア　]～[　エ　]に当てはまる数字として適切なものを，以下の【ア～エの選択肢】の①～⑩のうちからそれぞれ1つずつ選び，その番号を答えなさい。ただし，同じものを繰り返し選んでもよいこととします。また，文章中の空欄[　オ　]に当てはまる語句として適切なものを，あとの【オの選択肢】の①・②のうちから選び，その番号を答えなさい。

> 一定容積の真空密閉容器に，水素12mol，ヨウ素7.5molを入れ，ある温度に保つと，ヨウ化水素12molを生じて平衡状態に達した。このときの反応は，次に示す式①で表される。
> 　式①　H_2＋$I_2$$\rightleftarrows$$2HI$
> 　このとき，平衡定数Kは[　ア　][　イ　]である。この容器にさらにヨウ素を4.5mol加えて同じ温度に保ち，新しい平衡

状態に達したとき，ヨウ化水素の物質量は[　ウ　]
[　エ　]molになる。

　また，別の真空密閉容器に水素1.5mol，ヨウ素3.0mol，ヨウ
化水素9.0molを入れて同じ温度に保つと，式①の反応は，
[　オ　]の向きに反応が進んで平衡状態に達する。

【ア〜エの選択肢】

① 1　　② 2　　③ 3　　④ 4　　⑤ 5　　⑥ 6　　⑦ 7
⑧ 8　　⑨ 9　　⑩ 0

【オの選択肢】

① 正反応　　② 逆反応

3　次の文章は，電離平衡と溶解度積について述べたものです。文章
中の空欄[　ア　]に当てはまる語句として適切なものを，以下の
【アの選択肢】の①・②のうちから選び，その番号を答えなさい。
また，文章中の空欄[　イ　]〜[　チ　]に当てはまる数字として適
切なものを，あとの【イ〜チの選択肢】の①〜⑩のうちからそれぞ
れ1つずつ選び，その番号を答えなさい。ただし，同じものを繰り
返し選んでもよいこととします。また，文章中の空欄[　ツ　]に当
てはまる語句として適切なものを，あとの【ツの選択肢】の①〜④
のうちから選び，その番号を答えなさい。なお，温度は一定である
こととし，数値は全て有効数字2桁で表すこととします。

> 　硫化水素は，水溶液中で次のように二段階で電離する。ま
> た，それぞれの電離定数K_1，K_2は次のようになる。
>
> 　一段階目　　$H_2S \rightleftarrows H^+ + HS^-$
>
> $K_1 = \dfrac{[H^+][HS^-]}{[H_2S]} = 9.5 \times 10^{-8} \text{mol/L}$
>
> 　二段階目　　$HS^- \rightleftarrows H^+ + S^{2-}$
>
> $K_2 = \dfrac{[H^+][S^{2-}]}{[HS^-]} = 1.3 \times 10^{-14} \text{mol/L}$
>
> 　K_1とK_2の値から，水溶液のpHは，ほぼ[　ア　]の反応で決

まることが分かる。

　また，一段階目と二段階目を合わせた反応は，$H_2S \rightleftarrows 2H^+ + S^{2-}$の式で表され，この反応の平衡定数$K$は，

$$K = [\quad イ\quad].[\quad ウ\quad] \times 10^{-[\quad エ\quad][\quad オ\quad]}\,mol^2/L^2 となる。$$

　水に硫化水素を通じてつくった硫化水素の飽和水溶液中の$[H_2S]$を$0.10\,mol/L$とすると，pH2の硫化水素の飽和水溶液の$[S^{2-}]$は，

$$[S^{2-}] = [\quad カ\quad].[\quad キ\quad] \times 10^{-[\quad ク\quad][\quad ケ\quad]}\,mol/L となる。$$

　また，硫化銅の溶解度積$K_{sp(CuS)}$と硫化亜鉛の溶解度積$K_{sp(ZnS)}$は，次の式で表されるとする。

$$K_{sp(CuS)} = [Cu^{2+}][S^{2-}] = 6.5 \times 10^{-30}\,mol^2/L^2$$

$$K_{sp(ZnS)} = [Zn^{2+}] と [S^{2-}] = 2.2 \times 10^{-18}\,mol^2/L^2$$

　このことから，$[Cu^{2+}]$と$[Zn^{2+}]$がともに$0.10\,mol/L$含まれ，pH2に調整された水溶液に，硫化水素を通じて硫化水素の飽和水溶液としたとき，この水溶液において，硫化銅の沈殿が生じる$[S^{2-}]$の条件は，

$$[S^{2-}] > [\quad コ\quad].[\quad サ\quad] \times 10^{-[\quad シ\quad][\quad ス\quad]}\,mol/L となり，$$

　硫化亜鉛の沈殿が生じる$[S^{2-}]$の条件は，

$$[S^{2-}] > [\quad セ\quad].[\quad ソ\quad] \times 10^{-[\quad タ\quad][\quad チ\quad]}\,mol/L となる。$$

　したがって，$[Cu^{2+}]$と$[Zn^{2+}]$がともに$0.10\,mol/L$含まれ，pH2に調整された水溶液に，硫化水素を通じて硫化水素の飽和水溶液としたとき，この水溶液では，[　ツ　]

【アの選択肢】

① 一段階目　　② 二段階目

【イ～チの選択肢】

① 1　　② 2　　③ 3　　④ 4　　⑤ 5　　⑥ 6　　⑦ 7

⑧ 8　　⑨ 9　　⑩ 0

【ツの選択肢】

① 硫化銅の沈殿も硫化亜鉛の沈殿も生じる。

②　硫化銅の沈殿は生じるが，硫化亜鉛の沈殿は生じない。

③　硫化銅の沈殿は生じないが，硫化亜鉛の沈殿は生じる。

④　硫化銅の沈殿も硫化亜鉛の沈殿も生じない。

(☆☆☆◎◎◎◎)

【3】「化学基礎」の授業において，次の薬品・器具等の中から必要だと思われるものを使って，食酢中に含まれる酢酸の質量パーセント濃度を求める方法を，生徒に立案させることとします。以下の1・2に答えなさい。

薬品・器具等	食酢, 0.10 mol/L 水酸化ナトリウム標準溶液（正確な濃度が与えられているものとする），フェノールフタレイン溶液, 10 mL ホールピペット，安全ピペッター，駒込ピペット，100 mL メスフラスコ，コニカルビーカー，ビーカー，ビュレット，ビュレット台，ろうと，純水の入った洗浄瓶，保護眼鏡

1　食酢中に含まれる酢酸の質量パーセント濃度を求める方法として，どのような方法が考えられますか。その方法として適切なものを，具体的に書きなさい。

2　ホールピペットとビュレットの内部が純水で濡れている場合，使用に際してどのような操作が必要ですか。その操作が必要な理由とともに書きなさい。

(☆☆☆◎◎◎◎)

【生物】

【1】次の1〜3に答えなさい。

1　次の図は，温度と二酸化炭素濃度を一定にして，光の強さと二酸化炭素吸収速度の関係を表した，陽生植物と陰生植物の光－光合成曲線です。また，以下の文章は，この図から考えられることについて述べたものです。文章中の空欄[　ア　]・[　イ　]に当てはまる数値として適切なものを，あとの【ア・イの選択肢】の①〜⑨のうちからそれぞれ1つずつ選び，その番号を答えなさい。また，文章中の空欄[　ウ　]〜[　カ　]に当てはまる数字として適切なものを，あとの【ウ〜カの選択肢】の①〜⑨のうちからそれぞれ1つずつ選

び，その番号を答えなさい。ただし，同じものを繰り返し選んでもよいこととします。

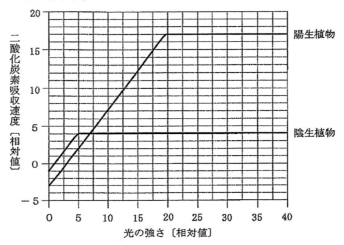

　　　陽生植物の光飽和点は[　ア　]，光補償点は[　イ　]である。陽生植物と陰生植物の呼吸速度を最も簡単な整数比で表すと，[　ウ　]：[　エ　]である。陽生植物と陰生植物の見かけの光合成速度が等しいときの，陽生植物と陰生植物の光合成速度を最も簡単な整数比で表すと，[　オ　]：[　カ　]である。

【ア・イの選択肢】
① 3　　② 6　　③ 10　　④ 13　　⑤ 16　　⑥ 20
⑦ 23　　⑧ 26　　⑨ 30

【ウ～カの選択肢】
① 1　　② 2　　③ 3　　④ 4　　⑤ 5　　⑥ 6
⑦ 7　　⑧ 8　　⑨ 9

2　日本の暖温帯における陸上の遷移についての記述として適切なものを，次の①～⑤のうちから全て選び，その番号を答えなさい。
①　一次遷移は，森林の伐採や山火事の跡地から始まる。

② 土壌が形成されていない場所に最初に侵入する種は，先駆種
(パイオニア種)と呼ばれる。

③ 陽樹林の林床では，陰樹の幼木は生育できない。

④ 遷移が進行した場所では，発達した層構造をもつ土壌が見られる。

⑤ 極相林において，大きなギャップが生じた場所では，陽樹の種
子が発芽して，高木にまで成長することがある。

3 次の表は，伊豆大島の火山から噴出した溶岩が冷えてできた跡地
における，溶岩噴出年代が異なる4つの調査地点A〜Dの植生の様子
を示したものです。調査地点A〜Dの，溶岩噴出後の経過年数〔年〕，
植生の高さ〔m〕，地表照度〔％〕の調査結果として最も適切なもの
を，以下の【溶岩噴出後の経過年数〔年〕】・【植生の高さ〔m〕】・
【地表照度〔％〕】の①〜④のうちからそれぞれ1つずつ選び，その
番号を答えなさい。なお，地表照度は，植生の最上部の照度を
100％としたときの値とします。

調査地点A	調査地点B	調査地点C	調査地点D
草原が広がり，大きな樹木は見られない。	高木層には成長した陽樹，亜高木層には陰樹が見られる。	陰樹が優占する森林になっている。	陽樹が優占する森林になっている。

【溶岩噴出後の経過年数〔年〕】

	調査地点A	調査地点B	調査地点C	調査地点D
①	約10	約180	約4000	約1270
②	約10	約180	約1270	約4000
③	約10	約4000	約180	約1270
④	約10	約1270	約4000	約180

【植生の高さ〔m〕】

	調査地点A	調査地点B	調査地点C	調査地点D
①	0.6	2.8	12.5	9.2
②	0.6	9.2	12.5	2.8
③	0.6	12.5	2.8	9.2
④	0.6	2.8	9.2	12.5

【地表照度〔％〕】

	調査地点A	調査地点B	調査地点C	調査地点D
①	1.8	23	90	2.7
②	2.7	90	23	1.8
③	23	1.8	2.7	90
④	90	2.7	1.8	23

(☆☆☆◎◎◎)

【2】次の1～3に答えなさい。

1　次の文章は，筋収縮について述べたものです。文章中の空欄
　[　ア　]に当てはまる語句として適切なものを，以下の【アの選択
　肢】の①・②のうちから選び，その番号を答えなさい。また，文章
　中の空欄[　イ　]に当てはまる語句として適切なものを，以下の
　【イの選択肢】の①～④のうちから選び，その番号を答えなさい。
　また，文章中の空欄[　ウ　]～[　キ　]に当てはまる語句として適
　切なものを，以下の【ウ～キの選択肢】の①～⑧のうちからそれぞ
　れ1つずつ選び，その番号を答えなさい。なお，同じ記号の空欄に
　は同じ語句が入るものとします。

> 　筋収縮は，サルコメアの長さが短くなることで起こる。こ
> のとき長さが短くなるのは，[　ア　]である。これは，
> [　イ　]ためである。
> 　筋肉の弛緩時など，[　ウ　]の濃度が低いときには，
> [　エ　]フィラメントにある[　オ　]結合部位が[　カ　]とい
> うタンパク質によってふさがれている。興奮が筋繊維に伝達
> され，筋小胞体から十分な濃度の[　ウ　]が放出されると，
> [　ウ　]は[　キ　]というタンパク質に結合する。これにより，
> [　カ　]の形が変わり，[　オ　]頭部の[　エ　]フィラメント
> への結合が可能となる。その結果，筋肉が収縮する。

【アの選択肢】

①　明帯　　②　暗帯

【イの選択肢】

①　ミオシンフィラメントの長さは変わらないが，アクチンフィラ
　　メントの長さが短くなる

②　アクチンフィラメントの長さは変わらないが，ミオシンフィラ
　　メントの長さが短くなる

③　アクチンフィラメントがサルコメアの中心に向かって滑り込む

④　ミオシンフィラメントがサルコメアの中心に向かって滑り込む

【ウ〜キの選択肢】

① ナトリウムイオン　　② カリウムイオン

③ カルシウムイオン　　④ 塩化物イオン

⑤ トロポニン　　　　　⑥ トロポミオシン

⑦ アクチン　　　　　　⑧ ミオシン

2　次の文章は，神経筋標本を用いた筋収縮の実験方法及びその結果について述べたものです。文章中の空欄[　ア　]〜[　カ　]に当てはまる数字として適切なものを，以下の①〜⑩のうちからそれぞれ1つずつ選び，その番号を答えなさい。ただし，同じものを繰り返し選んでもよいこととします。

神経筋標本の筋肉につながる神経において，筋肉から2.4cm離れたA点に電気刺激を与えたところ，6.6ミリ秒後に収縮が起きた。また，筋肉から9.2cm離れたB点にA点のときと同じ大きさの電気刺激を与えたところ，8.3ミリ秒後に収縮が起きた。さらに，神経の末端に接している部分の筋肉に直接，A点とB点のときと同じ大きさの電気刺激を与えたところ，3.5ミリ秒後に収縮が起きた。

このことから，この神経での興奮の伝導速度は[　ア　][　イ　]m/秒であり，この神経末端から筋肉への興奮の伝達に要した時間は[　ウ　].[　エ　]ミリ秒である。また，この神経上の，筋肉から5.6cm離れた点に電気刺激を与えた際，筋肉が収縮するまでに要する時間は[　オ　].[　カ　]ミリ秒である。

---

① 1　　② 2　　③ 3　　④ 4　　⑤ 5　　⑥ 6

⑦ 7　　⑧ 8　　⑨ 9　　⑩ 0

3　次の文章は，アメフラシのえら引っ込め反射について述べたものです。以下の(1)〜(5)に答えなさい。

アメフラシのえらの下に光電池を差し込んでおくと，えら引っ込め反射が起きてえらが縮むことで，光電池が光を受け

る面積が　ア　なり，発電量が　イ　する。このことを利用してえら引っ込め反射の反応の大きさを測定したところ，水管への刺激を繰り返すと，徐々に反応が小さくなることから，慣れが生じることが分かる。

　水管を同じ強さで繰り返し刺激したときの，繰り返す刺激の回数ごとの水管感覚ニューロンの活動電位の発生回数を測定したところ，刺激の回数によらず，活動電位の発生回数はほぼ同じであった。また，そのときの運動ニューロンの興奮性シナプス後電位(EPSP)は，繰り返す刺激の回数が増えるにつれ，徐々に小さくなった。これらのことから，慣れは，　ウ　から　エ　に刺激が伝わりにくくなることで生じると考えられる。

　水管への刺激が繰り返し与えられると，水管感覚ニューロンの神経終末におけるシナプス小胞の　オ　と，(　a　)の不活性化により，放出される神経伝達物質が　カ　する。これにより運動ニューロンのEPSPが小さくなり，えら引っ込め反射の反応が小さくなる。さらに，長い間水管への刺激が繰り返し与えられると，数日～数週間放置してもなかなかえら引っ込め反射が戻らない長期の慣れに移行する。長期の慣れでは，シナプス前膜のシナプス小胞が開口する領域が　キ　し，シナプス小胞の　オ　や，(　a　)の不活性化から回復してもえら引っ込め反射が起きにくくなる。

　慣れを起こしたアメフラシの尾部に電気ショックを与えると，水管の機械刺激によるえら引っ込め反射が慣れから回復し，再びえら引っ込め反射が起きるようになる。このように，慣れを起こした部位とは別の部位に強い刺激を与えることで慣れが解除されることを脱慣れという。さらに強い電気ショックを尾部に与えると，本来であればえら引っ込め反射が起きないほどの水管への弱い機械刺激に対しても敏感に反射が

> 起きるようになる。このような反応の増強を鋭敏化という。
> また，強い刺激を繰り返すことで，長期の鋭敏化に移行する。

(1) 文章中の空欄 ア ・ イ に当てはまる語句の組合せとして適切なものを，次の①～④のうちから選び，その番号を答えなさい。

	ア	イ
①	大きく	増加
②	大きく	減少
③	小さく	増加
④	小さく	減少

(2) 文章中の空欄 ウ ・ エ に当てはまる語句の組合せとして適切なものを，次の①～④のうちから選び，その番号を答えなさい。

	ウ	エ
①	水管感覚ニューロン	水管
②	水管感覚ニューロン	運動ニューロン
③	水管	水管感覚ニューロン
④	運動ニューロン	水管感覚ニューロン

(3) 文章中の空欄 オ ～ キ に当てはまる語句として適切なものを，次の①・②のうちからそれぞれ1つずつ選び，その番号を答えなさい。ただし，同じものを繰り返し選んでもよいこととします。なお，同じ記号の空欄には同じ語句が入るものとします。
　① 増加　　② 減少

(4) 文章中の空欄(a)に当てはまる語句として適切なものを，次の①～④のうちから選び，その番号を答えなさい。
　① 電位依存性カリウムチャネル
　② 伝達物質依存性カリウムチャネル

③　電位依存性カルシウムチャネル

④　伝達物質依存性カルシウムチャネル

(5)　文章中の下線部について，鋭敏化を経て長期の鋭敏化が成立するしくみを示した次の図の[　ク　]〜[　シ　]に当てはまる文として適切なものを，以下の①〜⑤のうちからそれぞれ1つずつ選び，その番号を答えなさい。

> [　アメフラシの尾部に強い刺激を与える。　]→[　ク　]→
> [　ケ　]→[　コ　]→[　サ　]→[　鋭敏化が成立する。　]→
> [　尾部に強い刺激を繰り返し与える。　]→[　シ　]→
> [　長期の鋭敏化が成立する。　]

①　介在ニューロンから水管感覚ニューロンへ神経伝達物質が分泌される。

②　水管感覚ニューロンの神経終末の形態が変化し，分岐が増加する。

③　運動ニューロンのEPSPが大きくなる。

④　尾部感覚ニューロンで生じた興奮が介在ニューロンに伝わる。

⑤　水管感覚ニューロンのカリウムイオンの流出が減少し，再分極が妨げられ，カルシウムイオンの流入が増加し，神経伝達物質の放出量が増加する。

(☆☆☆◎◎◎)

【３】「生物基礎」の授業において，次の薬品・器具等の中から必要だと思われるものを使って，環境の異なる土壌に生息している土壌動物の種類数や個体数の違いを調べる方法を，生徒に立案させることとします。以下の1・2に答えなさい。

薬品・器具等	70％〔体積％〕エタノール水溶液，採集缶(底面積20cm²の缶を深さ5cmに切る)，白色のバット，ピンセット，管ビン，ツルグレン装置，ビーカー，ペトリ皿，ルーペ，双眼実体顕微鏡，検鏡用具，軍手，図鑑，インターネットに接続できる機器

1　環境の異なる土壌に生息している土壌動物の種類数や個体数の違いを調べる方法として，どのような方法が考えられますか。その方法として適切なものを，具体的に書きなさい。

2　環境の異なる土壌に生息している土壌動物の種類数や個体数の違いを調べる方法を生徒に立案させる際の，指導における留意点として，どのようなことが考えられますか。具体例を挙げて書きなさい。

(☆☆☆◎◎◎)

【地学】

【1】次の1～3に答えなさい。

1　大気の運動についての記述として適切なものを，次の①～⑤のうちから全て選び，その番号を答えなさい。

①　熱帯収束帯では，雲ができる際に放出される凝結熱によって大気はさらに暖められ，大規模な上昇気流が生じる。

②　亜熱帯高圧帯では，東西に連なった積乱雲の群れができ，多量の雨が降る。

③　低緯度地域には，熱帯収束帯と亜熱帯高圧帯を結ぶ大規模な対流活動であるハドレー循環がある。

④　ジェット気流は季節によって南北に移動し，夏は低緯度側を，冬は高緯度側を吹く。

⑤　極偏東風は，南極大陸の沖合に停滞する大規模な低気圧に吹き込んでいる。

2　次の文章は，大気にはたらく力と風の吹き方について述べたもの

です。以下の(1)・(2)に答えなさい。

　　地球の[　ア　]により生じる見かけの力を[　イ　]という。高度が約1kmを超えると，[　イ　]と[　ウ　]がつり合い，[　エ　]が吹く。北半球における[　エ　]の風向を矢印で示した図として適切なものは［　a　］である。

　　高度約1kmまでの地表付近では，[　イ　]と[　ウ　]の他に，地表と空気の間に[　オ　]がはたらくため，風は，[　イ　]，[　ウ　]，[　オ　]がつり合うように吹く。このときの北半球における風向を矢印で示した図として適切なものは［　b　］である。

---

(1)　文章中の空欄[　ア　]〜[　オ　]に当てはまる語句として適切なものを，次の①〜⑧のうちからそれぞれ1つずつ選び，その番号を答えなさい。なお，同じ記号の空欄には同じ語句が入るものとします。

①　自転　　　②　公転　　　③　摩擦力

④　転向力　　⑤　気圧傾度力　⑥　傾度風

⑦　地衡風　　⑧　旋衡風

(2)　文章中の空欄［　a　］・［　b　］に当てはまる図として最も適切なものを，次の①〜⑧のうちからそれぞれ1つずつ選び，その番号を答えなさい。なお，各図中の実線は等圧線を示しています。

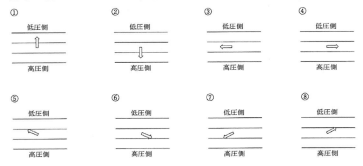

56

3　次の文章は，海水の運動について述べたものです。文章中の空欄
[　ア　]に当てはまる式として適切なものを，以下の【アの選択肢】
の①～⑥のうちから選び，その番号を答えなさい。また，文章中の
空欄[　イ　]に当てはまる数字として最も適切なものを，以下の
【イの選択肢】の①～⑨のうちから選び，その番号を答えなさい。

> 　海面に波があるとき，深い海では，海水は円運動をしてい
> る。深い海の波は水深に比べて十分に波長が短い波である表
> 面波である。この場合，波の進む速さvは，重力加速度g，周
> 期T，波長Lとすると，次の式で表される。
> $$v = \frac{gT}{2\pi} = [\quad ア \quad]$$
> 　また，浅い海では，海水は楕円運動をしている。浅い海の
> 波は水深に比べて十分に波長が長い波である長波である。
> 　津波は，深い海を伝播するときでも水深に比べて十分に波
> 長が長いため，長波としてふるまう。重力加速度の大きさを
> 9.8m/s^{2}としたとき，水深が5000mのところでは，津波の進む
> 速さは約[　イ　]m/sとなる。

【アの選択肢】

①　$\dfrac{gL}{2\pi}$　　②　$\dfrac{gL^2}{2\pi}$　　③　$\dfrac{g^2L}{2\pi}$　　④　$\sqrt{\dfrac{gL}{2\pi}}$　　⑤　$L\sqrt{\dfrac{g}{2\pi}}$

⑥　$g\sqrt{\dfrac{L}{2\pi}}$

【イの選択肢】

①　20　　②　70　　③　120　　④　170　　⑤　220

⑥　270　　⑦　320　　⑧　370　　⑨　420

（☆☆☆◎◎◎◎）

【2】次の1～3に答えなさい。

1　次の文章は，地球の運動について述べたものです。以下の(1)・(2)
に答えなさい。

> 　地球の自転を実験的に証明したのはフーコーである。フーコーはフランスのパリで，振り子の振動面が時間とともに[　ア　]に回転することを示した。地上から見た振り子の振動面の回転の速さは，緯度によって異なる。
>
> 　地球が運動していれば，恒星から届く光は運動の向きの前方からやってくるように見える。地球が公転していれば，恒星の見える方向は1年周期で変化するはずであり，この変化の大きさを[　イ　]という。[　イ　]を初めて観測したのは[　ウ　]である。

(1) 文章中の空欄[　ア　]～[　ウ　]に当てはまる語句の組合せとして適切なものを，次の①～⑧のうちから選び，その番号を答えなさい。なお，同じ記号の空欄には同じ語句が入るものとします。

	ア	イ	ウ
①	時計回り	年周視差	ベッセル
②	時計回り	年周視差	ブラッドレー
③	時計回り	年周光行差	ベッセル
④	時計回り	年周光行差	ブラッドレー
⑤	反時計回り	年周視差	ベッセル
⑥	反時計回り	年周視差	ブラッドレー
⑦	反時計回り	年周光行差	ベッセル
⑧	反時計回り	年周光行差	ブラッドレー

(2) 文章中の下線部について，北緯30°の地点で振り子の振動面が1日に回転して見える角度として最も適切なものを，次の①～⑨のうちから選び，その番号を答えなさい。

① 40°　　② 60°　　③ 90°　　④ 120°
⑤ 135°　　⑥ 180°　　⑦ 225°　　⑧ 240°
⑨ 270°

2　次の文章は，太陽系の惑星の公転周期と会合周期について述べた

ものです。文章中の空欄[　ア　]～[　オ　]に当てはまる数値や式として適切なものを，以下の①～⑧のうちからそれぞれ1つずつ選び，その番号を答えなさい。なお，同じ記号の空欄には同じ数値や式が入るものとします。

地球の公転周期をE〔日〕，地球以外の惑星の公転周期をP〔日〕とすると，1日に公転する角度は，地球が$\dfrac{360°}{E}$，地球以外の惑星が$\dfrac{360°}{P}$となる。その差の合計が[　ア　]となる期間が会合周期であるため，会合周期をS〔日〕とすると，外惑星の場合は，次式が成り立つ。

（[　イ　]）×S＝[　ア　]

∴　[　ウ　]

同様に，内惑星の場合は，次式が成り立つ。

（[　エ　]）×S＝[　ア　]

∴　[　オ　]

---

① 180°

② 360°

③ $\dfrac{360°}{E}-\dfrac{360°}{P}$

④ $\dfrac{360°}{P}-\dfrac{360°}{E}$

⑤ $\dfrac{1}{E}-\dfrac{1}{P}=S$

⑥ $\dfrac{1}{P}-\dfrac{1}{E}=S$

⑦ $\dfrac{1}{E}-\dfrac{1}{P}=\dfrac{1}{S}$

⑧ $\dfrac{1}{P}-\dfrac{1}{E}=\dfrac{1}{S}$

3　次の図は，地球と火星の公転軌道を点線で，地球から火星へ向かう探査機の軌道を実線で模式的に示したものであり，矢印は，地球，火星，探査機の運動の向きを示しています。また，以下の文章は，この図について説明したものです。あとの(1)～(3)に答えなさい。

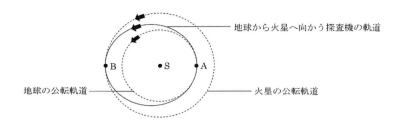

地球から火星へ向かう探査機の軌道

地球の公転軌道

火星の公転軌道

　　地球と火星の公転軌道は円で，地球の軌道半径は1.0天文単位，火星の軌道半径は1.5天文単位とする。探査機は，ケプラーの法則に従って，地球の公転軌道上の点Aが近日点，火星の公転軌道上の点Bが遠日点となる楕円軌道を回り，点Aで地球を出発して最初の遠日点である点Bで火星に到着するとする。そのとき，探査機が点Aを出発してから点Bに到着するまでの所要時間は，約[　ア　]年である。また，探査機が点Aを出発したとき，火星は公転軌道上の点Mにあるとすると，点A，火星の公転軌道の中心である点S，点Mがつくる∠ASMは約[　イ　]であり，探査機が点Bに到着するときの速さは，探査機が点Aを出発したときの速さの約[　ウ　]倍である。

(1)　文章中の[　ア　]に入る数値として最も適切なものを，次の①～⑨のうちから選び，その番号を答えなさい。

　　① 0.6　　② 0.7　　③ 0.8　　④ 0.9　　⑤ 1.0

　　⑥ 1.1　　⑦ 1.2　　⑧ 1.3　　⑨ 1.4

(2)　文章中の[　イ　]に入る数値として最も適切なものを，次の①～⑨のうちから選び，その番号を答えなさい。ただし，火星の公転周期を1.9年とします。

　　① 17°　　② 27°　　③ 37°　　④ 47°　　⑤ 57°

　　⑥ 67°　　⑦ 77°　　⑧ 87°　　⑨ 97°

(3)　文章中の[　ウ　]に入る数値として最も適切なものを，次の①～⑨のうちから選び，その番号を答えなさい。

① 0.47　② 0.57　③ 0.67　④ 0.77　⑤ 0.87

⑥ 0.97　⑦ 1.07　⑧ 1.17　⑨ 1.27

(☆☆☆◎◎◎◎)

【3】「地学基礎」の授業において，次の試料・器具等の中から必要だと思われるものを使って，地球内部を構成すると考えられている物質の密度を測定し，測定した密度と地球の層構造の成因との関係を見いだす方法を，生徒に立案させることとします。以下の1・2に答えなさい。

試料・器具等	花こう岩・かんらん岩(いずれも緻密で水がしみ込まないものとする)，鉄のボルト，ビーカー，電子天秤，糸，インターネットに接続できる機器

1　地球内部を構成すると考えられている物質の密度を測定し，測定した密度と地球の層構造の成因との関係を見いだす方法として，どのような方法が考えられますか。その方法として適切なものを，具体的に書きなさい。

2　地球内部を構成すると考えられている物質の密度を測定し，測定した密度と地球の層構造の成因との関係を見いだす方法を生徒に立案させる際の，指導における留意点として，どのようなことが考えられますか。具体例を挙げて書きなさい。

(☆☆☆◎◎◎◎)

解答・解説

中高理科共通

【1】1 (1) ア ② 　イ ① 　ウ ③ 　エ ① 　オ ①
カ ⑤ 　キ ① 　ク ④ 　ケ ① 　コ ④ 　サ ①
シ ⑤ 　(2) ①，③，④ 　(3) ア～エ 1.05×10^{2} 　オ ⑧
2 (1) ア ① 　イ ① 　ウ ① 　エ ② 　オ ①
カ ① 　キ ③ 　ク ③ 　ケ ① 　(2) ②，③，⑤
(3) ア～ウ 19.2 　3 (1) ①，③，⑤ 　(2) ⑥ 　(3) ⑦
4 (1) ②，④，⑤ 　(2) ア ④ 　イ ⑦ 　ウ ⑨
(3) ア ⑤ 　イ ⑦ 　ウ ②

〈解説〉1 (1) ア～エ　弦を強くはじくほど振幅が大きくなるので大き
な音になるが，音の高さは変わらない。　オ～ク　弦の振動する部分
を長くするほど波長が長くなり，振動数は小さくなるため低い音にな
るが，音の大きさは変わらない。　ケ～シ　弦を強く張るほど弦を伝
わる音は速くなり，振動数は大きくなるため高い音になるが，音の大
きさは変わらない。　(2)　②　横波ではなく，縦波となって伝わる。
⑤　うなりが生じるとき，2つのおんさの振動数は異なる。　(3)　ア
～エ　32.5℃の空気中を伝わる音の速さVは，$V = 331.5 + 0.6 \times 32.5 =$
351.0〔m/s〕である。音を出してから反射音が聞こえるまでの間に，
音はA地点から壁の間を往復しているので，片道分の距離は，
$\dfrac{351.0 \times (6.00 \times 10^{-1})}{2} = 105.3 \fallingdotseq 1.05 \times 10^{2}$〔m〕となる。　オ　空気中の
音の速さをV'とすると，$\dfrac{V' \times (6.24 \times 10^{-1})}{2} = 105.3$より，$V' = 337.5$〔m/s〕
となる。よって，求める温度をt'〔℃〕とすると，$331.5 + 0.6t' = 337.5$
より，$t' = 10$〔℃〕となる。
2 (1)　イオン化傾向の大きい順に，Mg＞Zn＞Cuである。したがって，
エでは$Mg \rightarrow Mg^{2+} + 2e^{-}$，$Zn^{2+} + 2e^{-} \rightarrow Zn$の変化が起こり，金属板の表面

にZnが付着する。また，キではMg→Mg^{2+}＋2e$^-$，Cu^{2+}＋2e$^-$→Cuの変化が起こり，クではZn→Zn^{2+}＋2e$^-$，Cu^{2+}＋2e$^-$→Cuの変化が起こるので，いずれも金属板の表面にCuが付着する。　(2)　①　リチウムイオン電池は二次電池，リチウム電池は一次電池である。　④　マンガン乾電池では負極活物質として亜鉛，正極活物質として酸化マンガン(Ⅳ)を用いる。　(3)　正極ではPbO$_2$＋SO$_4$$^{2-}$＋4H$^+$＋2e$^-$→PbSO$_4$＋2H$_2$O，負極ではPb＋SO$_4$$^{2-}$→PbSO$_4$＋2e$^-$の反応が起きるので，正極の酸化鉛(Ⅳ)が0.200mol反応すると，負極ではSO$_4$(式量96)が0.200mol分だけ増加する。よって，求める負極の質量の増加量は，96×0.200＝19.2〔g〕となる。　3　(1)　②　サツマイモは根の部分，ジャガイモは茎の部分で栄養分を蓄える。　④　精細胞が花粉管の中を移動して胚のうに達し，卵細胞と受精する。　(2)　分裂期にある細胞の数は，45＋23＋9＋13＝90〔個〕なので，間期にある細胞の数は450－90＝360〔個〕となる。細胞周期に要する時間が20時間なので，間期にかかる時間は$20×\frac{360}{450}＝16$〔時間〕となる。　(3)　ア　DNA合成準備期の次のDNA合成期にDNA量は2倍となるので，分裂準備期の細胞当たりのDNA量は2である。　イ　分裂期が終わるまでDNA量は変らないので，分裂期の細胞当たりのDNA量は2である。　ウ　分裂期が終わって生じた娘細胞のDNA量は母細胞と同じなので，細胞当たりのDNA量は1である。　4　(1)　①　積雲は垂直方向に発達し，層雲は水平方向に広がる。　③　寒冷前線の進む速度は温暖前線より速い。
(2)　ア　1辺10.0cm(0.100m)の板の上に400g(4.00N)のおもりを乗せたときにスポンジにはたらく圧力は，$\frac{4.00}{0.100×0.100}＝4.00×10^2$〔Pa〕となる。　イ　1辺5.00cm(0.0500m)の板の上に400g(4.00N)のおもりを乗せたときにスポンジにはたらく圧力は，$\frac{4.00}{0.0500×0.0500}＝1.60×10^3$〔Pa〕となる。　ウ　10.0〔t〕＝1.00×10^7〔g〕より，これにはたらく重力の大きさは1.00×10^5〔N〕なので，この海面上での大気圧は$\frac{1.00×10^5}{1.00}＝1.00×10^5$〔Pa〕となる。　(3)　ア　A地点での水蒸気

量は22℃で湿度55％より，19.4×0.55＝10.67〔g/m³〕となり，露点は約12℃である。A地点から気温が22−12＝10〔℃〕下降するために空気塊がh〔m〕上昇するとき，$\frac{h}{100}×1＝10$より，$h＝1000$〔m〕となる。よって，雲が発生するのは標高20mのA地点から空気塊が1000m上昇したときなので，標高1020mとなる。　イ　アの標高1020mの地点から山頂までの2220−1020＝1200〔m〕は，雲が発生しているので，山頂での気温は$12−\frac{1200}{100}×0.5＝6$〔℃〕となる。ここから空気塊がB地点までの2220−20＝2200〔m〕下降する間，雲は発生しないので，B地点での気温は$6＋\frac{2200}{100}×1＝28$〔℃〕となる。　ウ　山頂は湿度100％なので水蒸気量は7.3〔g/m³〕であり，これだけの水蒸気を含んだままB地点で空気塊の気温が28℃となったと考えると，B地点での湿度は$\frac{7.3}{27.2}×100≒27$〔％〕となる。

中　学　理　科

【１】④
〈解説〉ア　電流計は，電流を測定したい部分と直列に接続する。イ，ウ　内部抵抗r_A〔Ω〕の電流計の測定範囲がI〔A〕のとき，この測定範囲をnI〔A〕とする場合，測定できない$(n−1)I$〔A〕の電流を並列に接続した抵抗に流せばよい。この抵抗の抵抗値をR〔Ω〕とすると，電流計と抵抗の電圧は等しいので，オームの法則を用いて$r_A×I＝R×(n−1)I$より，$R＝\frac{r_A}{n−1}$〔Ω〕となる。

【２】１　②，③，④　　２　ア　⑤　　イ，ウ，エ　8.7×10⁻⁶
〈解説〉１　①　精留塔の内部の温度は下部ほど高い。　⑤　硫黄の同素体のうち，常温で最も安定なのは斜方硫黄である。　２　ア　存在比の大きな順から，$^1H^1H^{16}O>{}^1H^1H^{18}O>{}^1H^1H^{17}O>{}^1H^2H^{16}O>{}^1H^2H^{18}O>{}^1H^2H^{17}O>{}^2H^2H^{16}O>{}^2H^2H^{18}O>{}^2H^2H^{17}O$なので，6番目に存在比が大きいの

は$^1H^2H^{17}O$である。　イ〜エ　求める存在比は，$^1H^2H^{17}O$と$^2H^1H^{17}O$の2種類を考慮するため，$(99.9885\times10^{-2})\times(0.0115\times10^{-2})\times(0.038\times10^{-2})\times100\times2\fallingdotseq8.7\times10^{-6}$〔％〕となる。

【3】ア　⑥　イ　①　ウ　③　エ　①　オ　⑦　カ　⑤
〈解説〉ア　光飽和点は，これ以上光を強くしても光合成速度が大きくならない光の強さなので，陽生植物では光の強さが約20のときである。　イ　光補償点は，二酸化炭素吸収速度が0となるときの光の強さなので，陽生植物では光の強さが約3のときである。　ウ，エ　呼吸速度は光の強さが0のときの二酸化炭素吸収速度から読み取れ，陽生植物では－3なので呼吸速度が3，陰生植物では－1なので呼吸速度が1となり，求める比は3：1である。　オ，カ　見かけの光合成速度はグラフの縦軸の二酸化炭素吸収速度であり，光合成速度は見かけの光合成速度と呼吸速度の合計である。よって，例えば見かけの光合成速度が4のとき，陽生植物の光合成速度は4＋3＝7，陰生植物の光合成速度は4＋1＝5なので，求める比は7：5となる。

【4】1　①，③，⑤　　2　(1)　ア　①　　イ　④　　ウ　⑤
エ　⑦　　オ　③　　(2)　a　④　　b　⑧
〈解説〉1　②　亜熱帯高圧帯は，下降気流が発生しているので雲はできにくく雨は少ない。　④　ジェット気流は，夏は高緯度側を，冬は低緯度側を吹く。　2　(1)　解答参照。　(2)　a　気圧傾度力は高圧側から低圧側へ向かってはたらく力であり，転向力は北半球では風に対して直角右向きにはたらく。地衡風では，気圧傾度力と転向力が反対向きなので，風向は④となる。　b　摩擦力と転向力の合力が気圧傾度力とつり合い，摩擦力は風向と反対向きにはたらくので，風向は⑧となる。

【5】1　理科における「見方」…自然の事物・現象を，質的・量的な関係や時間的・空間的な関係などの科学的な視点で捉えること。(他に，

関係的な視点，実体的な視点，共通性・多様性の視点等)　理科における「考え方」…比較したり，関係付けたりするなどの科学的に探究する方法を用いて考えること。(他に，条件を制御したり，多面的に考えたりする)　2　・生徒の意欲を持続させるために，事前に興味・関心を十分喚起し，目的を明確にして取り組ませる。　・記録の際には，変化の様子が分かるように映像を活用して記録させるなど，観察記録の取り方を工夫させる。　・実施に際しては，急な天候の変化や夜間の観察などに対する安全上の配慮を十分に行う。

〈解説〉1　中学校学習指導要領(平成29年告示)解説　理科編の「第1章　総説　3　理科改訂の要点」を参照。　2　中学校学習指導要領(平成29年告示)解説　理科編の「第3章　指導計画の作成と内容の取扱い　2　内容の取扱いについての配慮事項　(7)　継続的な観察などの充実」を参照。

【6】1　①保護眼鏡をかける。②2本の試験管を用意する。1本には水でうすめた唾液を入れ(この試験管をAとする)，もう1本にはAに入れた水でうすめた唾液と同量の水を入れる(この試験管をBとする)。③A，Bに，0.5％デンプン溶液を一定量ずつ入れ，振り混ぜる。④ビーカーに40℃の湯を入れ，A，Bを5〜10分間温める。⑤A，Bの溶液を半分ずつ別の試験管(C，D)に取り分ける。⑥A，Bにヨウ素ヨウ化カリウム水溶液(ヨウ素液)を入れて反応を確認する。⑦　C，Dにベネジクト液と沸騰石を入れて軽く振りながら加熱し，反応を確認する。

2　・実験を何のために行うか，実験ではどのような結果が予想されるかを考えさせるなど，見通しをもたせる。　・デンプンから麦芽糖への変化が唾液によって起きたことを確かめるために，水でうすめた唾液と同量の唾液を含まない水を用いて同じ条件で実験を行い，結果を比べることが必要であることに気付かせる。　・唾液の有無以外の，0.5％デンプン溶液の量，温度，反応時間等の条件をそろえる必要があることに気付かせる。　・試験管を加熱する際は，沸騰石を入れ，軽く振りながら加熱するなど，安全に留意した計画にさせる。

〈解説〉実験計画を立てる際には，対照実験となるように注意すること。

高 校 理 科

【共通問題】

【1】1　理科における「見方」…自然の事物・現象を，質的・量的な関係や時間的・空間的な関係などの科学的な視点で捉えること。(他に，関係的な視点，実体的な視点，共通性・多様性の視点等)　理科における「考え方」…比較したり，関係付けたりするなどの科学的に探究する方法を用いて考えること。(他に，条件を制御したり，多面的に考えたりする)　2　レポートの作成，発表，討論など，知識及び技能を活用する活動を工夫する。

〈解説〉1　高等学校学習指導要領(平成30年告示)解説　理科編の「第1章　総説　第2節　理科改訂の趣旨及び要点　2　理科改訂の要点」を参照。2　高等学校学習指導要領(平成30年告示)解説　理科編の「第3章　各科目にわたる指導計画の作成と内容の取扱い　2　内容の取扱いに当たっての配慮事項　(1)　思考力，判断力，表現力等を育成する学習活動の充実」を参照。

【物理】

【1】1　④　2　⑧　3　ア　②　イ　③

〈解説〉1　ア　電流計は，電流を測定したい部分と直列に接続する。イ，ウ　内部抵抗r_A〔Ω〕の電流計の測定範囲がI〔A〕のとき，この測定範囲をnI〔A〕とする場合，測定できない$(n-1)I$〔A〕の電流を並列に接続した抵抗に流せばよい。この抵抗の抵抗値をR〔Ω〕とすると，電流計と抵抗の電圧は等しいので，オームの法則を用いて$r_A \times I = R \times (n-1)I$より，$R = \dfrac{r_A}{n-1}$〔Ω〕となる。　2　ア　ある断面を$t$〔s〕間に通過する電子の数は，断面から$vt$〔m〕までの範囲内にある電子の数に等しい。したがって，t〔s〕間に断面を通過する電子の数は，

$nSvt$〔個〕である。電子のもつ電気量の絶対値はe〔C〕であり，電流の大きさは1秒あたりに断面を通過する電気量なので，求める電流の大きさIは，$I=\dfrac{enSvt}{t}=envS$〔A〕となる。　イ　導体の両端の電圧V〔V〕と導体の長さl〔m〕から，導体内の電場をE〔V/m〕とすると，$E=\dfrac{V}{l}$〔V/m〕であり，静電気力の大きさは$eE=\dfrac{eV}{l}$〔N〕となる。したがって，力のつり合いの式は$\dfrac{eV}{l}=kv$より，$v=\dfrac{eV}{kl}$となる。これをアの結果に代入すると，求める電流の大きさは$I=enS\times\dfrac{eV}{kl}=\dfrac{e^2nS}{kl}V$となる。　ウ　イの結果は，$\dfrac{e^2n}{k}\times\dfrac{S}{l}\times V$と変形できるので，抵抗の大きさを$R$とすると，オームの法則の$V=RI$を変形した$I=\dfrac{V}{R}$と比較して，$R=\dfrac{k}{e^2n}\times\dfrac{l}{S}$〔Ω〕と表せる。よって，求める抵抗率を$\rho$〔Ω・m〕とすると，$R=\rho\times\dfrac{l}{S}$と表せるので，$\rho=\dfrac{k}{e^2n}$〔Ω・m〕となる。

3　この導体の抵抗値は，抵抗率ρを用いて，$\rho\times\dfrac{1.0\times10^{-1}}{1.0\times10^{-6}}=\rho\times$$(1.0\times10^5)$と表せる。オームの法則より，$V=\rho\times(1.0\times10^5)\times(1.0\times10^{-2})$$=\rho\times(1.0\times10^3)$となるので，$\rho=V\times(1.0\times10^{-3})$となる。ここで，表2より20℃での抵抗率$\rho_{20}$は$\rho_{20}=(9.44\times10^{-5})\times(1.0\times10^{-3})=9.44\times10^{-8}$〔Ω・m〕，60℃での抵抗率$\rho_{60}$は$\rho_{60}=(1.16\times10^{-4})\times(1.0\times10^{-3})=1.16\times10^{-7}$〔Ω・m〕であり，これらの差は$\rho=\rho_0(1+\alpha t)=\rho_0+\rho_0\alpha t$を用いて，$\rho_0\alpha\times(60-20)=(1.16\times10^{-7})-(9.44\times10^{-8})$より，$\rho_0\alpha=5.4\times10^{-10}$となる。これは$\rho_0\alpha\times20=1.08\times10^{-8}$と変形できるので，$\rho_{20}=\rho_0+\rho_0\alpha\times20=9.44\times10^{-8}$より，$\rho_0=(9.44\times10^{-8})-(1.08\times10^{-8})=8.36\times10^{-8}$〔Ω・m〕となる。よって，$\alpha=\dfrac{5.4\times10^{-10}}{8.36\times10^{-8}}\fallingdotseq6.5\times10^{-3}$〔/K〕となり，表1からこの導体の材質は鉄と考えられる。

【2】1　ア～ウ　④　　エ・オ　④　　2　ア　④　　イ　②　　ウ　⑤
エ　①　　オ　④　　カ　⑥　　3　(1)　ア　①　　イ　⑧
ウ　④　　(2)　エ・オ　9.7　　(3)　⑧

〈解説〉1　ア　時刻tにおける質点の座標は，$(X,\ Y)=(r\cos\omega t,\ r\sin\omega t)$

となる。　イ　速度ベクトルは，位置ベクトルを時間微分するので，$\left(\dfrac{dX}{dt}, \dfrac{dY}{dt}\right)=(-r\omega\sin\omega t,\ r\omega\cos\omega t)=(-\omega Y,\ \omega X)$と表せる。　ウ　加速度ベクトルは，位置ベクトルの2階の時間微分なので，$\left(\dfrac{d^2X}{dt^2}, \dfrac{d^2Y}{dt^2}\right)=(-r\omega^2\cos\omega t,\ -r\omega^2\sin\omega t)=(-\omega^2X,\ -\omega^2Y)$と表せる。エ・オ　速度ベクトルの向きは位置ベクトルの向きと垂直であり，円の接線方向を向く。一方，加速度ベクトルの向きは位置ベクトルの向きと反対であり，円の中心方向を向く。　2　ア　角度θにおける速さをvとすると，運動方程式は$\dfrac{mv^2}{r}=N_0-mg\cos\theta$となる。また，力学的エネルギー保存の法則より，$\dfrac{1}{2}mv_0^2=\dfrac{1}{2}mv^2+mgr(1-\cos\theta)$となる。これらより，$\dfrac{mv_0^2}{r}-2mg(1-\cos\theta)+mg\cos\theta=N_0$より，$N_0=3mg\cos\theta-2mg+\dfrac{mv_0^2}{r}$となる。この式から，$N_0$は余弦曲線を縦軸方向に平行移動したものとなるので，④のグラフとなる。　イ，エ　$N_0=0$となったときに質点は円筒面から離れるので，$N_0=3mg\cos\theta-2mg+\dfrac{mv_0^2}{r}\geqq0$より，$v_0\geqq\sqrt{gr(2-3\cos\theta)}$となる。したがって，$\theta=\dfrac{\pi}{2}$で$N_0\geqq0$となるとき$v_0\geqq\sqrt{gr}$を満たすので，$0<v_0<\sqrt{2gr}$では質点は点Bに達することなく折り返す。　ウ，オ　$\theta=\pi$で$N_0\geqq0$となるとき$v_0\geqq\sqrt{5gr}$を満たすので，$\sqrt{2gr}\leqq v_0<\sqrt{5gr}$では質点は点Bを通過したのち，点Cに達することなく折り返す。　カ　$v_0\geqq\sqrt{5gr}$のとき，質点は点Cを通過したのち，点Dを通過する。　3　(1)　ア　実験1〜3では，おもりの質量だけを変えているが，100往復する時間の平均は変わらないので，周期はおもりの質量に関係していないことがわかる。　イ　実験1〜3と実験4〜6では，おもりの質量に関わらず，単振り子の長さが長くなると周期が長くなることがわかる。　ウ　実験1〜3と実験7〜9では，おもりの質量に関わらず，振れ角が変わっても周期は変わらないので，周期は振れ角に関係していないことがわかる。　(2)　単振り子の長さをl，重力加速度の大きさをgとすると，単振り子の周期は$2\pi\sqrt{\dfrac{l}{g}}$と表

せる。実験4〜6結果より，単振り子の周期は$\dfrac{202}{100}=2\pi\sqrt{\dfrac{1.0}{g}}$となるの

で，$g=\dfrac{4\pi^2}{\left(\dfrac{202}{100}\right)^2}=\dfrac{4\times(3.14)^2}{\left(\dfrac{202}{100}\right)^2}≒9.7〔\mathrm{m/s^2}〕$となる。　(3)　箱が水平方

向右向きに運動している場合，重力加速度gの向きに対して箱の加速度aが垂直にはたらくので，箱の中での見かけの加速度は，加速・減速しているときのいずれも$\sqrt{g^2+a^2}$となる。これに伴い，周期は$T_\mathrm{A}=T_\mathrm{B}=2\pi\sqrt{\dfrac{0.25}{\sqrt{g^2+a^2}}}$となる。一方，箱が鉛直方向上向きに加速しているときの見かけの加速度は$g+a$なので，周期は$T_\mathrm{C}=2\pi\sqrt{\dfrac{0.25}{g+a}}$となる。箱が鉛直方向下向きに減速しているときの見かけの加速度は$g-a$なので，周期は$T_\mathrm{D}=2\pi\sqrt{\dfrac{0.25}{g-a}}$となる。よって，$T_\mathrm{C}<T_\mathrm{A}=T_\mathrm{B}<T_\mathrm{D}$となる。

【3】1　①記録テープ，記録タイマー，力学台車，ばねばかりをつなぐ。②記録タイマーのスイッチを入れ，ばねばかりの示す値が一定になるように注意しながら，一定の力を加え続けて台車を引く。③ばねばかりで引く力の大きさを変えて，②と同じ条件で実験を行う。④記録テープから台車の速度と時間の関係を表すグラフをかく。⑤④のグラフの傾きから加速度を求め，物体に働く力と物体に生じる加速度の関係を調べる。　　2　・実験を何のために行うか，実験ではどのような結果が予想されるかを考えさせるなど，見通しをもたせる。　　・ばねばかりの示す値を一定に保ったまま台車を引くことなど，実験を行う上での注意点に気付かせる。　　・ばねばかりで引く力以外の，台車の質量，台車が移動する面の状態等の条件をそろえる必要があることに気付かせる。　　・加速度の大きさを求めるには，速度と時間の関係を表すグラフの傾きを求めればよいことに気付かせる。

〈解説〉解答参照。

【化学】

【1】1 ②, ③, ④   2 ア ⑤   イ, ウ, エ 8.7×10⁻⁶   3 ア, イ, ウ 56.5

〈解説〉1 ①　精留塔の内部の温度は下部ほど高い。　⑤　硫黄の同素体のうち，常温で最も安定なのは斜方硫黄である。　2 ア　存在比の大きな順から，$^1H^1H^{16}O>^1H^1H^{18}O>^1H^1H^{17}O>^1H^2H^{16}O>^1H^2H^{18}O>^1H^2H^{17}O>^2H^2H^{16}O>^2H^2H^{18}O>^2H^2H^{17}O$なので，6番目に存在比が大きいのは$^1H^2H^{17}O$である。　イ〜エ　求める存在比は，$^1H^2H^{17}O$と$^2H^1H^{17}O$の2種類を考慮するため，$(99.9885×10^{-2})×(0.0115×10^{-2})×(0.038×10^{-2})×100×2≒8.7×10^{-6}$〔%〕となる。　3　問題文には酸化銅（Ⅰ）$CuO_2$か酸化銅（Ⅱ）$CuO$か明確に記されていないが，酸化銅を水素で還元する反応を用いるので，酸化銅（Ⅱ）として考える。同位体の存在比を人工的に変えた鉄の相対質量の平均値をxとおくと，2.26gのとき物質量は$\dfrac{2.26}{x}$〔mol〕と表せる。この鉄に希硫酸を加えたときの反応式は，$Fe+H_2SO_4→FeSO_4+H_2$より，発生した水素の物質量も$\dfrac{2.26}{x}$〔mol〕となる。この水素と酸化銅（Ⅱ）（式量79.5）の反応式は$CuO+H_2→Cu+H_2O$より，$79.5×\dfrac{2.26}{x}$〔g〕のCuOが反応して$63.5×\dfrac{2.26}{x}$〔g〕のCuが生じる。未反応のCuOも存在するため，$4.98-79.5×\dfrac{2.26}{x}+63.5×\dfrac{2.26}{x}=4.34$が成り立つので，$x=56.5$となる。

【2】1 ②, ④, ⑤   2 ア, イ 16   ウ, エ 16   オ ②   3 ア ①   イ, ウ, エ, オ 1.2×10⁻²¹   カ, キ, ク, ケ 1.2×10⁻¹⁸   コ, サ, シ, ス 6.5×10⁻²⁹   セ, ソ, タ, チ 2.2×10⁻¹⁷   ツ ②

〈解説〉1 ①　体積が一定のままヘリウムを加えても平衡は移動しないが，全圧が一定のままヘリウムを加えると気体の分圧が減少するので，平衡は左に移動する。　③　赤褐色の二酸化窒素が生成する方向に平衡が移動するので，気体の色は濃くなる。　2 ア，イ　平衡状態で

は，H_2の物質量は$12-6=6$〔mol〕，I_2の物質量は$7.5-6=1.5$〔mol〕，HIの物質量は$6\times2=12$〔mol〕となる。容器の体積をV〔L〕とすると，$K=\dfrac{[\mathrm{HI}]^2}{[\mathrm{H_2}][\mathrm{I_2}]}=\dfrac{\left(\dfrac{12}{V}\right)^2}{\dfrac{6}{V}\times\dfrac{1.5}{V}}=16$となる。　ウ，エ　I_2を4.5mol加え，H_2とI_2がx〔mol〕反応したとすると$(x>0)$，HIは$2x$〔mol〕生成する。同じ温度なので平衡定数は変わらないので，$\dfrac{\left(\dfrac{12+2x}{V}\right)^2}{\dfrac{6-x}{V}\times\dfrac{1.5+4.5-x}{V}}=16$より，$x=2$〔mol〕となる。よって，新しい平衡状態でのHIの物質量は，$12+2\times2=16$〔mol〕となる。　オ　この条件を平衡定数の式に代入すると，$\dfrac{\left(\dfrac{9.0}{V}\right)^2}{\dfrac{1.5}{V}\times\dfrac{3.0}{V}}=18$となり，この温度での平衡定数16より大きくなる。よって，平衡定数16となって平衡状態に達するためには，分母が大きく，分子が小さくなるので，問題文の式①の平衡は左に移動する，つまり逆反応が進行する。　3　ア　二段階目の平衡定数は一段階目より極めて小さいので，二段階目の反応は水素イオン濃度にほとんど影響を及ぼさない。　イ〜オ　$K=\dfrac{[\mathrm{H^+}]^2[\mathrm{S^{2-}}]}{[\mathrm{H_2S}]}=\dfrac{[\mathrm{H^+}][\mathrm{HS^-}]}{[\mathrm{H_2S}]}\times\dfrac{[\mathrm{H^+}][\mathrm{S^{2-}}]}{[\mathrm{HS^-}]}=K_1\times K_2=(9.5\times10^{-8})\times(1.3\times10^{-14})=1.235\times10^{-21}\fallingdotseq1.2\times10^{-21}$〔$\mathrm{mol^2/L^2}$〕となる。　カ〜ケ　$[\mathrm{S^{2-}}]=\dfrac{K[\mathrm{H_2S}]}{[\mathrm{H^+}]^2}=\dfrac{(1.235\times10^{-21})\times0.10}{(1.0\times10^{-2})^2}\fallingdotseq1.2\times10^{-18}$〔mol/L〕となる。　コ〜ス　$[\mathrm{Cu^{2+}}][\mathrm{S^{2-}}]>K_{\mathrm{sp(CuS)}}$のとき沈殿が生じるので，求める条件は$[\mathrm{S^{2-}}]>\dfrac{K_{\mathrm{sp(CuS)}}}{[\mathrm{Cu^{2+}}]}=\dfrac{6.5\times10^{-30}}{0.10}=6.5\times10^{-29}$〔mol/L〕となる。　セ〜チ　$[\mathrm{Zn^{2+}}][\mathrm{S^{2-}}]>K_{\mathrm{sp(ZnS)}}$のとき沈殿が生じるので，求める条件は$[\mathrm{S^{2-}}]>\dfrac{K_{\mathrm{sp(ZnS)}}}{[\mathrm{Zn^{2+}}]}=\dfrac{2.2\times10^{-18}}{0.10}=2.2\times10^{-17}$〔mol/L〕となる。　ツ　カ〜ケより，$[\mathrm{S^{2-}}]\fallingdotseq1.2\times10^{-18}$〔mol/L〕なので，$[\mathrm{Cu^{2+}}][\mathrm{S^{2-}}]=(0.10)\times(1.2\times10^{-18})=1.2\times10^{-19}>K_{\mathrm{sp(CuS)}}$となり，CuSの沈殿は生じる。

一方，$[Zn^{2+}][S^{2-}]=(0.10)\times(1.2\times10^{-18})=1.2\times10^{-19}<K_{sp(ZnS)}$より，ZnSの沈殿は生じない。

【3】1 ①保護眼鏡をかける。 ②ビーカーに入った食酢を10mLホールピペットで正確に10mL取り，100mLメスフラスコに入れる。純水の入った洗浄瓶や駒込ピペットを用いて，標線まで純水を加え，よく混合して濃度が$\frac{1}{10}$〔倍〕の試料水溶液とする。 ③②の試料水溶液を，安全ピペッターをつけた10mLホールピペットで正確に10mL取って，コニカルビーカーに入れ，指示薬としてフェノールフタレイン溶液を1～2滴加える。 ④0.10mol/L水酸化ナトリウム標準溶液を，ろうとを用いてビュレット台に設置したビュレットに入れる。その下に空のビーカーを置き，活栓を開いて，ビュレットの先端まで水溶液を満たし，活栓を閉じる。このときのビュレットの液面の目盛りv_1〔mL〕を読み取る。 ⑤③のコニカルビーカーに，ビュレットから少しずつ水酸化ナトリウム水溶液を滴下する。その都度よく振り混ぜ，水溶液が薄い赤色を帯び，数回軽く振っても消えなくなったところで滴下をやめる。このときのビュレットの液面の目盛りv_2〔mL〕を読み取る。(v_2-v_1)〔mL〕が滴下量となる。 ⑥③～⑤の操作をさらに2回行い，水酸化ナトリウム水溶液の滴下量の平均値を求め，$1\times c$〔mol/L〕$\times\frac{10.0}{1000}$〔L〕$=1\times0.10$〔mol/L〕$\times\frac{v_2-v_1}{1000}$〔L〕より，試料水溶液のモル濃度$c$を求め，それを10倍してもとの食酢中に含まれる酢酸のモル濃度を求める。⑦食酢の密度を1.0g/cm³として，⑥で求めた酢酸のモル濃度から食酢中に含まれる酢酸の質量パーセント濃度を求める。 2 ホールピペットとビュレットの内部が純水で濡れている場合，使用する前に，使用する溶液で内部を2～3回すすぐ共洗いという操作が必要である。なぜなら，そのまま使用すると，純水によって溶液の濃度が薄くなるので，体積を正確にはかり取っても，溶液に含まれる溶質の物質量が少なくなってしまうからである。

〈解説〉解答参照。

【生物】

【1】1　ア　⑥　　イ　①　　ウ　③　　エ　①　　オ　⑦　　カ　⑤
　　2　②，④，⑤　　　3　溶岩噴出後の経過年数〔年〕…4　　植生の高
　　さ〔m〕…2　　　地表照度〔％〕…4

〈解説〉1　ア　光飽和点は，これ以上光を強くしても光合成速度が大き
　　くならない光の強さなので，陽生植物では光の強さが約20のときであ
　　る。　　イ　光補償点は，二酸化炭素吸収速度が0となるときの光の強
　　さなので，陽生植物では光の強さが約3のときである。　　ウ，エ　呼
　　吸速度は光の強さが0のときの二酸化炭素吸収速度から読み取れ，陽
　　生植物では－3なので呼吸速度が3，陰生植物では－1なので呼吸速度
　　が1となり，求める比は3：1である。　　オ，カ　見かけの光合成速度
　　はグラフの縦軸の二酸化炭素吸収速度であり，光合成速度は見かけの
　　光合成速度と呼吸速度の合計である。よって，例えば見かけの光合成
　　速度が4のとき，陽生植物の光合成速度は4＋3＝7，陰生植物の光合成
　　速度は4＋1＝5なので，求める比は7：5となる。　　2　①　一次遷移で
　　はなく，二次遷移の説明である。　　③　陰樹の幼木は，暗い陽樹林の
　　林床でも生育できる。　　3　それぞれの調査地点を遷移が進行する順
　　に並べると，A→D→B→Cとなる。溶岩噴出後の経過年数が長いほど
　　遷移は進行するので，④が該当する。植生の高さは遷移が進行するほ
　　ど高いので，②が該当する。地表照度は遷移が進むほど弱くなるので，
　　④が該当する。

【2】1　ア　①　　イ　③　　ウ　③　　エ　⑦　　オ　⑧　　カ　⑥
　　キ　⑤　　2　ア，イ　40　　ウ，エ　2.5　　オ，カ　7.4
　　3　(1)　①　　(2)　②　　(3)　オ　②　　カ　②　　キ　②
　　(4)　③　　(5)　ク　④　　ケ　①　　コ　⑤　　サ　③　　シ　②

〈解説〉1　滑り説の説明である。　　2　ア，イ　興奮の伝導速度は，AB
　　間の距離と収縮が起きた時間の差より，$\frac{9.2-2.4}{8.3-6.6}=4.0$〔cm/ミリ
　　秒〕＝40〔m/秒〕となる。　　ウ，エ　A点に電気刺激を与えてから興

奮が神経筋接合部まで伝わる時間は，$\dfrac{2.4}{4.0}=0.6$〔ミリ秒〕となる。また，神経の末端に接している部分の筋肉に電気刺激を与えてから筋肉が収縮するまでに要する時間は3.5ミリ秒なので，この神経末端から筋肉への興奮の伝達に要した時は，$6.6-(0.6+3.5)=2.5$〔ミリ秒〕となる。　オ，カ　筋肉から5.6cm離れた点に電気刺激を与えてから興奮が神経筋接合部まで伝わる時間は，$\dfrac{5.6}{4.0}=1.4$〔ミリ秒〕となる。よって，求める時間は，$1.4+3.5+2.5=7.4$〔ミリ秒〕となる。　3　解答参照。

【3】1　①調査場所をいくつか選び，軍手をして，採集缶を用いて土壌を採集する。その際，周囲に見られる植物や地表の状態を記録する。②採集した土壌を白色のバットに広げ，ピンセット等を用いて，比較的大きい土壌動物を採集する。採集した土壌動物は70％〔体積％〕エタノール水溶液の入った管ビンに入れる。　③②の作業後の土壌を，ツルグレン装置に約24時間かけて土壌動物を採集し，70％〔体積％〕エタノール水溶液の入った管ビンに入れる。　④ルーペと双眼実体顕微鏡を用いて②・③で採集した土壌動物を観察し，図鑑やインターネットに接続できる機器を利用して種類を調べる。　⑤調査場所ごとに観察できた土壌動物の種類数や個体数を調べ，環境によるそれらの違いについてまとめる。　2　・実験を何のために行うか，実験ではどのような結果が予想されるかを考えさせるなど，見通しをもたせる。・調査場所の環境以外の，土壌を採集する方法や採集する土壌の量等の条件をそろえる必要があることに気付かせる。　・土壌を採集する際には軍手をして，土壌動物を直接手で触らないようにするなど，安全に留意した計画にさせる。

〈解説〉解答参照。

【地学】

【１】１　①，③，⑤　　２　(1)　ア　①　　イ　④　　ウ　⑤
　　エ　⑦　　オ　③　　(2)　a　④　　b　⑧　　３　ア　④　　イ　⑤
〈解説〉１　②　亜熱帯高圧帯は，下降気流が発生しているので雲はでき
にくく雨は少ない。　④　ジェット気流は，夏は高緯度側を，冬は低
緯度側を吹く。　２　(1)　解答参照。　(2)　a　気圧傾度力は高圧側か
ら低圧側へ向かってはたらく力であり，転向力は北半球では風に対し
て直角右向きにはたらく。地衡風では，気圧傾度力と転向力が反対向
きなので，風向は④となる。　b　摩擦力と転向力の合力が気圧傾度
力とつり合い，摩擦力は風向と反対向きにはたらくので，風向は⑧と
なる。　３　ア　解答参照。　イ　水深に比べて十分に波長が長い波
の場合なので，波の進む速さv〔m/s〕は，重力加速度の大きさをg
〔m/s〕，水深をh〔m〕とすると，$v=\sqrt{gh}=\sqrt{9.8\times5000}\fallingdotseq220$〔m/s〕と
なる。

【２】１　(1)　④　　(2)　⑥　　２　ア　②　　イ　③　　ウ　⑦
　　エ　④　　オ　⑧　　３　(1)　②　　(2)　④　　(3)　③
〈解説〉１　(1)　年周視差は，地球が公転していることによる恒星の見か
けの運動の大きさを示す角度の半分であり，ベッセルが初めて測定し
た。　(2)　北緯Φでは，フーコーの振り子が1日に回転して見える角
度は，$360°\times\sin\Phi=360°\times\sin30°=180$〔°〕となる。　２　公転周期は
太陽に近い軌道をまわる惑星ほど短いので，短い方から順に，内惑
星＜地球＜外惑星となる。　３　(1)　図より，探査機の公転周期をP
〔年〕とすると，探査機の軌道の長半径は1.25天文単位なので，地球の
公転周期1年を用いて，ケプラーの第3法則より，$\dfrac{(1.25)^3}{P^2}=\dfrac{(1.0)^3}{1^2}$が成り
立つので，$P\fallingdotseq1.4$〔年〕となる。点Aから点Bまでは楕円軌道の半分な
ので，求める所要時間は約0.7年となる。　(2)　探査機が点Aを出発し
てから0.7年で点Bに到着するので，火星は点Mを出発してから0.7年で
点Bに到着する。つまり，$\angle BSM=\dfrac{0.7}{1.9}\times360°\fallingdotseq133$〔°〕となる。ここ
で，点A，S，Bは一直線上にあることを考慮すると，$\angle ASM=180°-$

$133°＝47$〔°〕となる。　(3)　ケプラーの第2法則を用いると，点Aでの速さをv_A，点Bでの速さをv_Bとすると，$1.0×v_A＝1.5×v_B$より，$v_B≒0.67v_A$となる。よって，約0.67倍である。

【3】1　①電子天秤で試料(花こう岩，かんらん岩，鉄のボルト)の質量を測定する。　②電子天秤の上に試料が十分につかる程度の水を入れたビーカーを置き，そのときの電子天秤の値Mを記録した後，糸でつるした試料をビーカーの底につかないようにゆっくりと水の中に沈め，そのときの電子天秤の値M'を記録する。　③M'とMの差は試料の体積分の水の質量と等しく，水の密度は$1.0g/cm^3$であることから，水に沈めた試料の体積を求める。　④試料の質量を体積で割ることで，試料の密度を求める。　⑤試料として用いた物質が地球内部で流動しやすい状態にあり，層構造をつくるとすると，どのような層構造になるかについて推察する。　⑥インターネットに接続できる機器を利用して，地球内部はどのような物質でできており，どのような層構造をしているのかについて調べ，⑤で推察した内容と比較する。

2　・実験を何のために行うか，実験ではどのような結果が予想されるかを考えさせるなど，見通しをもたせる。　・糸でつるした試料を水の中に沈める際，試料がビーカーの底につかないようにすることなど，実験を行う上での注意点に気付かせる。　・M'とMの差から試料の体積を求めることができ，試料の質量を体積で割ることで試料の密度を求めることができることに気付かせる。　・求めた試料の密度と地球の層構造の関連に気付かせる。

〈解説〉解答参照。

2023年度　|　**実施問題**

中高理科共通

【１】次の1～4に答えなさい。

1　仕事とエネルギーについて，次の(1)～(3)に答えなさい。

(1)　次の図は，半径の異なる2つの滑車を1つの軸に固定した輪軸を用いて仕事をしている様子を示しています。このときの仕事について述べた以下の文中の空欄[　ア　]・[　イ　]に当てはまる数字として適切なものを，あとの①～⑨のうちからそれぞれ一つずつ選び，その番号を答えなさい。ただし，同じものを繰り返し選んでもよいこととします。

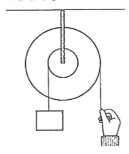

> 　2つの滑車の半径の比が2：5の輪軸を用いて，半径の小さな滑車につるした重さ20Nの物体を鉛直上向きに2m動かすためには，半径の大きな滑車に[　ア　]Nの力を加え，その力の向きに糸を[　イ　]m引く必要がある。

①　1　　②　2　　③　3　　④　4　　⑤　5　　⑥　6
⑦　7　　⑧　8　　⑨　9

(2)　次の文は，鉛直投げ上げと斜方投射について述べたものです。

文中の空欄[　ア　]・[　イ　]に当てはまる語句の組合せとして適切なものを，以下の①～⑨のうちから選び，その番号を答えなさい。

> 　水平な地面上のある点から，小球を鉛直上向きに投射した場合と，同一の小球を斜め上方に投射した場合では，初速度の大きさが等しい場合，小球が達する最高点の高さは[　ア　]，地面上の落下点に達する直前の速さは[　イ　]。

	ア	イ
①	鉛直上向きに投射した場合の方が高く	鉛直上向きに投射した場合の方が大きい
②	鉛直上向きに投射した場合の方が高く	斜め上方に投射した場合の方が大きい
③	鉛直上向きに投射した場合の方が高く	鉛直上向きに投射した場合と斜め上方に投射した場合とで等しい
④	斜め上方に投射した場合の方が高く	鉛直上向きに投射した場合の方が大きい
⑤	斜め上方に投射した場合の方が高く	斜め上方に投射した場合の方が大きい
⑥	斜め上方に投射した場合の方が高く	鉛直上向きに投射した場合と斜め上方に投射した場合とで等しい
⑦	鉛直上向きに投射した場合と斜め上方に投射した場合とで等しく	鉛直上向きに投射した場合の方が大きい
⑧	鉛直上向きに投射した場合と斜め上方に投射した場合とで等しく	斜め上方に投射した場合の方が大きい
⑨	鉛直上向きに投射した場合と斜め上方に投射した場合とで等しく	鉛直上向きに投射した場合と斜め上方に投射した場合とで等しい

(3)　ばね定数50N/mのつる巻きばねの一端を固定し，他端に物体をつけ，ばねが自然の長さに戻る範囲で，ばねを自然の長さから0.20mだけ伸ばしたときの，物体がばねから受ける弾性力の大きさFは何Nですか。また，このときの，物体がもつ弾性力による位置エネルギーUは何Jですか。有効数字2桁で表すとき，次の式中の空欄[　ア　]～[　エ　]に当てはまる数字として適切なものを，以下の①～⑩のうちからそれぞれ一つずつ選び，その番号を答えなさい。ただし，同じものを繰り返し選んでもよいこととします。

$F=[$　ア　$][$　イ　$]$N

$U=[$　ウ　$].[$　エ　$]$J

① 1　　② 2　　③ 3　　④ 4　　⑤ 5　　⑥ 6

⑦ 7　　⑧ 8　　⑨ 9　　⑩ 0

2　化学変化について，次の(1)～(3)に答えなさい。

(1)　鉄粉と硫黄の混合物を加熱する実験を行うと，硫化鉄ができました。この実験と硫化鉄の性質に関する記述として適切なものを，次の①～⑤のうちから全て選び，その番号を答えなさい。

①　鉄と硫黄の混合物を加熱する際は，ガスバーナーの炎が揺れるのを防ぐため，窓を閉め切る。

②　鉄と硫黄の混合物を加熱して光と熱を発するようになると，加熱をやめてもそのまま化学変化が進む。

③　硫化鉄は鉄とは異なる物質であり，磁石を近づけたとき，磁石に引きつけられない。

④　硫化鉄は電気を通す赤褐色の物質である。

⑤　硫化鉄にうすい塩酸を加えると，有毒な気体である硫化水素が発生する。

(2)　酸化銅(Ⅱ)と炭の粉末の混合物を，次の図のような装置で加熱すると，酸化銅(Ⅱ)を還元することができます。この実験についての記述として適切なものを，以下の①～⑤のうちから全て選び，その番号を答えなさい。

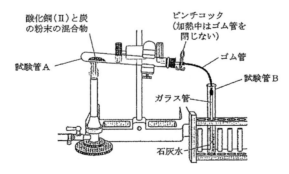

①　石灰水が逆流しないように，ガラス管を試験管Bの石灰水から取り出してから火を消す。

②　空気中の酸素が試験管Aに入るのを防ぐため，試験管Aが冷めてから，ピンチコックでゴム管を閉じる。

③　発生した気体により，試験管Bの石灰水は白くにごる。

④　加熱後，試験管Aに残るのは黒色の物質である。

⑤　加熱後，試験管Aに残った物質を薬さじで強くこすると，金属光沢が見られる。

(3)　銅とマグネシウムのそれぞれを空気中で加熱する実験を行いました。図Ⅰは，このときの銅の質量と生成した酸化銅の質量の関係，図Ⅱは，このときのマグネシウムの質量と反応した酸素の質量の関係を示したものです。これら2つの図から考えられることについて述べた以下の文章中の空欄[　ア　]～[　オ　]に当てはまる数字として適切なものを，あとの①～⑨のうちからそれぞれ一つずつ選び，その番号を答えなさい。ただし，同じものを繰り返し選んでもよいこととします。

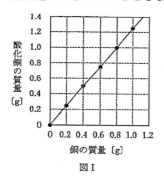

図Ⅰ

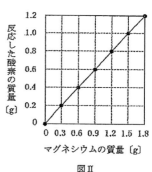

図Ⅱ

　図Ⅰより，反応する銅と酸素の質量を最も簡単な整数比で表すと，[　ア　]：[　イ　]である。また，銅と結びついた酸素の質量とマグネシウムと結びついた酸素の質量が等しいとき，図Ⅰ，図Ⅱより，反応する銅，マグネシウム，酸素の質量を，最も簡単な整数比で表すと，[　ウ　]：[　エ　]：[　オ　]である。

① 1　　② 2　　③ 3　　④ 4　　⑤ 5　　⑥ 6

⑦ 7　　⑧ 8　　⑨ 9

3　生物の多様性と遺伝子について，次の(1)～(3)に答えなさい。

(1)　生物の多様性や進化についての記述として適切なものを，次の①～⑤のうちから全て選び，その番号を答えなさい。

①　両生類であるカエルの前あしと鳥類であるスズメの翼のように，外形や働きが異なっていても，起源が等しいと考えられる器官を相似器官という。

②　シソチョウにはつめや羽毛があり，は虫類と鳥類の特徴を合わせもっていた。

③　古生代前期の地層からは魚類と両生類，古生代中期の地層からはは虫類と鳥類の化石が発見されている。

④　両生類には，えらで呼吸する時期と肺で呼吸する時期がある。

⑤　特定の時代にのみ生存していた生物の化石で，地層の年代を推定するのに用いられるものを，示準化石という。

(2)　遺伝子の本体であるDNAについての記述として適切なものを，次の①～⑤のうちから全て選び，その番号を答えなさい。

①　DNAは，デオキシリボース，リン酸，塩基が結合したヌクレオチドから構成される核酸である。

②　真核細胞の染色体のDNAは，タンパク質に巻き付いた状態で折りたたまれて存在している。

③　2本鎖DNAを構成する2本の鎖は，ペプチド結合によって結びついている。

④　ミトコンドリアと葉緑体は独自のDNAをもつ。

⑤　DNAを構成する塩基の数の割合は，どの生物においても，アデニンとグアニンで等しく，シトシンとチミンで等しくなっている。

(3)　体細胞に8本の染色体が含まれているキイロショウジョウバエについて，染色体の乗換えが起こらない場合，正常に行われる減数分裂によってつくられる配偶子が受精によって自由に組み合わさると，受精卵がもつ染色体の組合せは何通り考えられますか。有効数字3桁で表すとき，空欄[　ア　]～[　エ　]に当てはまる数

字として適切なものを，以下の①～⑩のうちからそれぞれ一つず
つ選び，その番号を答えなさい。ただし，同じものを繰り返し選
んでもよいこととします。

[　ア　].[　イ　][　ウ　]×10^[　エ　]通り

① 1　　② 2　　③ 3　　④ 4　　⑤ 5　　⑥ 6

⑦ 7　　⑧ 8　　⑨ 9　　⑩ 0

4　火山活動と地震について，次の(1)～(3)に答えなさい。

(1)　次の文章は，マグマの粘性と火山の形状について述べたもの
です。文章中の空欄[　ア　]～[　ウ　]に当てはまる語句の組合
せとして適切なものを，以下の①～⑧のうちから選び，その番号
を答えなさい。

> マグマの粘性は，一般に二酸化ケイ素成分の割合が
> [　ア　]なるほど高い。粘性の高い[　イ　]質マグマでは，
> 昭和新山のような[　ウ　]が形成される場合が多い。

	ア	イ	ウ
①	少なく	玄武岩	盾状火山
②	少なく	玄武岩	溶岩ドーム
③	少なく	流紋岩	盾状火山
④	少なく	流紋岩	溶岩ドーム
⑤	多く	玄武岩	盾状火山
⑥	多く	玄武岩	溶岩ドーム
⑦	多く	流紋岩	盾状火山
⑧	多く	流紋岩	溶岩ドーム

(2)　火山や地震についての記述として適切なものを，次の①～⑤の
うちから全て選び，その番号を答えなさい。

①　火山ガスの主成分は水蒸気である。

②　火山灰は粒子が細かく軽いため，火山灰が大量に降り積もっ
ても家屋の倒壊や降雨に伴う泥流を引き起こすことはない。

③　日本では，地震動の強さは，0から7までの8つの震度階級で
示される。

④　震源からの距離が等しくても，地盤の性質等によって，震度が異なる場合がある。

⑤　地震の規模を表すマグニチュードが2大きくなると，地震のエネルギーは約100倍になる。

(3)　ある地震の揺れを地震計で記録すると，震源からの距離が100kmの地点では，P波が届くまでの時間が16.0秒，S波が届くまでの時間が32.0秒であったことが分かりました。この地震において，初期微動継続時間が60.0秒間であった地点は，震源から何km離れていると考えられますか。次の[　ア　]～[　ウ　]に当てはまる数字として適切なものを，以下の①～⑩のうちからそれぞれ一つずつ選び，その番号を答えなさい。ただし，同じものを繰り返し選んでよいこととします。なお，地震波の速度は変化しないものとします。

震源から[　ア　][　イ　][　ウ　]km離れている。

①　1　　②　2　　③　3　　④　4　　⑤　5　　⑥　6

⑦　7　　⑧　8　　⑨　9　　⑩　0

(☆☆☆◎◎◎)

中　学　理　科

【1】平成29年3月告示の中学校学習指導要領　理科　について，次の1・2に答えなさい。

1　第1　目標　について，空欄[　ア　][　イ　]に当てはまる語句の組合せとして適切なものを，次の①～⑨のうちから選び，その番号を答えなさい。

　　自然の事物・現象に関わり，理科の見方・考え方を働かせ，見通しをもって観察，実験を行うことなどを通して，自然の事物・現象を科学的に探究するために必要な[　ア　]を次のとおり育成することを目指す。

(1)　自然の事物・現象についての理解を深め，科学的に探究するために必要な観察，実験などに関する[　イ　]を身に付けるようにする。

(2)　観察，実験などを行い，科学的に探究する力を養う。

(3)　自然の事物・現象に進んで関わり，科学的に探求しようとする態度を養う。

	ア	イ
①	資質・能力	基本的な知識
②	資質・能力	基本的な技能
③	資質・能力	探究の方法
④	思考力・判断力・表現力	基本的な知識
⑤	思考力・判断力・表現力	基本的な技能
⑥	思考力・判断力・表現力	探究の方法
⑦	学びに向かう力・人間性	基本的な知識
⑧	学びに向かう力・人間性	基本的な技能
⑨	学びに向かう力・人間性	探究の方法

2　第3　指導計画の作成と内容の取扱い　について，空欄[　ア　]・[　イ　]に当てはまる語句の組合せとして適切なものを，以下の①〜⑨のうちから選び，その番号を答えなさい。

2　第2の内容の取扱いについては，次の事項に配慮するものとする。

(4)　各分野の指導に当たっては，観察，実験の過程での情報の検索，実験，データの処理，実験の計測などにおいて，[　ア　]などを積極的かつ適切に活用するようにすること。

(8)　観察，実験，野外観察などの体験的な学習活動の充実に配慮すること。また，[　イ　]に十分配慮すること。

	ア	イ
①	大学や研究機関	生徒の心情
②	大学や研究機関	環境整備
③	大学や研究機関	自然環境の保全
④	博物館や科学学習センター	生徒の心情
⑤	博物館や科学学習センター	環境整備
⑥	博物館や科学学習センター	自然環境の保全
⑦	コンピュータや情報通信ネットワーク	生徒の心情
⑧	コンピュータや情報通信ネットワーク	環境整備
⑨	コンピュータや情報通信ネットワーク	自然環境の保全

(☆☆◎◎◎)

【２】同じ物質からなる2つの物体があり，温度がT_Hの高温の物体の質量をm，温度がT_Lの低温の物体の質量を$2m$とします。この2つの物体を接触させて十分な時間が経過すると，2つの物体の温度がTで等しくなりました。2つの物体を接触させてから十分な時間が経過するまでの2つの物体の温度変化を，横軸を時間，縦軸を温度として示したグラフの概形として最も適切なものを，次の①～⑥のうちから選び，その番号を答えなさい。ただし，熱のやり取りは2つの物体間だけで行われたものとします。

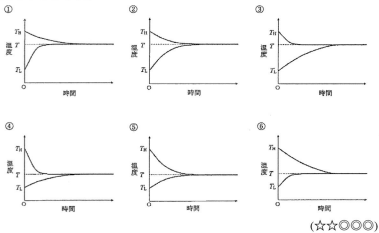

(☆☆◎◎◎)

86

【3】酸化還元反応について，次の1・2に答えなさい。

1　次に示した【窒素原子を含む化合物】の①～④のうち，窒素原子の酸化数が最大の物質，窒素原子の酸化数が最小の物質として適切なものを，それぞれ一つずつ選び，その番号を答えなさい。また，以下に示した【塩素原子を含む化合物】の①～④のうち，塩素原子の酸化数が最大の物質，塩素原子の酸化数が最小の物質として適切なものを，それぞれ一つずつ選び，その番号を答えなさい。

【窒素原子を含む化合物】

①　HNO_3　　②　NH_3　　③　HNO_2　　④　NO_2

【塩素原子を含む化合物】

①　$HClO$　　②　$HClO_2$　　③　$HClO_3$　　④　$HClO_4$

2　次の文章は，化学的酸素要求量CODについて述べたものです。文章中の空欄[　ア　]～[　オ　]に当てはまる数字として適切なものを，以下の①～⑩のうちからそれぞれ一つずつ選び，その番号を答えなさい。ただし，同じものを繰り返し選んでもよいこととします。なお，Oの原子量は16とします。

> 　CODは，水中の有機物を酸化するのに必要とされる酸素量〔mg/L〕のことであり，その値が大きくなるほど，水中に含まれる有機物が多く，汚染が進んでいることを表している。例えば，次に示した過程により，試料水のCODを求めることができる。
>
> Ⅰ　前処理として，有機物を含む試料水に硝酸銀水溶液を加え，試料水中の塩化物イオンを塩化銀として沈殿させ，ろ過して取り除いた。
>
> Ⅱ　Ⅰの処理を行った試料水0.10Lに，6.0mol/Lの硫酸10.0mLを加え酸性条件にした後，5.0×10^{-3}mol/Lの過マンガン酸カリウム水溶液10.0mLを加えて攪拌した。この時できた赤紫色の混合溶液を混合溶液Aとする。混合溶液Aを30分間加熱すると，次の反応式のように，過マンガン酸カリウムが

　　酸化剤として働いて，有機物を酸化した。

　　$MnO_4^- + 8H^+ + 5e^- \rightarrow Mn^{2+} + 4H_2O$

Ⅲ　加熱が終わった混合溶液Aに，1.25×10^{-2}mol/Lのシュウ酸ナトリウム水溶液10.0mLを加えて攪拌すると，次の反応式のように，シュウ酸ナトリウムが還元剤として働いて，残っている過マンガン酸イオンを還元した。この時できた無色の混合溶液を混合溶液Bとする。

　　$C_2O_4^{2-} \rightarrow 2CO_2 + 2e^-$

Ⅳ　混合溶液Bを5.0×10^{-3}mol/Lの過マンガン酸カリウム水溶液で滴定し，残っているシュウ酸ナトリウムを酸化するのに要した過マンガン酸カリウム水溶液の量を測定すると，2.0mLであった。

　　ⅠからⅣまでの過程で，有機物が放出した電子の物質量を，有効数字2桁で表すと，

　　　[　ア　].[　イ　]$\times 10^{-[ウ]}$molである。

　　次の反応式のように，酸素が酸化剤として働き，過マンガン酸イオンの代わりに酸素で有機物を酸化したとして考えると，この試料水のCODは，[　エ　].[　オ　]mg/Lであることが分かる。

　　　$O_2 + 4H^+ + 4e^- \rightarrow 2H_2O$

① 1　　② 2　　③ 3　　④ 4　　⑤ 5　　⑥ 6　　⑦ 7
⑧ 8　　⑨ 9　　⑩ 0

（☆☆☆◎◎◎）

【4】体内環境の維持について，次の1・2に答えなさい。

1　次の文章は，血糖濃度を上げるしくみについて述べたものです。文章中の空欄[　ア　]～[　ウ　]に当てはまる語句の組合せとして適切なものを，以下の①～⑧のうちから選び，その番号を答えなさい。

> 　運動や飢餓状態などによって血糖濃度が低下すると，複数のホルモンの分泌が促される。すい臓のランゲルハンス島のA細胞が分泌するグルカゴンは，[　ア　]に働いてグリコーゲンからグルコースへの分解を促進する。また，副腎髄質は[　イ　]の信号を受け，アドレナリンを分泌する。
>
> 　肉体的，精神的なストレスがあると，脳下垂体前葉から副腎皮質刺激ホルモンが分泌され，その刺激を受けた副腎皮質から糖質コルチコイドが分泌される。糖質コルチコイドは，さまざまな器官の[　ウ　]の分解を引き起こし，グルコースの合成を促進する。

	ア	イ	ウ
①	腎臓	交感神経	タンパク質
②	腎臓	交感神経	脂質
③	腎臓	副交感神経	タンパク質
④	腎臓	副交感神経	脂質
⑤	肝臓	交感神経	タンパク質
⑥	肝臓	交感神経	脂質
⑦	肝臓	副交感神経	タンパク質
⑧	肝臓	副交感神経	脂質

2　次の文章は，血糖濃度の調節の限界について述べたものです。文章中の空欄[　ア　]・[　イ　]に当てはまるグラフの概形として適切なものを，以下の①〜⑥のうちからそれぞれ一つずつ選び，その番号を答えなさい。ただし，糸球体においてろ過されるグルコースの量，細尿管において再吸収されるグルコースの量，尿へ排出されるグルコースの量は，いずれもグルコースが移動する量として示すこととします。

　　細尿管において再吸収されるグルコースの量には限界があるので，糖尿病などで血しょう中のグルコース濃度がある一定の値を超えると，それ以上の量は再吸収されなくなり，尿中にグルコースが排出されるようになる。血しょう中のグルコース濃度と，糸球体においてろ過されるグルコースの量の関係を破線で，血しょう中のグルコース濃度と，細尿管において再吸収されるグルコースの量の関係を実線で示したグラフの概形として最も適切なものは[　ア　]である。また，血しょう中のグルコース濃度と，糸球体においてろ過されるグルコースの量の関係を破線で，血しょう中のグルコース濃度と，尿へ排出されるグルコースの量の関係を実線で示したグラフの概形として最も適切なものは[　イ　]である。

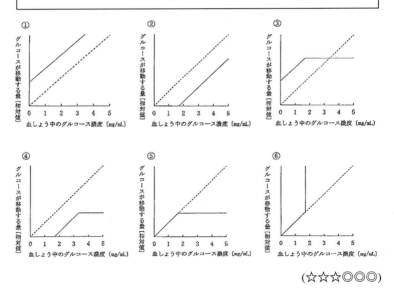

(☆☆☆◎◎◎)

【5】　次の文章は，放射年代について述べたものです。文章中の空欄
　　　[　ア　]・[　イ　]に当てはまる数字や語句として適切なものを，以下

の【アの選択肢】の①〜⑧，【イの選択肢】の①〜⑥のうちからそれぞれ一つずつ選び，その番号を答えなさい。

　ある地層から発見された木片について調べてみると，この木片に含まれる放射性同位体^{14}Cの割合は，大気中の12.5％であった。この木片となった木が枯れたときの，この木に含まれる^{14}Cの割合は大気中と同じであり，大気中に含まれる^{14}Cの割合は，太古から一定の割合に保たれているとすると，^{14}Cの半減期を5730年としたとき，この木片となった木が枯れたのは，今から約[　ア　]年前と考えられる。

　放射性同位体^{238}Uは，安定な同位体^{206}Pbに壊変し，その半減期は約45億年である。また，^{204}Pbは安定な同位体である。原子数の比が^{238}U/^{204}Pb＝20で，^{206}Pbを含まない均質な理想試料について，135億年が経過する間に原子数の比^{206}Pb/^{204}Pbがどのように変化するかについて考える。このとき，横軸を時間，縦軸を原子数の比^{206}Pb/^{204}Pbとして示したグラフとして適切なものは，[　イ　]である。

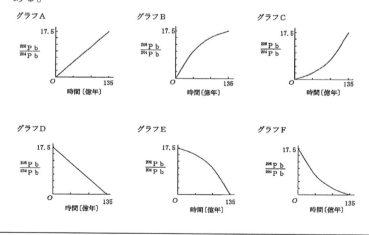

【アの選択肢】

①　2900　　②　11500　　③　17200　　④　22900

⑤　28700　　⑥　34400　　⑦　41100　　⑧　45800

【イの選択肢】

①　グラフA　　②　グラフB　　③　グラフC　　④　グラフD

⑤　グラフE　　⑥　グラフF

(☆☆☆◎◎◎)

【6】平成29年3月告示の中学校学習指導要領　理科　各分野の目標及び内容〔第1分野〕　目標　(3)　には，「物質やエネルギーに関する事物・現象に進んで関わり，科学的に探究しようとする態度を養うとともに，自然を総合的に見ることができるようにする。」と示されています。内容　(7)　科学技術と人間　指導事項アの(イ)　自然環境の保全と科学技術の利用　㋐　自然環境の保全と科学技術の利用　の内容に関わり，「科学的に探究する活動を通して学んだことを，日常生活や社会に活用しようとする態度」を育成することに重点を置き，授業を行うこととします。その際，どのような指導を行いますか。「科学的に探究する活動を通して学んだことを，日常生活や社会に活用しようとする態度」の育成につながる指導の工夫が分かるように具体例を挙げて書きなさい。

(☆☆☆☆◎◎◎)

高　校　理　科

【共通問題】

【1】平成30年3月告示の高等学校学習指導要領　各学科に共通する各教科　理科　について，次の1・2に答えなさい。

1　第1款　目標　について，空欄[　ア　]・[　イ　]に当てはまる語句の組合せとして適切なものを，以下の①～⑨のうちから選び，その番号を答えなさい。

　　自然の事物・現象に関わり，理科の見方・考え方を働かせ，見通しをもって観察，実験を行うことなどを通して，自然の事物・現象を科学的に探究するために必要な[　ア　]を次のとおり育成することを目指す。

　(1)　自然の事物・現象についての理解を深め，科学的に探究するために必要な観察，実験などに関する[　イ　]を身に付けるようにする。

　(2)　観察，実験などを行い，科学的に探究する力を養う。

　(3)　自然の事物・現象に主体的に関わり，科学的に探究しようとする態度を養う。

	ア	イ
①	資質・能力	知識
②	資質・能力	技能
③	資質・能力	探究の方法
④	思考力・判断力・表現力	知識
⑤	思考力・判断力・表現力	技能
⑥	思考力・判断力・表現力	探究の方法
⑦	学びに向かう力・人間性	知識
⑧	学びに向かう力・人間性	技能
⑨	学びに向かう力・人間性	探究の方法

2　第3款　各科目にわたる指導計画の作成と内容の取扱い　について，空欄[　ア　]・[　イ　]に当てはまる語句の組合せとして適切なものを，以下の①～⑨のうちから選び，その番号を答えなさい。

　　2　内容の取扱いに当たっては，次の事項に配慮するものとする。

　(3)　各科目の指導に当たっては，観察，実験の過程での情報の収集・検索，計測・制御，結果の集計・処理などにおいて，[　ア　]などを積極的かつ適切に活用すること。

　(4)　観察，実験，野外観察などの体験的な学習活動を充実させること。また，[　イ　]に十分配慮すること。

	ア	イ
①	大学や研究機関	生徒の心情
②	大学や研究機関	環境整備
③	大学や研究機関	自然環境の保全
④	博物館や科学学習センター	生徒の心情
⑤	博物館や科学学習センター	環境整備
⑥	博物館や科学学習センター	自然環境の保全
⑦	コンピュータや情報通信ネットワーク	生徒の心情
⑧	コンピュータや情報通信ネットワーク	環境整備
⑨	コンピュータや情報通信ネットワーク	自然環境の保全

(☆☆◎◎◎)

【物理】

【１】熱とエネルギーについて，次の1〜3に答えなさい。

1　同じ物質からなる2つの物体があり，温度がT_Hの高温の物体の質量をm，温度がT_Lの低温の物体の質量を$2m$とします。この2つの物体を接触させて十分な時間が経過すると，2つの物体の温度がTで等しくなりました。2つの物体を接触させてから十分な時間が経過するまでの2つの物体の温度変化を，横軸を時間，縦軸を温度として示したグラフの概形として最も適切なものを，次の①〜⑥のうちから選び，その番号を答えなさい。ただし，熱のやり取りは2つの物体間だけで行われたものとします。

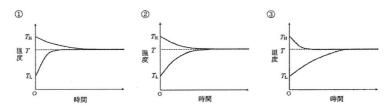

94

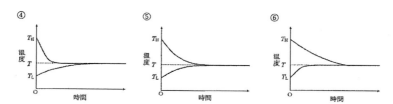

2　次の文章は，大気中でなめらかに働くピストンがついたシリンダー内に理想気体を閉じ込めて行った実験について述べたものです。文章中の空欄[　ア　]・[　イ　]に当てはまるグラフの概形として適切なものを，以下の①～⑧のうちからそれぞれ一つずつ選び，その番号を答えなさい。

【実験1】
　　シリンダー内の気体の温度を一定に保ち，気体の体積と圧力を測定する実験を行った結果を，横軸を体積，縦軸を圧力としてグラフに示したものをAとする。次に，気体の温度を上げて，その温度を一定に保ち，同様の実験を行った結果を，横軸を体積，縦軸を圧力としてグラフに示したものをBとする。この場合，温度を上げる前と後のグラフの概形として最も適切なものは[　ア　]である。

【実験2】
　　シリンダー内の気体の圧力を一定に保ち，気体の温度と体積を測定する実験を行った結果を，横軸をセルシウス温度，縦軸を体積としてグラフに示したものをAとする。次に，気体の圧力を上げて，その圧力を一定に保ち，同様の実験を行った結果を，横軸をセルシウス温度，縦軸を体積としてグラフに示したものをBとする。この場合，圧力を上げる前と後のグラフの概形として最も適切なものは[　イ　]である。

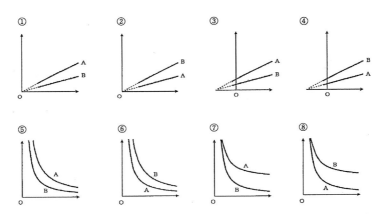

3　次の文章は，熱膨張について述べたものです。文章中の空欄
　[　ア　]~[　ウ　]に当てはまる語句の組合せとして適切なものを，
　以下の①~⑧のうちから選び，その番号を答えなさい。

> Ⅰ　どの方向にも同じ割合で熱膨張する物質からなる立方体
> 　の固体がある。この固体の温度が0℃のとき，一辺の長さを
> 　測定したところ，L_0〔m〕であった。圧力は一定のまま，こ
> 　の固体の温度をt〔℃〕に変化させたところ，一辺の長さは
> 　L_1〔m〕になった。このとき，線膨張率をα〔1/K〕とする
> 　と，長さL_1は次の式で表される。
>
> 　　　$L_1=$[　ア　]
>
> Ⅱ　Ⅰの固体の温度が0℃のとき，体積を測定したところ，V_0
> 　〔m³〕であった。圧力は一定のまま，この固体の温度をt
> 　〔℃〕に変化させたところ，体積はV_1〔m³〕になった。この
> 　とき，体膨張率をβ〔1/K〕とすると，体積V_1は次の式で表
> 　される。
>
> 　　　$V_1=$[　イ　]
>
> Ⅲ　Ⅰの固体の一辺の長さの変化L_1-L_0をΔLとし，ΔLは微小
> 　であることからΔL^2，ΔL^3の値は無視できるものとすると，
> 　Ⅰ，Ⅱより，線膨張率と体膨張率の関係について，次の式

が成り立つ。

$\beta = [\quad ウ \quad]$

	ア	イ	ウ
①	$\alpha L_0 t$	$\beta V_0 t$	3α
②	$\alpha L_0 t$	$\beta V_0 t$	α^3
③	$\alpha L_0 t$	$V_0 + \beta V_0 t$	3α
④	$\alpha L_0 t$	$V_0 + \beta V_0 t$	α^3
⑤	$L_0 + \alpha L_0 t$	$\beta V_0 t$	3α
⑥	$L_0 + \alpha L_0 t$	$\beta V_0 t$	α^3
⑦	$L_0 + \alpha L_0 t$	$V_0 + \beta V_0 t$	3α
⑧	$L_0 + \alpha L_0 t$	$V_0 + \beta V_0 t$	α^3

(☆☆☆◎◎◎)

【2】次の会話文を基に，以下の1～3に答えなさい。

> 山本さん：通信ケーブルなどで使われている光ファイバーは，(a)全反射という現象を利用しているんだってね。
>
> 小林さん：水槽を斜め下から見ると，水面が鏡のように水中を映し出す，あの現象だね。
>
> 山本さん：身の回りの不思議な現象を物理学で説明できると，楽しいよね。
>
> 小林さん：そうだね。しゃぼん玉や，水たまりに浮かんだ油膜の表面が色付いて見えるのは，(b)薄膜による光の干渉によって生じる現象だったよね。
>
> 山本さん：そうだったね。それから，DVDの表面が色付いて見えるのは，反射面に規則正しく並んだ凹凸の列からの反射光同士が，ある反射の方向で干渉するからなんだよね。
>
> 小林さん：光の回折や干渉による現象は，(c)ヤングの実験を行えば確認できるね。

1　下線部(a)について，次の文章中の空欄[　ア　]・[　イ　]に当てはまる数字として最も適切なものを，以下の①〜⑩のうちからそれぞれ一つずつ選び，その番号を答えなさい。ただし，同じものを繰り返し選んでもよいこととします。

　　屈折率1.7のガラスから屈折率1.0の空気へ光が進むとき，光の振動数を一定にして入射角を大きくしていくと，ある入射角で屈折角が90°となった。このときの入射角を臨界角という。この場合の臨界角を，次の三角関数表を用いて求めると，[　ア　][　イ　]°となる。

度	sin	cos	tan
31°	0.5150	0.8572	0.6009
32°	0.5299	0.8480	0.6249
33°	0.5446	0.8387	0.6494
34°	0.5592	0.8290	0.6745
35°	0.5736	0.8192	0.7002
36°	0.5878	0.8090	0.7265
37°	0.6018	0.7986	0.7536
38°	0.6157	0.7880	0.7813
39°	0.6293	0.7771	0.8098
40°	0.6428	0.7660	0.8391

---

①　1　　②　2　　③　3　　④　4　　⑤　5　　⑥　6　　⑦　7
⑧　8　　⑨　9　　⑩　0

2　下線部(b)について，次の図は，屈折率n($n>1$)，厚さdの薄膜に，光が入射角iで斜めに入射する場合の光の経路を模式的に示したものです。この図を基に2つの反射光が強め合う条件について述べた以下の文章中の空欄[　ア　]〜[　ウ　]に当てはまる式の組合せとして適切なものを，あとの①〜⑧のうちから選び，その番号を答えなさい。なお，同じ記号の空欄には同じ式が入るものとします。

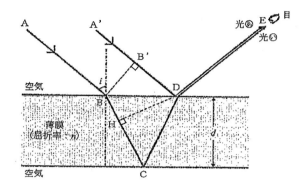

A′→B′→D→Eのような，薄膜の表面で反射して目に達する光ⓐと，A→B→C→D→Eのような，薄膜の裏面で反射して目に達する光ⓘに着目する。光ⓐの点Dにおける反射では位相がπだけずれ，光ⓘの点Cにおける反射では位相のずれは生じない。

ここで，光ⓐと光ⓘが強め合う条件について考える。入射波の波面はBB′を経た後，屈折して膜の中に入り，HD上に達するものとすると，光ⓐと光ⓘの経路の差は[　ア　]であり，光路差をn, d, iを用いて表すと，[　イ　]となる。したがって，光の波長をλとし，$m(m＝0, 1, 2, \cdots)$を用いると，強め合う条件は次の式で表される。

$$[　イ　]＝\frac{\lambda}{2}×([　ウ　])$$

<table>
<tr><th></th><th>ア</th><th>イ</th><th>ウ</th></tr>
<tr><td>①</td><td>$\overline{BC}+\overline{CD}$</td><td>$2d\sqrt{n^2-\sin^2 i}$</td><td>$2m$</td></tr>
<tr><td>②</td><td>$\overline{BC}+\overline{CD}$</td><td>$2d\sqrt{n^2-\sin^2 i}$</td><td>$2m+1$</td></tr>
<tr><td>③</td><td>$\overline{BC}+\overline{CD}$</td><td>$2d\sqrt{n^2-\cos^2 i}$</td><td>$2m$</td></tr>
<tr><td>④</td><td>$\overline{BC}+\overline{CD}$</td><td>$2d\sqrt{n^2-\cos^2 i}$</td><td>$2m+1$</td></tr>
<tr><td>⑤</td><td>$\overline{HC}+\overline{CD}$</td><td>$2d\sqrt{n^2-\sin^2 i}$</td><td>$2m$</td></tr>
<tr><td>⑥</td><td>$\overline{HC}+\overline{CD}$</td><td>$2d\sqrt{n^2-\sin^2 i}$</td><td>$2m+1$</td></tr>
<tr><td>⑦</td><td>$\overline{HC}+\overline{CD}$</td><td>$2d\sqrt{n^2-\cos^2 i}$</td><td>$2m$</td></tr>
<tr><td>⑧</td><td>$\overline{HC}+\overline{CD}$</td><td>$2d\sqrt{n^2-\cos^2 i}$</td><td>$2m+1$</td></tr>
</table>

3 下線部(c)について，次の文章は，ヤングの実験の方法と結果について述べたものです。文章中の空欄[ア]～[ウ]に当てはまる数字として適切なものを，以下の【ア～ウの選択肢】①～⑩のうちからそれぞれ一つずつ選び，その番号を答えなさい。ただし，同じものを繰り返し選んでもよいこととします。また，文章中の空欄[エ]に当てはまる語句として適切なものを，あとの【エの選択肢】①～③のうちから選び，その番号を答えなさい。

次の方法でヤングの実験を行うと，次の結果が得られた。また，次の図は，ヤングの実験の方法と結果について，模式的に示したものである。

【方法】

・単スリットと複スリットは，S_0とS_1を結ぶ直線距離と，S_0とS_2を結ぶ直線距離が等しくなるように置いた。

・複スリットのS_1とS_2の間隔は，0.20mmとした。

・複スリットとスクリーン間は平行で，距離を1.0mとした。

・光源から単色光を放った。

【結果】

・スクリーン上に，明暗の縞模様が観察された。

・S_1, S_2から等距離にあるスクリーン上の点を点Oとし，点Oを含む明るい部分に隣接する暗い部分の中心を点Pとした。

・点Oと点Pの間隔を計測すると，1.4mmであった。

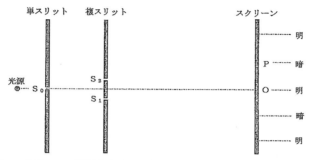

この実験で，光源から出た光の波長λを有効数字2桁で表すと，次のようになる。

$\lambda = [\ ア \ ].[\ イ \ ] \times 10^{-[\ ウ \ ]} \, m$

また，この実験で用いた光の波長よりも長い波長の光を用いて同様の実験を行うと，点Oと点Pの間隔は，[エ]。

【ア～ウの選択肢】

① 1 ② 2 ③ 3 ④ 4 ⑤ 5 ⑥ 6 ⑦ 7
⑧ 8 ⑨ 9 ⑩ 0

【エの選択肢】

① 1.4mmになる ② 1.4mmよりも大きくなる
③ 1.4mmよりも小さくなる

(☆☆☆◎◎◎)

【3】平成30年3月告示の高等学校学習指導要領　各学科に共通する各教科　理科　物理基礎　目標　(3)には，「物体の運動と様々なエネルギーに主体的に関わり，科学的に探究しようとする態度を養う。」と示されています。内容　(2)　様々な物理現象とエネルギーの利用　アの

（オ）　物理学が拓く世界　⑦　物理学が拓く世界　の内容に関わり，「科学的に探究する活動を通して学んだことを，日常生活や社会に活用しようとする態度」を育成することに重点を置き，授業を行うこととします。その際，どのような指導を行いますか。「科学的に探究する活動を通して学んだことを，日常生活や社会に活用しようとする態度」の育成につながる指導の工夫が分かるように具体例を挙げて書きなさい。

（☆☆☆◎◎◎）

【化学】

【1】酸化還元反応について，次の1～3に答えなさい。

1　次に示した【窒素原子を含む化合物】の①～④のうち，窒素原子の酸化数が最大の物質，窒素原子の酸化数が最小の物質として適切なものを，それぞれ一つずつ選び，その番号を答えなさい。また，次に示した【塩素原子を含む化合物】の①～④のうち，塩素原子の酸化数が最大の物質，塩素原子の酸化数が最小の物質として適切なものを，それぞれ一つずつ選び，その番号を答えなさい。

【窒素原子を含む化合物】

①　HNO_3　　②　NH_3　　③　HNO_2　　④　NO_2

【塩素原子を含む化合物】

①　$HClO$　　②　$HClO_2$　　③　$HClO_3$　　④　$HClO_4$

2　次の文章は，二酸化硫黄と過酸化水素の働きについて述べたものです。文章中の空欄[　ア　]～[　オ　]に当てはまる反応式として適切なものを，以下の①～⑤のうちからそれぞれ一つずつ選び，その番号を答えなさい。

> 　　二酸化硫黄の酸化剤としての働きを表す反応式は[　ア　]，二酸化硫黄の還元剤としての働きを表す反応式は[　イ　]である。また，過酸化水素の中性・塩基性条件下における酸化剤としての働きを表す反応式は[　ウ　]，過酸化水素の酸性条件

下における酸化剤としての働きを表す反応式は[　エ　]，過酸化水素の還元剤としての働きを表す反応式は[　オ　]である。

① $SO_2+2H_2O \rightarrow SO_4^{2-}+4H^++2e^-$

② $SO_2+4H^++4e^- \rightarrow S+2H_2O$

③ $H_2O_2+2e^- \rightarrow 2OH^-$

④ $H_2O_2+2H^++2e^- \rightarrow 2H_2O$

⑤ $H_2O_2 \rightarrow O_2+2H^++2e^-$

3 次の文章は，化学的酸素要求量CODについて述べたものです。文章中の空欄[　ア　]～[　オ　]に当てはまる数字として適切なものを，以下の①～⑩のうちからそれぞれ一つずつ選び，その番号を答えなさい。ただし，同じものを繰り返し選んでもよいこととします。なお，Oの原子量は16とします。

CODは，水中の有機物を酸化するのに必要とされる酸素量〔mg/L〕のことであり，その値が大きくなるほど，水中に含まれる有機物が多く，汚染が進んでいることを表している。例えば，次に示した過程により，試料水のCODを求めることができる。

Ⅰ　前処理として，有機物を含む試料水に硝酸銀水溶液を加え，試料水中の塩化物イオンを塩化銀として沈殿させ，ろ過して取り除いた。

Ⅱ　Ⅰの処理を行った試料水0.10Lに，6.0mol/Lの硫酸10.0mLを加え酸性条件にした後，5.0×10^{-3}mol/Lの過マンガン酸カリウム水溶液10.0mLを加えて撹拌した。この時できた赤紫色の混合溶液を混合溶液Aとする。混合溶液Aを30分間加熱すると，次の反応式のように，過マンガン酸カリウムが酸化剤として働いて，有機物を酸化した。

$MnO_4^-+8H^++5e^- \rightarrow Mn^{2+}+4H_2O$

Ⅲ　加熱が終わった混合溶液Aに，1.25×10^{-2}mol/Lのシュウ

酸ナトリウム水溶液10.0mLを加えて攪拌すると，次の反応
式のように，シュウ酸ナトリウムが還元剤として働いて，
残っている過マンガン酸イオンを還元した。この時できた
無色の混合溶液を混合溶液Bとする。

$$C_2O_4^{2-} \rightarrow 2CO_2 + 2e^-$$

Ⅳ　混合溶液Bを5.0×10^{-3}mol/Lの過マンガン酸カリウム水溶
液で滴定し，残っているシュウ酸ナトリウムを酸化するの
に要した過マンガン酸カリウム水溶液の量を測定すると，
2.0mLであった。

ⅠからⅣまでの過程で，有機物が放出した電子の物質量を，
有効数字2桁で表すと，
[　ア　].[　イ　]$\times 10^{-[ウ]}$molである。

次の反応式のように，酸素が酸化剤として働き，過マンガ
ン酸イオンの代わりに酸素で有機物を酸化したとして考える
と，この試料水のCODは，[　エ　].[　オ　]mg/Lであること
が分かる。

$$O_2 + 4H^+ + 4e^- \rightarrow 2H_2O$$

① 1　　② 2　　③ 3　　④ 4　　⑤ 5　　⑥ 6
⑦ 7　　⑧ 8　　⑨ 9　　⑩ 0

(☆☆☆◎◎◎)

【2】次の会話文を基に，以下の1〜3に答えなさい。

山口さん：これまでの授業で，金属の性質について学習してき
たね。

吉田さん：そうだね。金属の原子から生じる金属イオンは全て
陽イオンで，金属イオンの性質の違いを利用して，
複数の金属イオンを含む混合水溶液から(a)金属を分離
することができたね。

山口さん：そうだったね。身近でよく使われている金属には，

例えば，アルミニウムがあるね。家では，アルミニウム缶をリサイクルごみとして分別しているけれど，リサイクルすることは，どうして大切なのかな。

吉田さん：そうだね。一緒に考えてみよう。アルミニウムの(b)工業的製法では，原料のボーキサイトを精製して得られた酸化アルミニウムを，融解した氷晶石に少しずつ溶かし，溶融塩電解することで，アルミニウムの単体が得られるよ。その過程では，(c)二酸化炭素が発生したり，大量の電力が必要となったりするんだ。

山口さん：なるほど。リサイクルをすることで，それらの量を少なくすることができるんだね。

1　下線部(a)について，Na^+，Ag^+，Ca^{2+}，Cu^{2+}，Zn^{2+}，Fe^{3+}を含む混合水溶液に，次に示した操作1〜操作6を行ったときの結果についての記述として適切なものを，以下の①〜⑦のうちから全て選び，その番号を答えなさい。

操作1：複数の金属イオンを含む水溶液に希塩酸を加え，生じた塩化物の沈殿をろ過によって分離する。

操作2：操作1のろ液に硫化水素を通じ，生じた硫化物の沈殿をろ過によって分離する。

操作3：操作2のろ液を加熱して過剰の硫化水素を除いた後，希硝酸を加える。さらに，アンモニア水を過剰に加え，生じた水酸化物の沈殿をろ過によって分離する。

操作4：操作3のろ液に硫化水素を通じ，生じた硫化物の沈殿をろ過によって分離する。

操作5：操作4のろ液に炭酸アンモニウム水溶液を加え，生じた炭酸塩の沈殿をろ過によって分離する。

操作6：操作5のろ液の炎色反応を調べる。

①　操作1では，白色の塩化銀の沈殿が分離される。

② 操作2では，青白色の硫化銅(Ⅱ)の沈殿が分離される。

③ 操作3では，赤褐色の水酸化鉄(Ⅲ)の沈殿が分離される。

④ 操作4では，白色の硫化亜鉛の沈殿が分離される。

⑤ 操作5では，白色の炭酸ナトリウムの沈殿が分離される。

⑥ 操作5までに分離されないイオンが1つだけ存在し，それは操作6の炎色反応で黄色を呈する。

⑦ 操作5までに分離されないイオンが1つだけ存在し，それは操作6の炎色反応で橙赤色を呈する。

2　下線部(b)について，物質名，その工業的製法の名称，工業的製法の過程に関する説明の組合せとして適切なものを，次の①～⑥のうちから全て選び，その番号を答えなさい。

	物質名	工業的製法の名称	工業的製法の過程に関する説明
①	硝酸	オストワルト法	$4NH_3 + 5O_2 \rightarrow 4NO + 6H_2O$ という反応を含む。
②	炭酸ナトリウム	アンモニアソーダ法	$Ca(OH)_2 + CO_2 \rightarrow CaCO_3 + H_2O$ という反応を含む。
③	アンモニア	ハーバー・ボッシュ法	酸化バナジウム(Ⅴ)V_2O_5を触媒とする。
④	硫酸	接触法	四酸化三鉄Fe_3O_4を主成分とする触媒を用いる。
⑤	水酸化ナトリウム	イオン交換膜法	陽イオンだけを通す陽イオン交換膜を用いる。
⑥	銅	電解精錬	粗銅を精錬するために，純銅板を陰極，粗銅板を陽極として，硫酸銅(Ⅱ)水溶液の電気分解を行う。

3　下線部(c)について，次の文章は，アルミニウムの溶融塩電解において発生する一酸化炭素と二酸化炭素について述べたものです。文章中の空欄[　ア　]～[　シ　]に当てはまる数字として適切なものを，以下の①～⑩のうちからそれぞれ一つずつ選び，その番号を答えなさい。ただし，同じものを繰り返し選んでもよいこととします。なお，C，O，Alの原子量は，それぞれ12，16，27とします。

> アルミニウムの溶融塩電解では，炭素電極を用いている。陽極では，次の反応式のように，一酸化炭素と二酸化炭素が発生する。
>
> $C + O^{2-} \rightarrow CO + 2e^-$
>
> $C + 2O^{2-} \rightarrow CO_2 + 4e^-$

また，陰極では，次の反応式のように，アルミニウムの単体が生成される。

$$Al^{3+} + 3e^- \rightarrow Al$$

陽極の炭素が1.44×10^2kg消費され，陰極でアルミニウムの単体が3.60×10^2kg生成したとき，陽極で発生した一酸化炭素と二酸化炭素の物質量の合計を，有効数字3桁で表すと，

［ ア ］.［ イ ］［ ウ ］×$10^{[\ \ エ \ \ ]}$mol である。

陽極と陰極を流れた電子の物質量は等しいことに着目して計算し，陽極で発生した二酸化炭素の物質量を，有効数字3桁で表すと，

［ オ ］.［ カ ］［ キ ］×$10^{[\ \ ク \ \ ]}$mol である。

このことから，発生した二酸化炭素の質量を，有効数字3桁で表すと，

［ ケ ］.［ コ ］［ サ ］×$10^{[\ \ シ \ \ ]}$kgである。

① 1　② 2　③ 3　④ 4　⑤ 5　⑥ 6
⑦ 7　⑧ 8　⑨ 9　⑩ 0

(☆☆☆◎◎◎)

【3】平成30年3月告示の高等学校学習指導要領　各学科に共通する各教科　理科　化学基礎　目標　(3)　には，「物質とその変化に主体的に関わり，科学的に探究しようとする態度を養う。」と示されています。内容　(3)　物質の変化とその利用　アの(ウ)　化学が拓く世界　⑦化学が拓く世界　の内容に関わり，「科学的に探究する活動を通して学んだことを，日常生活や社会に活用しようとする態度」を育成することに重点を置き，授業を行うこととします。その際，どのような指導を行いますか。「科学的に探究する活動を通して学んだことを，日常生活や社会に活用しようとする態度」の育成につながる指導の工夫が分かるように具体例を挙げて書きなさい。

(☆☆☆☆◎◎◎)

【生物】

【1】体内環境の維持について，次の1〜3に答えなさい。

1　次の文章は，血糖濃度を上げるしくみについて述べたものです。
文章中の空欄[　ア　]〜[　ウ　]に当てはまる語句の組合せとして
適切なものを，以下の①〜⑧のうちから選び，その番号を答えなさ
い。

> 　　運動や飢餓状態などによって血糖濃度が低下すると，複数
> のホルモンの分泌が促される。すい臓のランゲルハンス島のA
> 細胞が分泌するグルカゴンは，[　ア　]に働いてグリコーゲン
> からグルコースへの分解を促進する。また，副腎髄質は
> [　イ　]の信号を受け，アドレナリンを分泌する。
> 　　肉体的，精神的なストレスがあると，脳下垂体前葉から副
> 腎皮質刺激ホルモンが分泌され，その刺激を受けた副腎皮質
> から糖質コルチコイドが分泌される。糖質コルチコイドは，
> さまざまな器官の[　ウ　]の分解を引き起こし，グルコースの
> 合成を促進する。

	ア	イ	ウ
①	腎臓	交感神経	タンパク質
②	腎臓	交感神経	脂質
③	腎臓	副交感神経	タンパク質
④	腎臓	副交感神経	脂質
⑤	肝臓	交感神経	タンパク質
⑥	肝臓	交感神経	脂質
⑦	肝臓	副交感神経	タンパク質
⑧	肝臓	副交感神経	脂質

2　次の文章は，尿の生成とグルコースの再吸収について述べたもの

です。文章中の空欄[　ア　]〜[　カ　]に当てはまる数字として適切なものを，以下の①〜⑩のうちからそれぞれ一つずつ選び，その番号を答えなさい。ただし，同じものを繰り返し選んでもよいこととします。なお，血しょう，原尿，尿の密度は1.0g/mLとします。

イヌリンという物質をヒトの血中に投与すると，イヌリンは，糸球体において速やかにろ過され，細尿管では再吸収されず，尿中に全て排出されるため，腎臓のろ過機能の検査に用いられる。ある健康なヒトにこの検査を行ったところ，血しょう，原尿，尿に含まれるグルコースとイヌリンの質量パーセント濃度は次の表のとおりとなり，尿は1分間に1.0mL生成されたとする。

成分	質量パーセント濃度（％）		
	血しょう	原尿	尿
グルコース	0.10	0.10	0
イヌリン	0.010	0.010	1.2

このとき，1日に生成される原尿の量xを，有効数字2桁で表すと，

$x=$[　ア　].[　イ　]$\times 10^{[ウ]}$mLである。

また，1日に細尿管で再吸収されるグルコースの質量yを，有効数字2桁で表すと，

$y=$[　エ　].[　オ　]$\times 10^{[カ]}$gである。

① 1　② 2　③ 3　④ 4　⑤ 5　⑥ 6　⑦ 7
⑧ 8　⑨ 9　⑩ 0

3　次の文章は，血糖濃度の調節の限界について述べたものです。文章中の空欄[　ア　]・[　イ　]に当てはまるグラフの概形として適切なものを，以下の①〜⑥のうちからそれぞれ一つずつ選び，その番号を答えなさい。ただし，糸球体においてろ過されるグルコースの量，細尿管において再吸収されるグルコースの量，尿へ排出されるグルコースの量は，いずれもグルコースが移動する量として示す

こととします。

　細尿管において再吸収されるグルコースの量には限界があるので，糖尿病などで血しょう中のグルコース濃度がある一定の値を超えると，それ以上の量は再吸収されなくなり，尿中にグルコースが排出されるようになる。血しょう中のグルコース濃度と，糸球体においてろ過されるグルコースの量の関係を破線で，血しょう中のグルコース濃度と，細尿管において再吸収れるグルコースの量の関係を実線で示したグラフの概形として最も適切なものは[　ア　]である。また，血しょう中のグルコース濃度と，糸球体においてろ過されるグルコースの量の関係を破線で，血しょう中のグルコース濃度と，尿へ排出されるグルコースの量の関係を実線で示したグラフの概形として最も適切なものは[　イ　]である。

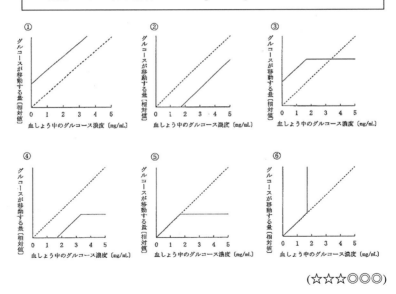

(☆☆☆◎◎◎)

【2】次の会話文と図を基に，以下の1～3に答えなさい。

清水さん：きれいな花が咲いているね。外側からがく片，花弁，
　　　　　おしべ，めしべと順序よく並んでいるよ。花の形態
　　　　　も遺伝子によって決められているんだよね。

田中さん：そうだね。(a)ホメオティック遺伝子が関わっているん
　　　　　だよね。ホメオティック遺伝子の働きが失われると，
　　　　　花の形態に異常をきたすことを生物の授業で学習し
　　　　　たね。

清水さん：そうだったね。シロイヌナズナの突然変異体の研究
　　　　　などから，ABCモデルという，花器官の分化を説明
　　　　　する分子機構が明らかになったんだよね。

田中さん：ノートを開いて復習してみよう。この図は，花器官
　　　　　の形成に必要な，(b)Aクラス，Bクラス，Cクラスの
　　　　　遺伝子が働いている領域について，模式的に示して
　　　　　いるものだね。

清水さん：そうだね。(c)遺伝子型を示して考えると，ホメオティ
　　　　　ック遺伝子に突然変異が起こった個体が交配した場
　　　　　合に，子や孫の代にどんな個体が得られるかについ
　　　　　ても考えることができそうだね。

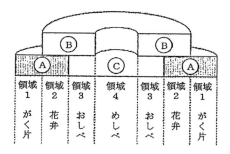

田中さんのノートにかかれた図

1　下線部(a)について，ショウジョウバエのホメオティック遺伝子に

ついての記述として適切なものを，次の①〜⑤のうちから全て選び，その番号を答えなさい。

① ホメオティック遺伝子は，調節遺伝子として働いている。
② 体節によって，発現しているホメオティック遺伝子の種類や数が異なる場合がある。
③ ホメオティック突然変異体として，触角が形成される位置に脚が形成されるバイソラックス突然変異体や，二重の胸部と2対の翅を生じるアンテナペディア突然変異体などが知られている。
④ 各ホメオティック遺伝子がコードするタンパク質には，ホメオドメインと呼ばれる，相同性の高いアミノ酸配列が存在する。
⑤ ショウジョウバエのホメオティック遺伝子と相同な遺伝子は，脊椎動物には存在しないことが分かっている。

2 下線部(b)について，シロイヌナズナのAクラスの遺伝子の働きが失われた突然変異体では，領域1でめしべが，領域2でおしべが，領域3でおしべが，領域4でめしべが分化していました。このことから考えられるAクラスの遺伝子の働きとして適切なものを，次の【Aクラスの遺伝子の働き】の①〜⑤のうちから選び，その番号を答えなさい。また，シロイヌナズナのBクラスの遺伝子の働きが失われた突然変異体では，領域1〜領域4で何が分化しますか。以下の【領域1〜領域4で分化するもの】の①〜④のうちからそれぞれ一つずつ選び，その番号を答えなさい。ただし，同じものを繰り返し選んでもよいこととします。

【Aクラスの遺伝子の働き】
① Aクラスの遺伝子の働きは，Bクラスの遺伝子が働くために必要である。
② Aクラスの遺伝子の働きは，Cクラスの遺伝子が働くために必要である。
③ Aクラスの遺伝子はBクラスの遺伝子の働きを抑制しており，Aクラスの遺伝子の働きが失われることによってBクラスの遺伝子が全ての領域で働くようになる。

④　Aクラスの遺伝子はCクラスの遺伝子の働きを抑制しており，Aクラスの遺伝子の働きが失われることによってCクラスの遺伝子が全ての領域で働くようになる。

⑤　Aクラスの遺伝子の働きは，Bクラスの遺伝子の働きやCクラスの遺伝子の働きと関係しない。

【領域1〜領域4で分化するもの】

①　がく片

②　花弁

③　おしべ

④　めしべ

3　下線部(c)について，次の文章は，ホメオティック遺伝子に突然変異が起こった個体が交配した場合に得られる子や孫の代の個体について述べたものです。文章中の空欄[　ア　]〜[　エ　]に当てはまる数字として適切なものを，以下の①〜⑩のうちからそれぞれ一つずつ選び，その番号を答えなさい。ただし，同じものを繰り返し選んでもよいこととします。

> 　正常に働くAクラスの遺伝子をA，正常に働くBクラスの遺伝子をB，正常に働くCクラスの遺伝子をCと表し，それらの働きが失われたものを，それぞれa，b，cと表すとする。ただし，Aはaに，Bはbに，Cはcに対して顕性(優性)であり，各クラスの遺伝子はそれぞれ別の染色体上にあるものとする。
>
> 　遺伝子型がAABbCcの個体のめしべに，遺伝子型がaaBBCCの個体のおしべの花粉を受粉させて子の代を得たところ，全ての個体の花は正常な形態であった。
>
> 　さらに，子の代の個体を自家受粉させて，それぞれの子の代の個体から，等しい数の孫の代の個体が得られた場合について考える。子の代の個体の遺伝子型は[　ア　]種類あり，その中で，自家受粉により，領域1〜領域4の全てで「がく片」が分化する個体が得られる可龍性のある遺伝子型は1種類であ

る。このことに留意して，全ての子の代の個体を自家受粉させ
て得られる孫の代の個体に占める，領域1〜領域4の全てで
「がく片」が分化する個体の割合を，小数第3位を四捨五入して
小数第2位まで求めると，[　イ　].[　ウ　][　エ　]％となる。

① 1　② 2　③ 3　④ 4　⑤ 5　⑥ 6　⑦ 7
⑧ 8　⑨ 9　⑩ 0

(☆☆☆◎◎◎)

【3】平成30年3月告示の高等学校学習指導要領　各学科に共通する各教
科　理科　生物基礎　目標　(3)　には，「生物や生物現象に主体的に
関わり，科学的に探究しようとする態度と，生命を尊重し，自然環境
の保全に寄与する態度を養う。」と示されています。内容　(3)　生物
の多様性と生態系　アの(イ)　生態系とその保全　④　生態系のバラ
ンスと保全　の内容に関わり，「科学的に探究する活動を通して学ん
だことを，日常生活や社会に活用しようとする態度」を育成すること
に重点を置き，授業を行うこととします。その際，どのような指導を
行いますか。「科学的に探究する活動を通して学んだことを，日常生
活や社会に活用しようとする態度」の育成につながる指導の工夫が分
かるように具体例を挙げて書きなさい。

(☆☆☆☆◎◎◎)

【地学】

【1】地球環境の変化について，次の1〜3に答えなさい。
1　岩石や地層についての記述として適切なものを，次の①〜⑤のう
　ちから全て選び，その番号を答えなさい。
　①　化学的風化は，酸性の雨水による溶解など，水が関係した化学
　　反応によって岩石が分解される風化であり，温暖で湿潤な地域で
　　進みやすい。
　②　海底や湖底などにたまった堆積物が，長い時間をかけて圧縮さ

れたり，水に溶け込んだケイ素やカルシウムがセメントのように粒子の間隙をつないだりして固まる作用を続成作用という。

③　一連の堆積条件下で形成された地層の単位を単層といい，単層の内部に見られる葉理には，層理面に平行な平行葉理や，層理面と斜交する斜交葉理がある。

④　単層の上の層理面に見られるソールマークは，水流によって水底の砂が動かされて形成される，波形の構造である。

⑤　化石や地層が堆積した順序の情報を基に時代を区分したものを数値年代という。

2　先カンブリア時代についての記述として適切なものを，次の①〜⑤のうちから全て選び，その番号を答えなさい。

①　先カンブリア時代は，およそ40億年前から25億年前までである。

②　地球は，先カンブリア時代に，少なくとも2回は全球凍結したと考えられている。

③　鉄資源の多くが採掘されている縞状鉄鉱層は，先カンブリア時代の原生代に形成されたものである。

④　先カンブリア時代の地層から発見されたエディアカラ生物群は，硬い殻や骨格をもつ生物群である。

⑤　先カンブリア時代の地層からは，クックソニアという最古の陸上植物化石が発見されている。

3　次の文章は，放射年代について述べたものです。文章中の空欄[　ア　]・[　イ　]に当てはまる数字や語句として適切なものを，以下の【アの選択肢】の①〜⑧，【イの選択肢】の①〜⑥のうちからそれぞれ一つずつ選び，その番号を答えなさい。

　　ある地層から発見された木片について調べてみると，この木片に含まれる放射性同位体^{14}Cの割合は，大気中の12.5％であった。この木片となった木が枯れたときの，この木に含まれる^{14}Cの割合は大気中と同じであり，大気中に含まれる^{14}Cの割合は，太古から一定の割合に保たれているとすると，^{14}Cの

半減期を5730年としたとき，この木片となった木が枯れたのは，今から約[　ア　]年前と考えられる。

放射性同位体^{238}Uは，安定な同位体^{206}Pbに壊変し，その半減期は約45億年である。また，^{204}Pbは安定な同位体である。原子数の比が^{238}U/^{204}Pb＝20で，^{206}Pbを含まない均質な理想試料について，135億年が経過する間に原子数の比^{206}Pb/^{204}Pbがどのように変化するかについて考える。このとき，横軸を時間，縦軸を原子数の比^{206}Pb/^{204}Pbとして示したグラフとして適切なものは，[　イ　]である。

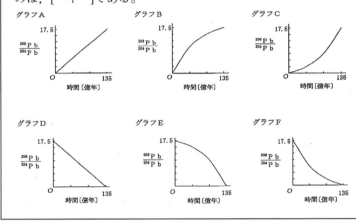

【アの選択肢】
① 2900　　② 11500　　③ 17200　　④ 22900
⑤ 28700　　⑥ 34400　　⑦ 41100　　⑧ 45800

【イの選択肢】
① グラフA　　② グラフB　　③ グラフC　　④ グラフD
⑤ グラフE　　⑥ グラフF

（☆☆☆◎◎◎）

【2】次の会話文を基に，以下の1〜3に答えなさい。

> 山田さん：宇宙の誕生は(a)ビッグバンモデルで説明されているん
> 　　　　　だよね。
> 木村さん：そうだね。(b)宇宙は膨張しているから，時間をさかの
> 　　　　　ぼると，過去のある時点では，宇宙空間が1点に収縮
> 　　　　　していたことになるね。
> 山田さん：不思議だね。
> 木村さん：ハッブルという人が，銀河の後退速度とその銀河ま
> 　　　　　での距離の関係についての法則を発見して，その法
> 　　　　　則は(c)ハッブルの法則と呼ばれているよ。
> 山田さん：ハッブルの法則から色々なことが分かるんだったよ
> 　　　　　ね。すごいよね。

1　下線部(a)について，次の文章は，宇宙が誕生した後の様子につい
　て述べたものです。文章中の空欄[　ア　]〜[　エ　]に当てはまる
　語句として適切なものを，以下の【アの選択肢】〜【エの選択肢】
　の①〜⑤のうちからそれぞれ一つずつ選び，その番号を答えなさい。
　なお，同じ記号の空欄には同じ語句が入るものとします。

> 　宇宙が誕生した直後の高温・高密度の状態で大量の素粒子
> が生まれ，それらから陽子や中性子ができ，さらに陽子や中
> 性子が集まって[　ア　]の原子核ができた。これは，宇宙の誕
> 生から約[　イ　]のできごとだと考えられている。その後，宇
> 宙の誕生から約[　ウ　]後には，宇宙の温度が約3000Kに下が
> り，それまで高温のためにバラバラだった陽子や[　ア　]の原
> 子核が電子とそれぞれ結合して水素原子や[　ア　]原子となっ
> た。そのため，光の直進を遮っていた自由に運動する電子が
> 少なくなり，宇宙は遠くまで見通せるようになった。これを
> [　エ　]という。

【アの選択肢】

① 窒素　　② ヘリウム　　③ 炭素　　④ アルゴン

⑤ キセノン

【イの選択肢】

① 5秒間　　② 15秒間　　③ 3分間　　④ 3時間

⑤ 5時間

【ウの選択肢】

① 4万年　　② 40万年　　③ 400万年　　④ 4000万年

⑤ 4億年

【エの選択肢】

① 宇宙の晴れ上がり　　② 宇宙の地平線

③ ガスはぎとり効果　　④ ダークマター

⑤ ボイド

2　下線部(b)について，次の文章は，輝線スペクトルと銀河の後退速度について述べたものです。文章中の空欄[　ア　]～[　ウ　]に当てはまる語句や式として適切なものを，以下の【アの選択肢】～【ウの選択肢】の①～④のうちからそれぞれ一つずつ選び，その番号を答えなさい。なお，同じ記号の空欄には同じ語句が入るものとします。また，次の文章中の空欄[　エ　]～[　キ　]に当てはまる数字として適切なものを，以下の【エ～キの選択肢】の①～⑩のうちからそれぞれ一つずつ選び，その番号を答えなさい。ただし，同じものを繰り返し選んでもよいこととします。

> 　銀河のスペクトルを観測すると，ほとんどの銀河では，輝線スペクトルの波長は，本来の波長より長いところで観測される。この現象を[　ア　]という。これは，銀河からの光が地球に届くまでに宇宙が膨張して空間が広がったため，光の波長が引き伸ばされて長くなる現象である。[　ア　]がドップラー効果によって生じるとすれば，[　ア　]の観測から銀河が遠ざかる速度を求めることができる。
>
> 　本来の波長が λ のスペクトル線の波長が，観測では $\Delta\lambda$ だけ

長い光として観測される場合，[　ア　]をzとすると，$z=$[　イ　]の式で与えられる。zが1よりかなり小さいとき，銀河の後退速度vは，光の速さをcとすると，[　ウ　]の式で計算することができる。

　ある銀河のスペクトルの強度分布から，本来の波長が0.656 μmである輝線スペクトルHαの見かけの波長を読み取ると，0.731 μmであった。このことから，光の速さcを3.00×10^5km/sとしたとき，この銀河の後退速度vを有効数字3桁で表すと，$v=$[　エ　].[　オ　][　カ　]$\times10^{[　キ　]}$ km/s　となる。

【アの選択肢】
① バルジ　② 増光現象　③ 周期光度関係
④ 赤方偏移

【イの選択肢】
① $\lambda-\Delta\lambda$　② $\lambda-\dfrac{\Delta\lambda}{\lambda}$　③ $\dfrac{\Delta\lambda}{\lambda}-\Delta\lambda$
④ $\dfrac{\Delta\lambda}{\lambda}$

【ウの選択肢】
① $v=cz$　② $v=\dfrac{z}{c}$　③ $v=\dfrac{c}{z}$　④ $v=c-z$

【エ〜キの選択肢】
① 1　② 2　③ 3　④ 4　⑤ 5　⑥ 6
⑦ 7　⑧ 8　⑨ 9　⑩ 0

3　下線部(c)について，次の文章は，ハッブルの法則と宇宙の年齢について述べたものです。文章中の空欄[　ア　]〜[　カ　]に当てはまる数字として適切なものを，以下の①〜⑩のうちからそれぞれ一つずつ選び，その番号を答えなさい。ただし，同じものを繰り返し選んでもよいこととします。

　宇宙原理を仮定すれば，ハッブルの法則が宇宙のどの場所でも成り立っていることになる。宇宙膨張の速さは変化せず，宇宙は一様に膨張するものとすると，ハッブルの法則により，

まわりの銀河は遠いものほど高速で遠ざかるように見える。

ハッブル定数を69km/s/メガパーセク，光の速さを3.0×10^5km/sとしたとき，光の速さの$\frac{1}{10}$の速さで遠ざかる，ある銀河までの距離を，有効数字2桁で表すと，

[　ア　].[　イ　]$\times 10^{[ウ]}$　メガパーセク　となる。

また，1メガパーセクは1.0×10^6パーセク，1パーセクは3.1×10^{13}km，1年は3.2×10^7sであることを用いて，ハッブル定数から宇宙の年齢を求め，有効数字2桁で表すと，

[　エ　].[　オ　]$\times 10^{[カ]}$　億年　となる。

① 1　② 2　③ 3　④ 4　⑤ 5　⑥ 6　⑦ 7
⑧ 8　⑨ 9　⑩ 0

(☆☆☆◎◎◎)

【3】平成30年3月告示の高等学校学習指導要領　各学科に共通する各教科　理科　地学基礎　目標　(3)　には，「地球や地球を取り巻く環境に主体的に関わり，科学的に探究しようとする態度と，自然環境の保全に寄与する態度を養う。」と示されています。内容　(2)　変動する地球　アの(イ)　地球の環境　⑦　地球環境の科学　の内容に関わり，「科学的に探究する活動を通して学んだことを，日常生活や社会に活用しようとする態度」を育成することに重点を置き，授業を行うこととします。その際，どのような指導を行いますか。「科学的に探究する活動を通して学んだことを，日常生活や社会に活用しようとする態度」の育成につながる指導の工夫が分かるように具体例を挙げて書きなさい。

(☆☆☆◎◎◎)

解答・解説

中高理科共通

【1】1 (1) ア 8〔N〕　　イ 5〔m〕　　(2) ③　　(3) $F=10$〔N〕
$U=1.0$〔J〕　　2 (1) ②, ③, ⑤　　(2) ①, ③, ⑤
(3) ア～イ 4：1　　ウ～オ 8：3：2　　3 (1) ②, ④, ⑤
(2) ①, ②, ④　　(3) $2.56×10^2$〔通り〕
4 (1) ⑧　　(2) ①, ④　　(3) 375〔km〕

〈解説〉1 (1) ア 輪軸の中心のまわりのモーメントを考えると，加える力の大きさは$\frac{20×2}{5}=8$〔N〕である。　イ 大小の輪の回転角は等しいため，移動距離は半径に比例するので，糸を引く距離は$2×\frac{5}{2}=5$〔m〕である。　(2) ア 初速度の鉛直方向の成分は，鉛直上向きに投射した場合の方が大きいので，最高点の高さも鉛直上向きに投射した場合の方が高い。　イ 地面上の落下点に達する直前の速さは，どちらの場合も投げ上げたときと同じなので，両者で等しい。

(3) ア フックの法則より，弾性力の大きさFは$F=50×0.20=10$〔N〕である。　イ 弾性力による位置エネルギーUは，$U=\frac{1}{2}×50×0.20^2=1.0$〔J〕である。　2 (1) ① ガスバーナーの使用と硫黄化合物の生成が関わる実験であり，換気が必要である。　④ 硫化鉄は電気を通さない黒色の物質である。　(2) ② 試験管Aの温度が高いと空気中の酸素と反応して銅が酸化してしまうため，冷めた後にピンチコックを閉めたのでは遅い。　④ 酸化銅を還元した後に残る銅は赤褐色である。　(3) ア～イ 図Ⅰより，銅と酸素は，銅：酸素＝0.8：(1.0−0.8)＝4：1で反応する。　ウ～オ 図Ⅱより酸素とマグネシウムは，酸素：マグネシウム＝0.2：0.3＝2：3で反応する。よって，銅：酸素＝4：1＝8：2とすると，銅：マグネシウム：酸素＝8：3：2となる。　3 (1) ① 相同器官の説明である。　③ 最古の鳥類の化石は中生代のものである。　(2) ③ 2本鎖DNAでは，塩基どうしが水

素結合で結びついている。　⑤　アデニンとチミン，グアニンとシトシンの数が等しくなっている。　(3)　体細胞には相同な染色体が2本ずつ含まれるので，このキイロショウジョウバエの染色体構成は$4n＝8$である。したがって，配偶子がもつ染色体の組合せは2^4通りなので，受精卵における染色体の組合せは$2^4×2^4＝2^8＝2.56×10^2$〔通り〕となる。
4　(1)　一般にマグマはSiO_2の割合が多くなるほど粘性が高い。マグマの粘性の高い流紋岩質マグマの活動では，昭和新山のような小規模で急傾斜のドーム状火山を形成しやすい。　(2)　②　大量の火山灰は，家屋の倒壊や，降雨に伴う泥流，土石流などを招く恐れがある。
③　気象庁の震度階級は，0〜7のうち，5と6が強弱に分かれた10階級である。　⑤　マグニチュードが2大きいと，地震のエネルギーは約1000倍になる。　(3)　震源距離100kmの地点での初期微動継続時間は，$32.0－16.0＝16.0$〔秒〕である。初期微動継続時間と震源距離は比例するので，求める距離は$100×\dfrac{60.0}{16.0}＝375$〔km〕となる。

$$\boxed{\textbf{中　学　理　科}}$$

【1】1　②　　2　⑧

〈解説〉1　「中学校学習指導要領(平成29年告示)」での各教科の「目標」は，育成を目指す資質・能力の三つの柱である「(1)　知識及び技能」，「(2)　思考力，判断力，表現力等」，「(3)　学びに向かう力，人間性等」で構成されている。同様の箇所から度々出題されているので，学習指導要領および同解説をしっかりと読み込んでおくこと。　2　「第3章指導計画の作成と内容の取扱い　2　内容の取扱いについての配慮事項」の「(4)　コンピュータや情報通信ネットワークなどの活用」および「(8)　体験的な学習活動の充実」からの出題である。第3章からの出題も多いので，しっかりと対策をとっておきたい。

【2】⑤

〈解説〉2つの物体が熱平衡に達するまで温度は変化し続けるので，片方の温度変化だけが止まる①，③，④，⑥のグラフは不適。また，高温の物体が失う熱量Qと，低温の物体が得る熱量Qは等しく，同じ物質なので比熱cも等しいので，熱平衡時の温度をTとすると，$Q=mc(T_H-T)=2mc(T-T_L)$が成り立つ。つまり，温度変化について，$(T_H-T)>(T-T_L)$なので，高温の物体の温度下降の方が大きいので，⑤のグラフが適切である。

【3】1　(窒素原子)　最大…①　　最小…②　　(塩素原子)　最大…④　最小…①　　2　ア～ウ　$5.0×10^{-5}$　　エ～オ　4.0

〈解説〉1　酸化数は，Hを$+1$，Oを-2として，化合物全体の合計が0となるように決める。窒素原子の酸化数はそれぞれ，①が$+5$，②が-3，③が$+3$，④が$+4$である。また，塩素原子の酸化数はそれぞれ，①が$+1$，②が$+3$，③が$+5$，④が$+7$である。　2　有機物が放出した電子の物質量は，すべての過マンガン酸カリウムが受け取った電子の物質量から，シュウ酸ナトリウムが失った電子の物質量を引いた分に相当する。イオン反応式より，求める電子の物質量は，$\left(5.0×10^{-3}×\dfrac{10.0+2.0}{1000}\right)×5-\left(1.25×10^{-2}×\dfrac{10.0}{1000}\right)×2=5.0×10^{-5}$〔mol〕となる。これを，試料水1Lとし，イオン反応式から電子数を酸素の質量に換算すると，CODは$5.0×10^{-5}×\dfrac{1}{0.10}×\dfrac{1}{4}×32×10^3=4.0$〔mg/L〕となる。

【4】1　⑤　　2　ア　⑤　　イ　②

〈解説〉1　血糖濃度が低下するとグルカゴンが分泌され，肝臓や筋肉のグリコーゲンをグルコースに変える反応を促す。また，交感神経が副腎髄質を刺激しアドレナリンの分泌が促進される。さらに，糖質コルチコイドの分泌が促進され，タンパク質をグルコースに変える反応を促し，血糖濃度が上昇する。　2　ア　血しょう中のグルコース濃度がある値以下のときは，全量が再吸収されており，破線と実線は一致する。一方，ある値を超えると，再吸収量がそれ以上大きくならず，

実線は一定値になる。　イ　血しょう中のグルコース濃度がある値以下のときは，グルコースは尿へ排出されない。一方，ある値を超えると，血しょう中のグルコース濃度の増加に伴い，尿へ排出されるグルコースの量も増える。結果的に，グラフ⑤の破線と実線の差に相当する量のグルコースが尿へ排出される。

【5】ア　③　　イ　②

〈解説〉ア　$\dfrac{12.5}{100}=\dfrac{1}{8}=\left(\dfrac{1}{2}\right)^3$ より，この木片は半減期の3倍の時間が経過している。よって，求める年代は$5730\times3＝17190≒17200$〔年前〕となる。　イ　^{238}Uが^{206}Pbに壊変するので，壊変後は$\dfrac{^{206}\text{Pb}}{^{204}\text{Pb}}=20-\dfrac{^{238}\text{U}}{^{204}\text{Pb}}$が成り立つ。したがって，約45億年後には$\dfrac{^{238}\text{U}}{^{204}\text{Pb}}=10$となるので，$\dfrac{^{206}\text{Pb}}{^{204}\text{Pb}}=20-10=10$となる。また，約90億年後には$\dfrac{^{238}\text{U}}{^{204}\text{Pb}}=5$となるので，$\dfrac{^{206}\text{Pb}}{^{204}\text{Pb}}=20-5=15$となる。さらに，約135億年後には$\dfrac{^{238}\text{U}}{^{204}\text{Pb}}=2.5$となるので，$\dfrac{^{206}\text{Pb}}{^{204}\text{Pb}}=20-2.5=17.5$となる。よって，グラフBが適切である。

【6】「科学的に探究する活動を通して学んだことを，日常生活や社会に活用しようとする態度」の育成につながる指導の工夫としては，次のような例が考えられる。　・水資源の利用と自然環境の保全について，調査等に基づいて自らの考えをレポートにまとめさせるなど，日常生活や社会との関わりについて認識して，自然を総合的に見ることができるようにする。　・エネルギー資源の利用が，私たちの生活を豊かにする一方で，環境破壊を引き起こしていることなど，同時には成立しにくい事柄をいくつか提示し，多面的な視点に立って様々な解決策を考えさせたり，それを根拠とともに発表させたりするなど，自然と人間が調和した持続可能な社会を作っていくために，科学的な根拠に基づいて意思決定ができるようにする。

〈解説〉「中学校学習指導要領(平成29年告示)解説　理科編　第2章　第2節　[第1分野]　2　第1分野の内容　(7)　科学技術と人間」に示されている例を参考に，設問に沿った形式となるようにまとめればよい。こういった文章が書けるよう，しっかりと対策をとっておきたい。

高 校 理 科

【共通問題】

【1】1　②　　2　⑧

〈解説〉1　「高等学校学習指導要領(平成30年告示)」での各教科の「目標」は，育成を目指す資質・能力の三つの柱である「(1)　知識及び技能」，「(2)　思考力，判断力，表現力等」，「(3)　学びに向かう力，人間性等」で構成されている。同様の箇所から度々出題されているので，学習指導要領および同解説をしっかりと読み込んでおくこと。　2　「第3章　各科目にわたる指導計画の作成と内容の取扱い　2　内容の取扱いについての配慮事項」の「(3)　コンピュータなどの活用」および「(4)　体験的な学習活動の充実」からの出題である。第3章からの出題も多いので，しっかりと対策をとっておきたい。

【物理】

【1】1　⑤　　2　ア　⑥　　イ　③　　3　⑦

〈解説〉1　2つの物体が熱平衡に達するまで温度は変化し続けるので，片方の温度変化だけが止まる①，③，④，⑥のグラフは不適。また，高温の物体が失う熱量Qと，低温の物体が得る熱量Qは等しく，同じ物質なので比熱cも等しいので，熱平衡時の温度をTとすると，$Q=mc(T_H-T)=2mc(T-T_L)$が成り立つ。つまり，温度変化について，$(T_H-T)>(T-T_L)$なので，高温の物体の温度下降の方が大きいので，⑤のグラフが適切である。　2　ア　ボイル・シャルルの法則より，$\dfrac{(圧力)\times(体積)}{(絶対温度)}=(一定)$となる。実験1では，温度が一定なので，

気体の体積と圧力は反比例の関係にあり，⑤または⑥のグラフに絞られる。また，絶対温度が大きいほど，体積と圧力の積は大きいので，BのグラフはAのグラフより右上にシフトしているので，⑥のグラフが適切である。　イ　実験2では，圧力が一定なので，気体の絶対温度と体積は比例関係にある。また，セルシウス温度の0℃は，絶対温度の273Kにあたるので，横軸の負の値がある③または④のグラフに絞られる。さらに，圧力が大きいほど，同じ温度において気体の体積は小さいので，BのグラフはAのグラフより傾きが小さいので，③のグラフが適切である。　3　ア　線膨張率の定義より，$\alpha = \frac{1}{L_0}\left(\frac{\Delta L}{\Delta T}\right) = \frac{1}{L_0}\left(\frac{L_1 - L_0}{t}\right)$　$\therefore$　$L_1 = L_0 + \alpha L_0 t$　イ　体膨張率の定義より，

$\beta = \frac{1}{V_0}\left(\frac{\Delta V}{\Delta T}\right) = \frac{1}{V_0}\left(\frac{V_1 - V_0}{t}\right)$　$\therefore$　$V_1 = V_0 + \beta V_0 t$　ウ　$L_0{}^3 = V_0$とすると，

$V_1 = (L_0 + \Delta L)^3 = L_0{}^3\left(1 + \frac{\Delta L}{L_0}\right)^3 \fallingdotseq V_0\left(1 + 3\frac{\Delta L}{L_0}\right)$と近似できる。ここで，

$\Delta L = L_1 - L_0 = \alpha L_0 t$，$V_1 = V_0 + \beta V_0 t$より，

$V_0 + \beta V_0 t = V_0(1 + 3\alpha t)$　$\therefore$　$\beta = 3\alpha$

【2】1　36〔°〕　　2　⑥　　3　ア～ウ　5.6×10^{-7}
エ　②

〈解説〉1　臨界角をi_0とすると，$\sin i_0 = \frac{1.0}{1.7} \fallingdotseq 0.5882$であり，表より$i_0 \fallingdotseq 36$〔°〕である。　2　ア　DHが波面なので，B′DとBHの光路長は等しい。よって，求める経路の差は$\overline{\text{HC}} + \overline{\text{CD}}$である。　イ　空気から薄膜への屈折角を$r$とし，薄膜の下面に関してDと対称な点D′を考えると，$\overline{\text{HC}} + \overline{\text{CD}} = \overline{\text{HD}'} = 2d\cos r$なので，光路差は$2nd\cos r$である。また，$\frac{\sin i}{\sin r} = n$より，$\cos r = \frac{\sqrt{n^2 - \sin^2 i}}{n}$となるので，光路差は$2nd\cos r = 2nd \times \frac{\sqrt{n^2 - \sin^2 i}}{n} = 2d\sqrt{n^2 - \sin^2 i}$となる。　ウ　Cで反射する光は位相はずれないが，Dで反射する光は位相がπずれるので，強め合う条件式は，$2d\sqrt{n^2 - \sin^2 i} = \frac{\lambda}{2} \times (2m+1)$となる。　3　S_1，S_2からスクリーン

に届く光の干渉を考えると，点Pが暗いところの中心となる条件
は，$\dfrac{(0.20\times10^{-3})\times(1.4\times10^{-3})}{1.0}=\dfrac{\lambda}{2}$と表せるので，$\lambda=5.6\times10^{-7}$〔m〕
となる。また，条件式でλが長くなると，OP間の間隔は1.4×10^{-3}〔m〕
よりも大きくなる。

【3】「科学的に探究する活動を通して学んだことを，日常生活や社会に
活用しようとする態度」の育成につながる指導の工夫としては，次の
ような例が考えられる。 ・超電導磁石と電磁石の引力と反発力が，
リニアモーターに利用されていることなど，具体的な事例を取り上げ，
日常生活や社会との関連を図りながら，物理学が科学技術に果たす役
割などについての認識を深めさせる。 ・つり橋の主塔が高い場合と
低い場合でメインケーブルに加わる力を比較させるなど，自然の事
物・現象を，質的・量的な関係や時間的・空間的な関係などの科学的
な視点で捉えさせたり，比較したり，関係付けたりするなどの科学的
に探究する方法を用いて考えさせたりする。

〈解説〉「高等学校学習指導要領(平成30年告示)」において，設問の箇所
の内容の取扱いについては，「日常生活や社会で利用されている科学
技術の具体的事例を取り上げること。」と記されているため，リニア
モーターなどの事例を取り上げるとよい。

【化学】

【1】 1 (窒素原子) 最大…① 最小…② (塩素原子) 最大…④
最小…① 2 ア ② イ ① ウ ③ エ ④ オ ⑤
3 ア〜ウ 5.0×10^{-5} エ〜オ 4.0

〈解説〉 1 酸化数は，Hを＋1，Oを－2として，化合物全体の合計が0と
なるように決める。窒素原子の酸化数はそれぞれ，①が＋5，②が－3，
③が＋3，④が＋4である。また，塩素原子の酸化数はそれぞれ，①
が＋1，②が＋3，③が＋5，④が＋7である。 2 ア ②の二酸化硫
黄SO_2は電子を得て還元されているので，酸化剤としてはたらいてい
る。 イ ①のSO_2は電子を失い酸化されているので，還元剤として

はたらいている。　ウ，エ　③と④の過酸化水素H_2O_2は，いずれも電子を得ているので酸化剤としてはたらいており，そのうちH^+と反応する④が酸性条件下である。③の中性・塩基性条件下では，OH^-が生じる。　オ　⑤のH_2O_2は，電子を失っているので還元剤としてはたらいている。　3　有機物が放出した電子の物質量は，すべての過マンガン酸カリウムが受け取った電子の物質量から，シュウ酸ナトリウムが失った電子の物質量を引いた分に相当する。イオン反応式より，求める電子の物質量は，$\left(5.0 \times 10^{-3} \times \dfrac{10.0+2.0}{1000}\right) \times 5 - \left(1.25 \times 10^{-2} \times \dfrac{10.0}{1000}\right) \times 2 = 5.0 \times 10^{-5}$〔mol〕となる。これを，試料水1Lとし，イオン反応式から電子数を酸素の質量に換算すると，CODは$5.0 \times 10^{-5} \times \dfrac{1}{0.10} \times \dfrac{1}{4} \times 32 \times 10^3 = 4.0$〔mg/L〕となる。

【2】1　①，③，④，⑥　　2　①，⑤，⑥　　3　ア～エ　1.20×10^4
　　オ～ク　8.00×10^3　　ケ～シ　3.52×10^2

〈解説〉1　②　硫化銅(Ⅱ)は黒色沈殿である。　⑤　白色の炭酸カルシウムが沈殿する。　⑦　分離されないナトリウムイオンは，炎色反応で黄色を呈する。　2　②　アンモニアソーダ法には，炭酸カルシウム$CaCO_3$を合成する過程は含まれない。　③　ハーバー・ボッシュ法で用いる触媒は，四酸化三鉄Fe_3O_4である。　④　接触法で用いる触媒は，酸化バナジウム(Ⅴ)V_2O_5である。　3　ア～エ　陽極で消費された炭素の物質量は$\dfrac{1.44 \times 10^2 \times 10^3}{12} = 1.20 \times 10^4$〔mol〕であり，これが一酸化炭素と二酸化炭素の混合物の物質量に等しい。　オ～ク　陰極で析出したアルミニウムの質量から，流れた電子の物質量は，$\dfrac{3.60 \times 10^2 \times 10^3}{27} \times 3 = 4.00 \times 10^4$〔mol〕である。二酸化炭素が$x$〔mol〕発生したとすると，陽極での電子の物質量は，$4x + 2(1.20 \times 10^4 - x)$〔mol〕と表せる。ここで，陽極と陰極を流れた電子の物質量は等しいので，$4x + 2(1.20 \times 10^4 - x) = 4.00 \times 10^4$が成り立ち，$x = 8.00 \times 10^3$〔mol〕となる。　ケ～シ　二酸化炭素(分子量44)の質量は，$44 \times (8.00 \times 10^3) \times 10^{-3} = 3.52 \times 10^2$〔kg〕となる。

【3】「科学的に探究する活動を通して学んだことを，日常生活や社会に活用しようとする態度」の育成につながる指導の工夫としては，次のような例が考えられる　・鉄粉やビタミンCが，食品の酸化を防止する目的で利用されていることなど，具体的な事例を取り上げ，日常生活や社会との関連を図りながら，化学が科学技術に果たす役割などについての認識を深めさせる。　・濃度が異なる洗剤の水溶液を用いて洗浄力を調べる実験を行い，洗剤の濃度と洗浄力の関係について考察させるなど，自然の事物・現象を，質的・量的な関係や時間的・空間的な関係などの科学的な視点で捉えさせたり，比較したり，関係付けたりするなどの科学的に探究する方法を用いて考えさせたりする。

〈解説〉「高等学校学習指導要領(平成30年告示)解説」には，「⑦　化学が拓く世界」のねらいとして，「化学基礎」で学んだ事柄が，日常生活や社会を支えている科学技術と結び付いていることを理解させることと記されている。また，科学技術の具体的事例としては，安全な水道水を得るための科学技術，食品を保存するための科学技術，ものを洗浄するための科学技術などを取り上げることが挙げられている。さらに，扱う実験としては，水道水中の遊離残留塩素濃度を測定する実験，市販の飲料や食品に含まれるアスコルビン酸(ビタミンC)を検出する実験，セッケンなどの洗剤の洗浄作用について調べる実験などが挙げられている。

【生物】

【1】1　⑤　　2　ア～ウ　1.7×10^5　　エ～カ　1.7×10^2　　3　ア　⑤　イ　②

〈解説〉1　血糖濃度が低下するとグルカゴンが分泌され，肝臓や筋肉のグリコーゲンをグルコースに変える反応を促す。また，交感神経が副腎髄質を刺激しアドレナリンの分泌が促進される。さらに，糖質コルチコイドの分泌が促進され，タンパク質をグルコースに変える反応を促し，血糖濃度が上昇する。　2　ア～ウ　表より，再吸収の前後で量が変わらないイヌリンの濃縮率は，$1.2 \div 0.010 = 120$〔倍〕である。

よって，1日に生成される原尿は，$1.0 \times 60 \times 24 \times 120 \fallingdotseq 1.7 \times 10^5$〔mL〕である。　エ～カ　健康なヒトでは，原尿中のすべてのグルコースが再吸収され，表より，原尿中には0.10％のグルコースが含まれるので，再吸収されるグルコースの質量は，$1.7 \times 10^5 \times 1.0 \times \dfrac{0.10}{100} = 1.7 \times 10^2$〔g〕である。　3　ア　血しょう中のグルコース濃度がある値以下のときは，全量が再吸収されており，破線と実線は一致する。一方，ある値を超えると，再吸収量がそれ以上大きくならず，実線は一定値になる。　イ　血しょう中のグルコース濃度がある値以下のときは，グルコースは尿へ排出されない。一方，ある値を超えると，血しょう中のグルコース濃度の増加に伴い，尿へ排出されるグルコースの量も増える。結果的に，グラフ⑤の破線と実線の差に相当する量のグルコースが尿へ排出される。

【2】1　①，②，④　　2　Aの働き…④　　領域1…①　　領域2…①　領域3…④　　領域4…④　　3　ア　④　　イ～エ　1.17
〈解説〉1　③　前者がアンテナペディア突然変異体，後者がバイソラックス突然変異体の説明である。　⑤　脊椎動物では，Hox遺伝子群というホメオティック遺伝子と相同な遺伝子群が存在する。　2　Aの働き　①　突然変異体では，領域2と3はいずれもおしべに分化するので，Aクラス遺伝子の働きが失われても，Bクラス遺伝子は働いている。②　突然変異体の領域1がめしべに変わったので，Aクラス遺伝子の働きがない場合にCクラス遺伝子が働く。　③　突然変異体の領域1と4では，Bクラス遺伝子は働いていないので，すべての領域で働くわけではない。　⑤　他の選択肢の解説より，明らかにAクラス遺伝子はB，Cクラス遺伝子の働きに関与している。　領域1～4　Bクラス遺伝子の働きが失われた場合，領域1では，もともとBクラス遺伝子が働かないので，野生型と同じでがく片に分化する。また，領域2は領域1と同じでAクラス遺伝子しか働かないのでがく片に分化する。領域3は野生型の領域4と同じでめしべに分化する。　領域4はもともとBクラス遺伝子が働かないのでめしべに分化する。　3　ア　子の代の遺伝子型は

AaBBCC，AaBbCC，AaBBCc，AaBbCcの4種類である。 イ～エ 孫の代のうち，すべての領域でがく片のみが分化するのは，遺伝子型がAAbbccかAabbccの遺伝子型をもつ個体だけである。これらの孫が得られる可能性があるのは，AaBbCcの遺伝子型をもつ子が自家受精した場合だけである。Aaの子からAAかAaの孫が得られる確率は$\frac{3}{4}$，BbCcの子からbbccの孫が得られる確率は$\frac{1}{16}$なので，求める個体の割合は，$\frac{1}{4} \times \frac{3}{4} \times \frac{1}{16} = \frac{3}{256} = 0.01171\cdots$，つまり約1.17%となる。

【3】「科学的に探究する活動を通して学んだことを，日常生活や社会に活用しようとする態度」の育成につながる指導の工夫としては，次のような例が考えられる。 ・道路などを建設した場合に，生息場所の分断や環境の変化が生物の行動や繁殖に影響を与えていることなど，日常生活や社会との関連を図りながら，生物や生物現象について理解させる。 ・オオクチバスなどの外来魚の移入前後の在来魚の種類や個体数を比較させるなど，自然の事物・現象を，質的・量的な関係や時間的・空間的な関係などの科学的な視点で捉えさせたり，比較したり，関係付けたりするなどの科学的に探求する方法を用いて考えさせたりする。

〈解説〉「高等学校学習指導要領(平成30年告示)解説 理科編 理数編」には，「⑦ 生態系のバランスと保全」でのねらいとして，生態系のバランスに関する資料に基づいて，生態系のバランスと人為的攪乱を関連付けて理解させるとともに，生態系の保全の重要性を認識させること，と記されている。人為的攪乱によって生物の多様性が損なわれることがあることに気付かせるには，具体的にはオオクチバスなどの外来魚の生態，移入前後の在来魚の種数や個体数などを示す資料を提示して，外来生物の移入が在来生物の種数や個体数にどのように影響を与えたかなどの事例が挙げられる。生態系の保全の重要性を認識させるには，具体的には道路などを建設した場合に生息場所の分断や環境の変化が生物の行動や繁殖にどのように影響するかを予想させ，そ

の予想と実際のデータとを比較し分析させて，人為的攪乱の影響を少なくするための環境アセスメントの必要性について気付かせることなどが挙げられる。

【地学】

【1】1　①，②，③　　2　②，③　　3　ア　③　　イ　②

〈解説〉1　④　上の層理面に見られるのは漣痕(リプルマーク)である。ソールマーク(底痕)は，下の層理面に見られるくぼみなどである。

⑤　相対年代の説明である。　2　①　先カンブリア時代は，地球が誕生した約46億年前から，古生代との境界の5億4100万年前までである。　④　エディアカラ生物群は，骨格や殻などの硬組織をもたない。

⑤　クックソニアは，古生代のシルル紀に出現した最古の陸上植物である。　3　ア　$\dfrac{12.5}{100}=\dfrac{1}{8}=\left(\dfrac{1}{2}\right)^3$より，この木片は半減期の3倍の時間が経過している。よって，求める年代は5730×3＝17190≒17200〔年前〕となる。　イ　^{238}Uが^{206}Pbに壊変することから，壊変後は$\dfrac{^{206}\text{Pb}}{^{204}\text{Pb}}=20$

$-\dfrac{^{238}\text{U}}{^{204}\text{Pb}}$が成り立つ。したがって，約45億年後には$\dfrac{^{238}\text{U}}{^{204}\text{Pb}}=10$となるので，$\dfrac{^{206}\text{Pb}}{^{204}\text{Pb}}=20-10=10$となる。また，約90億年後には$\dfrac{^{238}\text{U}}{^{204}\text{Pb}}=5$となるので，$\dfrac{^{206}\text{Pb}}{^{204}\text{Pb}}=20-5=15$となる。さらに，約135億年後には$\dfrac{^{238}\text{U}}{^{204}\text{Pb}}=2.5$となるので，$\dfrac{^{206}\text{Pb}}{^{204}\text{Pb}}=20-2.5=17.5$となる。よって，グラフBが適切である。

【2】1　ア　②　　イ　③　　ウ　②　　エ　①　　2　ア　④
イ　④　　ウ　①　　エ〜キ　3.43×10⁴　　3　ア〜ウ　4.3×10²
エ〜カ　1.4×10²

〈解説〉1　宇宙誕生直後の約3分間で，陽子と中性子からヘリウムの原子核がつくられた。電子は宇宙空間を飛び回っており，光の直進を遮っていた。宇宙誕生から約38万年後に，宇宙の温度が約3000Kに下がり，原子核が電子をとらえ原子となったため，宇宙は遠くまで見通せるようになった。　2　線スペクトルの波長が，長い方にずれることを赤

方偏移という。赤方偏移zは，λに対する$\Delta\lambda$の割合でのことある。
エ～キ　$v=cz=c\times\dfrac{\Delta\lambda}{\lambda}=3.00\times10^5\times\dfrac{0.731-0.656}{0.656}≒3.43\times10^4$〔km/s〕
である。　3　ア～ウ　ハッブルの法則より，求める距離をrとすると，
$(3.0\times10^5)\times\dfrac{1}{10}=69r$が成り立つので，$r≒4.3\times10^2$〔メガパーセク〕と
なる。　エ～カ　ハッブル定数の逆数が宇宙の年齢となる。さらに，
パーセクからkm，秒から年に単位換算すると，$\dfrac{1}{69}\times10^6\times(3.1\times$
$10^{13})\times\dfrac{1}{3.2\times10^7}≒1.4\times10^{10}$〔年〕となる。

【3】「科学的に探究する活動を通して学んだことを，日常生活や社会に
活用しようとする態度」の育成につながる指導の工夫としては，次の
ような例が考えられる。　・エルニーニョ現象が人間生活に関連して
いることなど，日常生活や社会との関連を図りながら，地球や地球を
取り巻く環境について理解させる。　・世界の平均気温のデータに基
づいて，地球温暖化と地域の自然環境の変化との関わりや，地球温暖
化の人間生活への影響を予想させるなど，自然の事物・現象を，質
的・量的な関係や時間的・空間的な関係などの科学的な視点で捉えさ
せたり，比較したり，関係付けたりするなどの科学的に探究する方法
を用いて考えさせたりする。

〈解説〉「高等学校学習指導要領(平成30年告示)解説」には，「⑦　地球環
境の科学」でのねらいとして，地球規模の自然環境に関する資料に基
づいて，地球規模の自然環境について分析し，その結果を解釈するこ
とを通して，地球環境の変化を見いださせ，その仕組みを理解させる
とともに，それらの現象と人間生活との関わりについて認識させるこ
と，と記されている。また，地球環境の変化の具体例として，地球温
暖化，オゾン層破壊，エルニーニョ現象などを取り上げている。さら
に，地球環境の変化を見いださせる方法としては，例えば，世界の平
均気温の変化や氷河の後退などのデータに基づいて，地球温暖化が実
際に起きていることに気付かせるとともに，地域の自然環境の変化と
の関わりや人間生活への影響を予想させることを挙げている。

中高理科共通

【1】次の1～4に答えなさい。

1　電流と磁界について，次の(1)～(3)に答えなさい。

(1)　電流が流れるコイルのまわりにどのような磁界が発生しているかを調べるために，図1のように，あなの開いた板に導線を通してコイルを作り，電流を流しました。図2は，図1を上から見た様子を模式的に示したものです。図2のとおり板の上の Ⓐ～Ⓓ の場所に方位磁針を置いて，矢印の向きに電流を流したとき，それぞれの方位磁針の針の指す向きとして最も適切なものを，以下の①～⑧のうちからそれぞれ一つずつ選び，その番号を答えなさい。ただし，同じものを繰り返し選んでもよいこととします。なお，方位磁針の針が北を指しているときは図3のようになるとします。

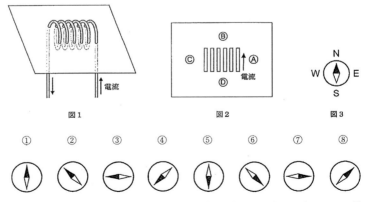

図1　　　　　　　　　図2　　　　　　　　　図3

①　　②　　③　　④　　⑤　　⑥　　⑦　　⑧

(2)　次の図に示す装置において，銅線を磁石のN極とS極の間に位置するようにつるして電流を流すと，銅線が力を受けます。そのときの銅線が受ける力の向きを矢印で示したものとして最も適切

134

なものを，以下の①～⑥のうちから選び，その番号を答えなさい。

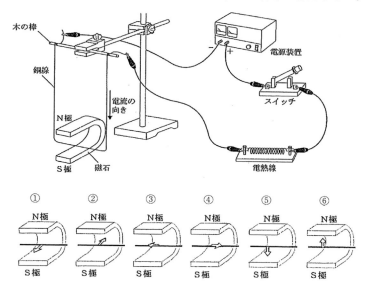

(3) 図1は，2つのコイルを共通の鉄心に巻きつけた変圧器の構造を模式的に示したものです。交流電源とつながっているコイル1の巻数は100であり，コイル2の巻数は不明です。図2は，コイル1の電圧V_1とコイル2の電圧V_2の実効値を測定した結果をグラフに示したものです。このときのコイル2の巻数として適切なものを，以下の①～⑤のうちから選び，その番号を答えなさい。

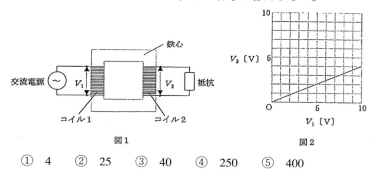

図1   図2

①　4　　②　25　　③　40　　④　250　　⑤　400

2　酸・アルカリとイオンについて，次の(1)～(3)に答えなさい。

(1)　次の図のように，スライドガラスの上にろ紙を置き，両端をクリップでとめます。ろ紙の上にpH試験紙を置き，ろ紙とpH試験紙を食塩水で湿らせます。pH試験紙の中央に少量のうすい塩酸を滴下してしみをつけ，電圧を加えると，pH試験紙につけた塩酸のしみはどのように広がりますか。広がったしみの様子として最も適切なものを，以下の①～④のうちから選び，その番号を答えなさい。なお，図中の破線は，pH試験紙の中央を通る線を示しています。

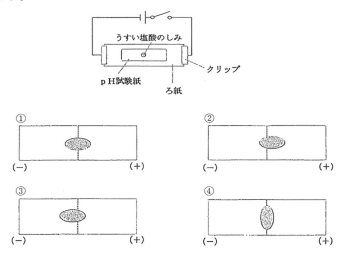

(2)　(1)の実験を行う際の留意点として適切なものを，次の①～④のうちからすべて選び，その番号を答えなさい。

①　電圧はうすい塩酸を滴下してしみをつけた直後に加える。

②　保護眼鏡をかけて実験を行う。

③　ぬれた手で電源装置や電流が流れているところに触れない。

④　100V程度の電圧を加えて実験を行う。

(3)　濃度不明の塩酸20.0mLを完全に中和するのに，0.100mol/L の水酸化ナトリウム水溶液24.6mLを要しました。この塩酸の濃度cは

何mol/Lですか。cを有効数字3桁で表すとき，次の式中の空欄[　ア　]〜[　エ　]にあてはまる数字として適切なものを，以下の①〜⑩のうちからそれぞれ一つずつ選び，その番号を答えなさい。ただし，同じものを繰り返し選んでもよいこととします。

$c = [　ア　].[　イ　][　ウ　] \times 10^{-[　エ　]}$ mol/L

① 1　　② 2　　③ 3　　④ 4　　⑤ 5　　⑥ 6

⑦ 7　　⑧ 8　　⑨ 9　　⑩ 0

3　細胞のつくりと働きを調べるための観察・実験について，次の(1)〜(3)に答えなさい。

(1)　タマネギの表皮の細胞，オオカナダモの葉の細胞，ヒトのほおの粘膜の細胞を光学顕微鏡で観察するときの結果として適切ではないものを，次の①〜④のうちからすべて選び，その番号を答えなさい。なお，実験操作はすべて適切に行われるものとします。

①　オオカナダモの葉の細胞では，葉緑体を観察することができる。

②　動物の細胞同士の境界は植物に比べて明瞭であり，境界が二重になっている様子を観察することができる。

③　動物細胞では，発達した液胞を観察することができる。

④　酢酸カーミン溶液で染色すると，植物細胞では染色された核を観察することができるが，動物細胞では核を観察することができない。

(2)　電子顕微鏡で観察しても動物細胞では観察することができないものを，次の①〜⑤のうちからすべて選び，その番号を答えなさい。

①　葉緑体　　　② 　細胞壁　　③　ミトコンドリア

④　リボソーム　　⑤　ゴルジ体

(3)　細胞分画法についての記述として適切なものを，次の①〜⑤のうちからすべて選び，その番号を答えなさい。

①　細胞内に含まれる酵素の働きを抑え，細胞内の物質の変化を避けるため，細胞破砕液は低温下で作る必要がある。

②　ミトコンドリアなどの生体膜をもつ細胞小器官に十分に吸水させるため，細胞破砕液は低張の溶液中で作る必要がある。

③　液胞が壊れると有機酸などが出てきてpHが変化するため，細胞破砕液は緩衝液を加えて作る必要がある。

④　細胞破砕液を遠心分離器にかける際は，初めに強い遠心力をかけ，徐々に遠心力を弱めていくことで上澄み液を分離する。

⑤　細胞破砕液を遠心分離器にかけると，核と葉緑体では葉緑体が先に分離される。

4　太陽と太陽系の惑星について，次の(1)〜(3)に答えなさい。

(1)　太陽の黒点についての説明として適切なものを，次の①〜⑤のうちからすべて選び，その番号を答えなさい。

①　黒点の温度は，その周囲に比べて高い。

②　黒点の位置を毎日観測すると，次第に太陽の表面上を移動していくように見える。

③　太陽の活動が弱まると，黒点の数が増える。

④　黒点の数が多いほど，地球で大規模なオーロラが観察されやすくなる。

⑤　黒点の数が多くなると，地球の寒冷化につながる。

(2)　太陽のスペクトルについて述べた次の文章中の空欄[　ア　]〜[　ウ　]にあてはまる語句の組合せとして適切なものを，以下の①〜⑧のうちから選び，その番号を答えなさい。なお，同じ記号の空欄には同じ語句が入るものとします。

太陽のスペクトルを調べると，[　ア　]スペクトルの中に多くの[　イ　]がある。この[　イ　]は，太陽の大気中の原子が特定の波長の光を[　ウ　]することによってできる。

	ア	イ	ウ
①	線	輝線	吸収
②	線	輝線	放出
③	線	暗線	吸収
④	線	暗線	放出
⑤	連続	輝線	吸収
⑥	連続	輝線	放出
⑦	連続	暗線	吸収
⑧	連続	暗線	放出

(3) 次のア〜ウは，それぞれ太陽系のある惑星についての説明です。ア〜ウの惑星として適切なものを，以下の①〜⑦のうちからそれぞれ一つずつ選び，その番号を答えなさい。

ア：直径は地球の約9倍，質量は地球の約95倍であり，平均密度は太陽系惑星で最も小さい。

イ：直径は地球の約半分，主に二酸化炭素からなる薄い大気がある。液体の水があった痕跡が見つかっている。

ウ：直径は地球の約4倍，質量は地球の約15倍であり，自転軸が大きく傾いて公転面にほぼ一致し，衛星や環とともに横倒しで回っている。

① 水星　　② 金星　　③ 火星　　④ 木星　　⑤ 土星
⑥ 天王星　　⑦ 海王星

(☆☆☆◎◎◎)

中学理科・高校化学共通

【1】高分子化合物について，次の1〜3に答えなさい。

1　ゴムの性質やゴム製品について述べた次の文章中の空欄[　ア　]〜[　ウ　]にあてはまる語句の組合せとして適切なものを，以下の①〜⑧のうちから選び，その番号を答えなさい。

　　　[　ア　]に，ギ酸や酢酸などの有機酸を加えて凝固させたの
　　ちに乾燥させたものを生ゴムという。生ゴムにその質量の
　　数％の硫黄粉末を加え，加熱しながら練り合わせると，分子
　　のところどころに硫黄原子が結合して分子同士を結び付ける。
　　この操作でできた構造を[　イ　]という。また，生ゴムにその
　　質量の30〜40％の硫黄粉末を加え，長時間加熱すると，
　　[　ウ　]と呼ばれる硬いゴム製品が得られる。

	ア	イ	ウ
①	ラテックス	らせん構造	エボナイト
②	ラテックス	らせん構造	スチレン
③	ラテックス	架橋構造	エボナイト
④	ラテックス	架橋構造	スチレン
⑤	ビニロン	らせん構造	エボナイト
⑥	ビニロン	らせん構造	スチレン
⑦	ビニロン	架橋構造	エボナイト
⑧	ビニロン	架橋構造	スチレン

2　次のポリエチレンの構造式を基に，分子量 5.0×10^4 のポリエチレン
　の重合度 n を有効数字2桁で表すとき，以下の式中の空欄[　ア　]〜
　[　ウ　]にあてはまる数字として適切なものを，後の①〜⑩のうち
　からそれぞれ一つずつ選び，その番号を答えなさい。ただし，同じ
　ものを繰り返し選んでもよいこととします。なお，H，Cの原子量
　はそれぞれ1.0，12とします。

$$-\!\!\left[\text{CH}_2-\text{CH}_2\right]_n\!\!-$$

$n=$[　ア　]．[　イ　]$\times 10^{[\text{ウ}]}$
① 1　　② 2　　③ 3　　④ 4　　⑤ 5　　⑥ 6　　⑦ 7
⑧ 8　　⑨ 9　　⑩ 0

3　生分解性プラスチックについて述べた次の文章中の空欄[　ア　]〜
　[　エ　]にあてはまる語句の組合せとして適切なものを，以下の①
　〜⑧のうちから選び，その番号を答えなさい。

　　生分解性プラスチックの生分解性を考える上で重要なのは，微生物がもつプラスチックを分解する酵素がどこで働くかである。例えば，ポリエチレンの場合は，これを分解する酵素が通常細胞内に留まることが多く，ポリエチレンの[　ア　]では膜透過性は期待できず，生分解は困難である。ポリ乳酸の場合も膜透過性は期待できないが，ポリ乳酸を分解する酵素が細胞外に分泌されるため，その酵素の働きにより，[　イ　]が[　ウ　]されることでポリ乳酸が低分子化され，最終的には二酸化炭素と水に分解される。なお，ポリ乳酸の構造式は次の[　エ　]のとおりである。

図1　　　　　　　　　　　　図2

	ア	イ	ウ	エ
①	還元性	グリコシド結合	加水分解	図1
②	還元性	グリコシド結合	熱分解	図1
③	還元性	エステル結合	加水分解	図2
④	還元性	エステル結合	熱分解	図2
⑤	分子量	グリコシド結合	加水分解	図1
⑥	分子量	グリコシド結合	熱分解	図1
⑦	分子量	エステル結合	加水分解	図2
⑧	分子量	エステル結合	熱分解	図2

(☆☆☆◎◎)

中学理科・高校生物共通

【1】免疫について，次の1〜3に答えなさい。

　1　次の図は，ヒトの体内において病原体を排除する仕組みについて模式的に示したものです。図中の X と Y の組合せとして適切なも

のを，以下の①～⑥のうちから選び，その番号を答えなさい。

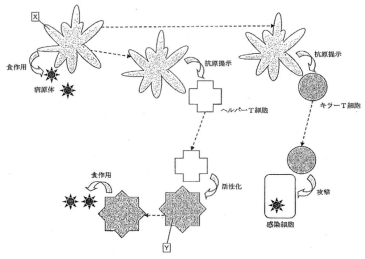

	X	Y
①	マクロファージ	形質細胞（抗体産生細胞）
②	マクロファージ	樹状細胞
③	マクロファージ	ナチュラルキラー細胞
④	樹状細胞	マクロファージ
⑤	樹状細胞	形質細胞（抗体産生細胞）
⑥	樹状細胞	ナチュラルキラー細胞

2　多様な抗原に対しては，その抗原それぞれに対応する可変部をもった抗体が必要となります。抗体の可変部のアミノ酸配列を指定している遺伝子が多様化されることで，多種類の抗体がつくられます。抗体は，H鎖とL鎖とよばれるポリペプチドをもっており，H鎖の可変部の遺伝子には，V_H遺伝子，D_H遺伝子，J_H遺伝子があり，L鎖の可変部の遺伝子には，V_L遺伝子とJ_L遺伝子があります。ここで，ヒトのV_H遺伝子，D_H遺伝子，J_H遺伝子の種類の数を，それぞれ40，25，6とし，L鎖の遺伝子の組合せを320通りとしたとき，理論上できる可変部の遺伝子の組合せnは何通りですか。nを有効数字3桁で表す

とき，次の式中の空欄[　ア　]～[　エ　]にあてはまる数字として
適切なものを，以下の①～⑩のうちからそれぞれ一つずつ選び，そ
の番号を答えなさい。ただし，同じものを繰り返し選んでもよいこ
ととします。

n＝[　ア　].　[　イ　][　ウ　]×$10^{[エ]}$

① 1　　② 2　　③ 3　　④ 4　　⑤ 5　　⑥ 6　　⑦ 7

⑧ 8　　⑨ 9　　⑩ 0

3　寒天ゲルに複数のあなを開け，そのあなに抗原液と抗体液をそれ
　ぞれ入れて静かに置いておくと，沈降線が観察されます。これは，
　寒天ゲル内を移動した抗原と抗体が，最適な濃度比となる場所で抗
　原抗体複合体となって生じたものです。次の図ア～ウは，2つのあ
　なに同種または異種の動物のアルブミンを含む抗原液(抗原1と抗原
　2)をそれぞれ入れ，1つのあなに抗原液に使用した動物と同種また
　は異種の動物の血清(抗体液)を入れて実験を行った際の沈降線の様
　子を模式的に示したものです。図ア～ウの結果となった場合の解釈
　として適切なものを，以下の①～④のうちからそれぞれ一つずつ選
　び，その番号を答えなさい。

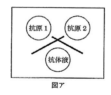

図ア

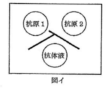

図イ

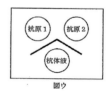

図ウ

①　抗原1と抗原2には同一の抗原決定基が存在し，いずれにも抗体
　　液に含まれる別の抗体に反応する抗原決定基は存在しない。

②　抗原1と抗原2には同一の抗原決定基が存在し，抗原1には抗体
　　液に含まれる別の抗体に反応する抗原決定基が存在するが，抗原
　　2には抗体液に含まれる別の抗体に反応する抗原決定基が存在し
　　ない。

③　抗原1と抗原2には同一の抗原決定基が存在し，抗原1には抗体
　　液に含まれる別の抗体に反応する抗原決定基が存在しないが，抗

原2には抗体液に含まれる別の抗体に反応する抗原決定基が存在する。

④　抗原1と抗原2には異なる抗原決定基がそれぞれ存在し，抗体液には抗原1に存在する抗原決定基に結合する抗体と抗原2に存在する抗原決定基に結合する抗体が含まれる。

(☆☆☆◎◎◎)

中 学 理 科

【1】平成29年3月告示の中学校学習指導要領　理科　について，次の1・2に答えなさい。

1　第1　目標について，空欄[　ア　]，[　イ　]にあてはまる語句の組合せとして適切なものを，以下の①～⑨のうちから選び，その番号を答えなさい。

> 　自然の事物・現象に関わり，理科の[　ア　]，見通しをもって観察，実験を行うことなどを通して，自然の事物・現象を科学的に探究するために必要な資質・能力を次のとおり育成することを目指す。
>
> (1)　自然の事物・現象についての理解を深め，科学的に探究するために必要な観察，実験などに関する基本的な技能を身に付けるようにする。
>
> (2)　観察，実験などを行い，科学的に探究する力を養う。
>
> (3)　自然の事物・現象に[　イ　]，科学的に探究しようとする態度を養う。

	ア	イ
①	見方・考え方を働かせ	進んで関わり
②	見方・考え方を働かせ	問題を見いだし
③	見方・考え方を働かせ	十分に配慮し
④	興味・関心を高め	進んで関わり
⑤	興味・関心を高め	問題を見いだし
⑥	興味・関心を高め	十分に配慮し
⑦	知識及び技能を活用し	進んで関わり
⑧	知識及び技能を活用し	問題を見いだし
⑨	知識及び技能を活用し	十分に配慮し

2　第3　指導計画の作成と内容の取扱いについて，空欄[　ア　]，
[　イ　]にあてはまる語句の組合せとして適切なものを，以下の①
～⑨のうちから選び，その番号を答えなさい。

> 1　指導計画の作成に当たっては，次の事項に配慮するものと
> する。
> 　(3)　学校や生徒の[　ア　]，十分な観察や実験の時間，課
> 　　題解決のために探究する時間などを設けるようにするこ
> 　　と。その際，問題を見いだし観察，実験を計画する学習
> 　　活動，観察，実験の結果を[　イ　]する学習活動，科学的
> 　　な概念を使用して考えたり説明したりする学習活動など
> 　　が充実するようにすること。

	ア	イ
①	興味に応じ	比較し整理
②	興味に応じ	判断し表現
③	興味に応じ	分析し解釈
④	実態に応じ	比較し整理
⑤	実態に応じ	判断し表現
⑥	実態に応じ	分析し解釈
⑦	意識に合わせ	比較し整理
⑧	意識に合わせ	判断し表現
⑨	意識に合わせ	分析し解釈

(☆☆◎◎◎)

【2】平成29年3月告示の中学校学習指導要領　理科　各分野の目標及び
内容　〔第1分野〕　目標(2)）には，「物質やエネルギーに関する事物・
現象に関わり，それらの中に問題を見いだし見通しをもって観察，実
験などを行い，その結果を分析して解釈し表現するなど，科学的に探
究する活動を通して，規則性を見いだしたり課題を解決したりする力
を養う。」と示されています。内容　(1)　身近な物理現象　指導事項
アの(ア)　光と音　㋒　凸レンズの働き　の内容に関わり，「見いだし
た関係性や傾向から，課題を設定する力」を育成することに重点を置
き，授業を行うこととします。その際，どのような指導を行いますか。
「見いだした関係性や傾向から，課題を設定する力」の育成につなが
る指導の工夫が分かるように具体的に書きなさい。

(☆☆☆◎◎◎)

高　校　理　科

【共通問題】

【1】平成30年3月告示の高等学校学習指導要領　理科　について，次の
1・2に答えなさい。
1　第1款　目標について，空欄[　ア　]，[　イ　]にあてはまる語句の
組合せとして適切なものを，以下の①〜⑨のうちから選び，その番
号を答えなさい。

　　　自然の事物・現象に関わり，理科の見方・考え方を働かせ，
　　[　ア　]観察，実験を行うことなどを通して，自然の事物・現
　　象を科学的に探究するために必要な資質・能力を次のとおり
　　育成することを目指す。
　　(1)　自然の事物・現象についての理解を深め，科学的に探究
　　　するために必要な観察，実験などに関する技能を身に付け
　　　るようにする。

(2) 観察，実験などを行い，科学的に探究する力を養う。

(3) 自然の事物・現象に[　イ　]に関わり，科学的に探究しよ
　うとする態度を養う。

	ア	イ
①	見通しをもって	複合的
②	見通しをもって	批判的
③	見通しをもって	主体的
④	協力しながら	複合的
⑤	協力しながら	批判的
⑥	協力しながら	主体的
⑦	必要に応じて	複合的
⑧	必要に応じて	批判的
⑨	必要に応じて	主体的

2　第3款　各科目にわたる指導計画の作成と内容の取扱いについて，
　空欄[　ア　]，[　イ　]にあてはまる語句の組合せとして適切なも
　のを，以下の①～⑨のうちから選び，その番号を答えなさい。

2　内容の取扱いに当たっては，次の事項に配慮するものとす
　る。

(2) 生命を尊重し，[　ア　]に寄与する態度の育成を図る
　こと。また，環境問題や科学技術の進歩と人間生活に関
　わる内容等については，[　イ　]をつくることの重要性も
　踏まえながら，科学的な見地から取り扱うこと。

	ア	イ
①	医療技術の進歩	創造性豊かな未来
②	医療技術の進歩	多様性のある社会
③	医療技術の進歩	持続可能な社会
④	科学と人間生活の発展	創造性豊かな未来
⑤	科学と人間生活の発展	多様性のある社会
⑥	科学と人間生活の発展	持続可能な社会
⑦	自然環境の保全	創造性豊かな未来
⑧	自然環境の保全	多様性のある社会
⑨	自然環境の保全	持続可能な社会

(☆☆◎◎◎)

【物理】

【1】レンズとその性質について，次の1～3に答えなさい。

1　次の図は，物体AA′からの光が凸レンズの後方に集まり，像BB′ができる様子について模式的に示したものです。この現象について述べた以下の文中の空欄[　ア　]，[　イ　]にあてはまる数値の組合せとして適切なものを，あとの①～⑨のうちから選び，その番号を答えなさい。

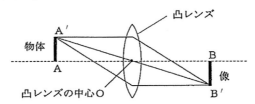

　　物体AA′から凸レンズの中心Oまでの距離AOを12cm，凸レンズの焦点距離を4cmとするとき，凸レンズの中心Oから像BB′までの距離OBは[　ア　]cmとなり，倍率は[　イ　]倍となる。

	ア	イ
①	3	0.5
②	3	1
③	3	2
④	6	0.5
⑤	6	1
⑥	6	2
⑦	12	0.5
⑧	12	1
⑨	12	2

2　次の図は，顕微鏡に興味をもった生徒が，複式顕微鏡で標本AA'を
拡大してCC'として見たときの仕組みについて模式的に示したもの
です。この仕組みについて述べた以下の文章中の空欄[　ア　]～
[　ウ　]にあてはまる語句の組合せとして適切なものを，あとの①
～⑧のうちから選び，その番号を答えなさい。

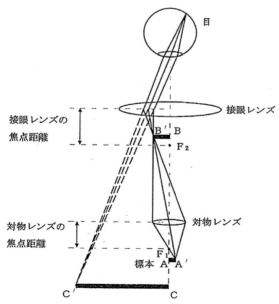

　図のように，標本AA′を対物レンズの焦点F₁から少し離れた外側に置いたとき，対物レンズの反対側には，標本AA′よりも大きな[　ア　]の[　イ　]BB′ができる。このBB′の位置を，図のように，接眼レンズの焦点F₂よりも少し内側になるように調整することで，さらに大きな[　ウ　]CC′を見ることを可能としている。

	ア	イ	ウ
①	正立	実像	実像
②	正立	実像	虚像
③	正立	虚像	実像
④	正立	虚像	虚像
⑤	倒立	実像	実像
⑥	倒立	実像	虚像
⑦	倒立	虚像	実像
⑧	倒立	虚像	虚像

3　上の2の図では，対物レンズを模式的に1枚のレンズとして示していますが，光の波長によってレンズのガラスの屈折率が異なるため，1枚のレンズでは色がにじんで見えます。これは色収差と呼ばれ，顕微鏡においては望ましい性質ではありません。次の文章は，この色収差の原因と，色収差の補正の仕方について説明したものです。文章中の空欄[　ア　]～[　ウ　]にあてはまる語句の組合せとして適切なものを以下の①～⑧のうちから選び，その番号を答えなさい。

　図1は，あるガラスの，光の波長に対する屈折率を示しています。この図から，青色と赤色の光線の波長をそれぞれ486nmと656 nmとするとき，青色の光線の波長に対するガラスの屈折率は，赤色の光線の波長に対するガラスの屈折率よりも，[　ア　]ことが分かります。このような，光の波長によるレンズのガラスの屈折率の違いが，色収差の原因になっています。

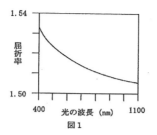

図1

ここで，青色の光線と赤色の光線について，色収差を補正することについて考えます。レンズ1の焦点距離をf_1，レンズ2の焦点距離をf_2とすると，これら2枚の薄いレンズを図2のように近接して並べたときの焦点距離fについて，以下の式が成り立ちます。

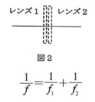

レンズ1　レンズ2

図2

$$\frac{1}{f} = \frac{1}{f_1} + \frac{1}{f_2}$$

また，レンズ1とレンズ2の焦点距離f_1とf_2について，ある光の波長に対する各レンズのガラスの屈折率をそれぞれn_1，n_2，各レンズの形状のみから決まる定数KをそれぞれK_1とK_2としたとき，次の式が成り立ちます。

$$\frac{1}{f_1} = (n_1 - 1)K_1 , \quad \frac{1}{f_2} = (n_2 - 1)K_2$$

この2枚のレンズを近接して並べたときの焦点距離が，青色の光線の場合と赤色の光線の場合で等しくなれば色収差が補正できます。これらのことから，$\frac{K_1}{K_2}$は[　イ　]となります。また，レンズの形状のみから決まる定数Kについて，凸レンズでは$K > 0$となり，凹レンズでは$K < 0$となります。

したがって，色収差を補正するためには，2枚のレンズとして[　ウ　]を用いる必要があることが分かります。

	ア	イ	ウ
①	大きい	正の値	ともに凸レンズ又はともに凹レンズ
②	大きい	正の値	凸レンズと凹レンズ
③	大きい	負の値	ともに凸レンズ又はともに凹レンズ
④	大きい	負の値	凸レンズと凹レンズ
⑤	小さい	正の値	ともに凸レンズ又はともに凹レンズ
⑥	小さい	正の値	凸レンズと凹レンズ
⑦	小さい	負の値	ともに凸レンズ又はともに凹レンズ
⑧	小さい	負の値	凸レンズと凹レンズ

(☆☆☆◎◎◎)

【2】 次の会話文を基に，以下の1～3に答えなさい。

> 山田：地球はこんなに大きいのに，どうして質量が分かってい
> 　　　るんだろう。
> 鈴木：ニュートンが万有引力を発見したから，計算できるよう
> 　　　になったんだよ。
> 山田：そうなんだ。物体の質量に重力加速度をかけると重さが
> 　　　求められるよね。
> 鈴木：そうそう。その(a)物体の重さを求める式と万有引力の法則
> 　　　から地球の質量が求められるんだって。
> 山田：それはすごいね。
> 鈴木：(b)月に働く向心力を求める式と万有引力の法則から地球
> 　　　の質量を求める方法もあるよ。
> 山田：でも，正確には，月の公転軌道は，地球を中心としてい
> 　　　ないんだよね。
> 鈴木：そうだね。(c)実際の月の公転軌道の中心は，地球からずれ
> 　　　た所にあるからね。

1 　下線部(a)について，地球の表面にある物体に働く重力と万有引力
が等しいことを利用して地球の質量を求める場合，万有引力定数G
を6.67×10^{-11}Nm²/kg²，重力加速度の大きさを9.80m/s²，地球の半径
を6.37×10^{6}mとするとき，地球の質量Mはいくらですか。Mを有効

数字3桁で表すとき，次の式中の空欄[　ア　]〜[　オ　]にあてはまる数字として適切なものを，以下の①〜⑩のうちからそれぞれ一つずつ選び，その番号を答えなさい。ただし，同じものを繰り返し選んでもよいものとします。

$M = [\ ア \ ].[\ イ \ ][\ ウ \ ] \times 10^{[\ エ \ ][\ オ \ ]}$ kg

① 1　　② 2　　③ 3　　④ 4　　⑤ 5　　⑥ 6　　⑦ 7
⑧ 8　　⑨ 9　　⑩ 0

2　下線部(b)について，月の公転軌道を，近似的に地球を中心とする円とみなすと，月は地球を中心とした等速円運動をしていることになります。このことを利用した地球の質量Mを表す式として適切なものを，次の①〜④のうちから選び，その番号を答えなさい。なお，万有引力定数をG，地球から月までの距離をr，公転周期をT，円周率をπとします。また，地球と月は，それら以外の天体から力を受けないとし，それぞれの大きさは無視できるものとします。

① $M = \dfrac{r^2}{G} \times \dfrac{4\pi^2}{T^2}$　　② $M = \dfrac{r^2}{G} \times \dfrac{T^2}{4\pi^2}$　　③ $M = \dfrac{r^3}{G} \times \dfrac{T^2}{4\pi^2}$

④ $M = \dfrac{r^3}{G} \times \dfrac{4\pi^2}{T^2}$

3　下線部(c)について，次の文章は，上の2で求めることのできる地球の質量Mと実際の質量との差異について整理したものです。文章中の空欄[　ア　]〜[　ウ　]にあてはまる語句の組合せとして適切なものを，以下の①〜⑧のうちから選び，その番号を答えなさい。

月の公転軌道を，地球を中心とする円とみなすと，地球の質量Mを求めることができる。しかし実際は，地球と月はそれぞれ月－地球系の重心を中心とする軌道を回っており，この重心は，地球の中心から[　ア　]におよそ[　イ　]kmずれた所にある。このため，実際の質量は，上の2で求めることができる地球の質量Mよりも[　ウ　]なる。なお，地球から月までの平均距離を3.84×10^8mとし，月の質量は地球の質量の$\dfrac{1}{81}$とする。また，地球と月は，それら以外の天体から力を受けな

いとし，それぞれの大きさは無視できるものとする。

	ア	イ	ウ
①	月の方向	4,680	小さく
②	月の方向	4,680	大きく
③	月の方向	4,740	小さく
④	月の方向	4,740	大きく
⑤	月とは反対方向	4,680	小さく
⑥	月とは反対方向	4,680	大きく
⑦	月とは反対方向	4,740	小さく
⑧	月とは反対方向	4,740	大きく

(☆☆☆◎◎◎)

【3】平成21年3月告示の高等学校学習指導要領　理科　物理基礎　内容(2)　様々な物理現象とエネルギーの利用　には，「様々な物理現象を観察，実験などを通して探究し，それらの基本的な概念や法則を理解させ，物理現象とエネルギーについての基礎的な見方や考え方を身に付けさせる。」と示されています。指導事項イの(イ)　音と振動　の内容において，「見いだした関係性や傾向から，課題を設定する力」を育成することに重点を置き，授業を行うこととします。その際，どのような指導を行いますか。「見いだした関係性や傾向から，課題を設定する力」の育成につながる指導の工夫が分かるように具体的に書きなさい。

(☆☆☆◎◎◎)

【化学】

【1】次の会話文を基に，以下の1〜3に答えなさい。

> 本田：ドルトンが考えた原子は，現在ではその存在が確かめられているだけでなく，大きさや構造も分かっているね。
>
> 加藤：そうだね。そして，原子は原子核と電子からなっていて，原子核はさらに陽子と中性子からなっているんだよね。
>
> 本田：電子は，原子核の周りにK殻，L殻，M殻，N殻という層に分かれて存在しているね。
>
> 加藤：そうだね。その層に電子がどのように配置されているかを示した電子配置というのもあるよね。
>
> 本田：(a)ボーアの原子モデルは，電子が原子核の周囲を円運動するという説を図式化したものなんだ。
>
> 加藤：電子はK殻から順に入っていくものだから，水素原子はK殻の電子が1個で，他の原子はK殻の電子が2個だね。
>
> 本田：一番外側の電子殻に存在する価電子は，その原子の化学的性質を決定するよね。たとえば(b)炭素とケイ素のように価電子の数が同じ原子の化学的性質はよく似る傾向があるというよ。
>
> 加藤：実際の電子は，はっきりとした円運動をしているわけではないんだよね。
>
> 本田：電子殻は電子軌道とよばれる軌道から構成されていて，電子はそれらの軌道に存在しているよ。K殻は原子核を中心とした球形をしていて，これを1s軌道というよ。L殻には2s軌道と2p軌道，M殻には3s軌道，3p軌道，3d軌道があるらしいよ。
>
> 加藤：その(c)電子軌道も原子同士の結合の仕方や分子構造を理解する上で重要なんだね。

1　下線部(a)について，次の文章中の空欄[　ア　]〜[　エ　]にあてはまる語句の組合せとして適切なものを，以下の①〜⑧のうちから選

び，その番号を答えなさい。なお，同じ記号の空欄には同じ語句が
入るものとします。

> ボーアの水素原子モデルでは，正の電荷をもつ原子核を中
> 心として，負の電荷をもつ電子がある特定の[　ア　]の軌道に
> 沿って円運動をしていると考える。[　ア　]は自然数nで表さ
> れ，nが大きくなると，軌道の半径も大きくなる。電子が$n＝1$
> の軌道にあるときを[　イ　]といい，電子が$n＞1$の軌道にある
> ときを[　ウ　]という。[　ウ　]から[　イ　]に移るときに光
> が放出され，その光のエネルギーは，波長に[　エ　]。

	ア	イ	ウ	エ
①	エネルギー準位	励起状態	基底状態	比例する
②	エネルギー準位	励起状態	基底状態	反比例する
③	エネルギー準位	基底状態	励起状態	比例する
④	エネルギー準位	基底状態	励起状態	反比例する
⑤	格子エネルギー	励起状態	基底状態	比例する
⑥	格子エネルギー	励起状態	基底状態	反比例する
⑦	格子エネルギー	基底状態	励起状態	比例する
⑧	格子エネルギー	基底状態	励起状態	反比例する

2　下線部(b)に関して，次の文章中の空欄[　ア　]～[　エ　]にあては
　まる語句として適切なものを，以下の①～⑦のうちからそれぞれ一
　つずつ選び，その番号を答えなさい。なお，同じ記号の空欄には同
　じ語句が入るものとします。

> 　図1～3は，電子軌道のエネルギー準位と収容されている電
> 子の数を示しており，図中の↑と↓の上下の矢印はそれぞれの
> 電子のスピンの向きを示しているものとする。このとき，炭
> 素原子の基底状態の電子配置として正しい図は[　ア　]であ
> る。
> 　[　イ　]分子には4つのC－H結合があり，それらの結合は等
> 価であることが知られている。では，[　イ　]分子を構成する
> 炭素原子の電子配置はどのようになっているのだろうか。
> [　イ　]分子では，炭素原子が水素原子と結合するとき，2s軌

道の電子1個が2p軌道に移動することで，電子対をつくっていない電子が4つになる。さらに，2s軌道と2p軌道が4個の[　ウ　]混成軌道を形成することで，4つのC－H結合が等価となる。このときの炭素原子の電子配置を示した図は[　エ　]である。

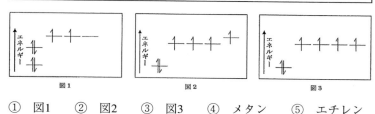

① 図1　　② 図2　　③ 図3　　④ メタン　　⑤ エチレン
⑥ sp^2　　⑦ sp^3

3　下線部(c)について，次の文章中の空欄[　ア　]～[　ウ　]にあてはまる語句として適切なものを，以下の①～⑩のうちからそれぞれ一つずつ選び，その番号を答えなさい。なお，同じ記号の空欄には同じ語句が入るものとします。

　　　電子の軌道には位相がある。原子が結合するとき，同じ位相の軌道が重なると，より大きな軌道となる。このような分子軌道を結合性軌道という。一方，異なる位相の軌道が重なると，別の分子軌道ができ，これを反結合性軌道という。例えば，[　ア　]では，[　ア　]原子単独の1s軌道に電子が存在する状態でいるよりも，[　ア　]分子の状態になりやすいのは，結合性軌道が[　ア　]原子の1s軌道よりも低いエネルギー準位として存在しており，2つの[　ア　]原子の両方の電子が結合性軌道に入っていたほうがエネルギー的に安定であるからである。しかし，[　イ　]原子では，二原子分子を形成した場合，1s軌道にある電子が，1s軌道よりもエネルギー準位の低い結合性軌道と，エネルギー準位の高い反結合性軌道の両方に入ら

なければならず，これは原子単体で存在する場合よりも，エネルギー的に安定でない。図1〜4は，原子の電子軌道と分子軌道のエネルギー準位，及びそこに入っている電子の数を示しており，図中の↑と↓の上下の矢印は電子のスピンの向きを示しているものとする。このとき，図1〜4のうち[　イ　]について説明した図として適切なものは，[　ウ　]である。

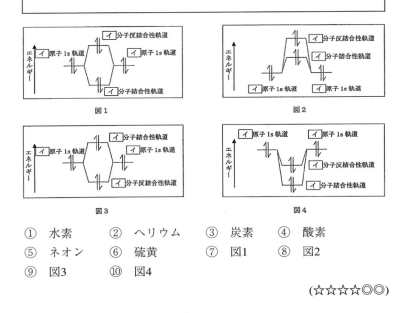

図1　　　　　　　　　　　　　図2

図3　　　　　　　　　　　　　図4

① 水素　　　② ヘリウム　　　③ 炭素　　　④ 酸素

⑤ ネオン　　⑥ 硫黄　　　　　⑦ 図1　　　⑧ 図2

⑨ 図3　　　⑩ 図4

(☆☆☆☆◎◎)

【2】平成21年3月告示の高等学校学習指導要領　理科　化学基礎　内容
(3)　物質の変化　には，「化学反応の量的関係，酸と塩基の反応及び酸化還元反応について観察，実験などを通して探究し，化学反応に関する基本的な概念や法則を理解させるとともに，それらを日常生活や社会と関連付けて考察できるようにする。」と示されています。指導事項アの(イ)　化学反応式　の内容において，「見いだした関係性や傾向から，課題を設定する力」を育成することに重点を置き，授業を行

うこととします。その際，どのような指導を行いますか。「見いだした関係性や傾向から，課題を設定する力」の育成につながる指導の工夫が分かるように具体的に書きなさい。

(☆☆☆◎◎◎)

【生物】

【 1 】次の会話文を基に，以下の1〜3に答えなさい。

> 高橋：昨日スーパーで買った豆腐の容器に「遺伝子組換えでない」という表記があったけれど，高校生でも遺伝子組換え実験ができるキットがあるらしいよ。
>
> 池田：それはぜひ挑戦してみたいね。どんなものかな。
>
> 高橋：これだよ。(a)大腸菌とオワンクラゲの遺伝子を使うらしいよ。
>
> 池田：オワンクラゲって，私たちが小学生の頃にノーベル賞受賞で話題になった，光るクラゲだよね。
>
> 高橋：遺伝子組換え実験の際は，(b)どのようなことに気を付ければいいのだろう。実験を行う前に先生に聞いておこう。
>
> 池田：ところで，この実験ではオワンクラゲの光る要素が大腸菌に加わって，光る大腸菌ができるってことなんだね。マニュアルどおりに操作すれば，使った大腸菌は全部光るようになるのかな。
>
> 高橋：形質転換して遺伝子組換えされた大腸菌のコロニー数を，培地にまかれたプラスミドDNA1μg当たりに換算した値のことを(c)形質転換効率というんだけれど，遺伝子組換えが成功するかどうかはもともとの大腸菌の状態や温度などにもよるみたいだし，実験に使った大腸菌が全部光るということはないよ。
>
> 池田：光る大腸菌ができないとがっかりだよね。形質転換効率を上げるにはどうしたらいいかも確認しておこう。

1 下線部(a)について，次の図は，プラスミドDNAに結合させるオワンクラゲの緑色蛍光タンパク質(Green Fluorescent Protein；GFP)の遺伝子を含むDNA断片の一端の塩基配列を示しています。この断片を作るために使用された制限酵素*Eco*RⅠの働きとして適切なものを，以下の①～④のうちから選び，その番号を答えなさい。

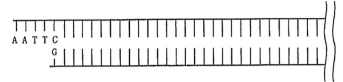

① AAATTCを識別して切断する。
② GAATTCを識別して切断する。
③ TAATTCを識別して切断する。
④ CAATTCを識別して切断する。

2 下線部(b)について，GFPの遺伝子を大腸菌のプロモーター配列をもつベクターに組み込んだ「組換えDNA分子」を大腸菌に導入し，大腸菌を形質転換させる実験を行うこととします。この実験において気を付けることとして適切なものを，次の①～⑥のうちからすべて選び，その番号を答えなさい。

① プラスミドDNAを扱う場合は，会話を避け，唾液からのDNA分解酵素の混入を避ける。

② 細胞の培養に用いる培地作りでは，飲料規格基準値に基づく水質基準に達した水道管によって供給されている水を直接用いる。

③ 寒天培地に植菌している間は，70％エタノール溶液を培地に噴霧して清潔な状態を保つ。

④ 大腸菌は可能な限り長時間培養し，コロニーの周辺部を避けて中央部から菌を採取する。

⑤ 42℃のヒートショックを行う場合，プラスミドDNAと大腸菌が入ったチューブはあらかじめ室温に戻しておく。

⑥ 実験系へのコンタミネーションを防いだり，外部に微生物が漏れ出るのを防いだりするために，実験前および実験後に必ず手を

洗う。

3　下線部(c)について，次の表は，生徒が行った形質転換実験に関するデータの一部を示したものです。このときの形質転換効率はいくらですか。形質転換効率を有効数字3桁で表すとき，以下の式中の空欄[　ア　]～[　エ　]にあてはまる数字として適切なものを，あとの①～⑩のうちからそれぞれ一つずつ選び，その番号を答えなさい。ただし，同じものを繰り返し選んでもよいこととします。

実験のために用意したプラスミドDNA溶液の濃度	0.08 µg/µL
結果的に培地にまかれたプラスミドDNA溶液の容量	4 µL
形質転換して遺伝子組換えされた大腸菌のコロニー数	400 個

形質転換効率＝[　ア　].[　イ　][　ウ　]×10$^{[　エ　]}$

①　1　　②　2　　③　3　　④　4　　⑤　5　　⑥　6　　⑦　7
⑧　8　　⑨　9　　⑩　0

(☆☆☆◎◎◎)

【2】平成21年3月告示の高等学校学習指導要領　理科　生物基礎　内容(3)　生物の多様性と生態系　には，「生物の多様性と生態系について観察，実験などを通して探究し，生態系の成り立ちを理解させ，その保全の重要性について認識させる。」と示されています。指導事項アの(イ)　気候とバイオーム　の内容において，「見いだした関係性や傾向から，課題を設定する力」を育成することに重点を置き，授業を行うこととします。その際，どのような指導を行いますか。「見いだした関係性や傾向から，課題を設定する力」の育成につながる指導の工夫が分かるように具体的に書きなさい。

(☆☆☆◎◎◎)

【地学】

【1】プレートの運動について，次の1～3に答えなさい。

1　プレートの境界に関する説明として適切なものを，次の①〜⑤のうちからすべて選び，その番号を答えなさい。

①　ヒマラヤ山脈は，プレートの衝突でできた山脈で，褶曲した地層が見られる。

②　プレート収束境界をつくる2つのプレートは，一方が他方の下に沈み込む場合，少なくともどちらかが海洋プレートである。

③　海洋プレートがプレート境界に接近すると，沈み込んだ境界部分には海嶺ができる。

④　日本列島はプレート発散境界にあり，世界でも有数の地震発生地域である。

⑤　西日本の南側に位置する南海トラフでは，ユーラシアプレートと太平洋プレートが接している。

2　次の文章は，プルームテクトニクスについて述べたものです。この文章中の空欄[　ア　]〜[　ウ　]にあてはまる語句の組合せとして適切なものを，以下の①〜⑧のうちから選び，その番号を答えなさい。

> 南太平洋のフランス領ポリネシア地域には，活火山が集中しており，ホットスポットがまとまって分布している。また，マントルのどの深さにおいても，この地域における地震波速度は，他の地域における地震波速度よりも遅い。これらのことから，この地域のマントルは周囲よりも[　ア　]で，マントル物質がゆっくりと上昇する運動をしていると考えられている。このように，南太平洋の地域には，深部マントルが上昇する巨大な対流が認められている。一方，[　イ　]の下にはマントルが下降する巨大な対流が認められており，これを[　ウ　]とよぶ。インド・オーストラリアプレートは，これに引き寄せられるように運動している。双方向の大きな対流の存在がプレート運動を支配しているという考え方を，プルームテクトニクスという。

	ア	イ	ウ
①	高温	ユーラシア大陸	スーパープルーム
②	高温	ユーラシア大陸	コールドプルーム
③	高温	アフリカ大陸	スーパープルーム
④	高温	アフリカ大陸	コールドプルーム
⑤	低温	ユーラシア大陸	スーパープルーム
⑥	低温	ユーラシア大陸	コールドプルーム
⑦	低温	アフリカ大陸	スーパープルーム
⑧	低温	アフリカ大陸	コールドプルーム

3 地磁気の逆転は、これまでに繰り返し起きています。次の図は、地磁気の逆転の歴史の一部を模式的に示したものであり、表は、海嶺軸に直交する方向に沿って測定した海底の磁気異常について示したものです。この図と表を基に、この海嶺付近でのプレートの1年あたりの平均的な移動進度として最も適切なものを、以下の①〜⑤のうちから選び、その番号を答えなさい。なお、図の黒い部分は地磁気の向きが現在と同じ時期を、白い部分は地磁気の向きが現在と逆の時期を示します。また、海底の残留磁気が現在の地磁気と同じ向きのときは正、逆の向きのときは負の磁気異常が生じます。

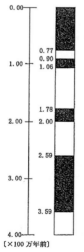

海嶺からの距離〔km〕	海底の磁気異常
0〜21	正
21〜25	負
25〜30	正
30〜50	負
50〜56	正
56〜72	負
72〜100	正

① 2.8cm　② 3.6cm　③ 4.6cm　④ 5.6cm
⑤ 7.2cm

(☆☆☆◎◎◎)

【2】次の会話文を基に，以下の1～3に答えなさい。

> 本田：この前まで異常に暑かったよね。
> 工藤：テレビで(a)ラニーニャ現象による影響だと言っていたね。
> 本田：ラニーニャ現象やエルニーニョ現象が起こると，ペルー沖の漁獲量にも影響があるみたいだね。
> 工藤：ペルー沖は，深層からわき上がってくる冷たい海水が栄養分に富んでいるからプランクトンが多いんだよね。ところで，最近の研究で，(b)海の深いところの水は恒常的に循環しているということが分かってきたと，先生が教えてくれたよ。
> 本田：何が海水を循環させているのかな。
> 工藤：(c)海水の循環の様子を探る実験があるからやってみようよ。
> 本田：うん。やってみよう。わくわくするね。

1　下線部(a)について，ラニーニャ現象とは何かを調べたことをまとめた次の文章中の空欄[　ア　]～[　オ　]にあてはまる語句として適切なものを，以下の①～⑩のうちからそれぞれ一つずつ選び，その番号を答えなさい。

> ラニーニャ現象とは，何らかの原因で[　ア　]が[　イ　]，赤道太平洋東部の[　ウ　]ことをいう。この現象が発生すると，日本では夏の太平洋高気圧の勢力が[　エ　]に，冬は冬型の気圧配置が[　オ　]になる傾向がある。

① 貿易風　② 偏西風
③ 強まり　④ 弱まり

164

⑤　水温が広い範囲にわたって上昇する

⑥　水温が広い範囲にわたって低下する

⑦　強まって暑夏　　　⑧　弱まって冷夏

⑨　強まって寒冬　　　⑩　弱まって暖冬

2　下線部(b)について，次の文章は深層循環についてまとめたものです。この文章中の空欄[　ア　]，[　イ　]にあてはまる語句の組合せとして最も適切なものを，以下の①〜⑥のうちから選び，その番号を答えなさい。

> 　深層循環とは，表層の海水が深層にまで流れ込み，地球規模で循環することである。表層から沈み込んだ海水が深層をめぐってからわき上がり，1周してもとの揚所に戻るには，およそ[　ア　]かかると考えられている。海洋を循環する海水は，[　イ　]で沈みこみ，流れていく。

	ア	イ
①	100〜200 年	北太平洋
②	100〜200 年	北大西洋や南極周辺
③	100〜200 年	インド洋
④	1000〜2000 年	北太平洋
⑤	1000〜2000 年	北大西洋や南極周辺
⑥	1000〜2000 年	インド洋

3　下線部(c)について，海水の循環の様子を探るために，次の図のような，中央に仕切り板がある容器を用意しました。また，食塩水を用意し，必要に応じてその塩分濃度と温度を変化させました。食塩水に着色料で異なる色を付けた溶液1と溶液2を容器の左右に入れ，仕切り板を静かにはずした後に観察できることとして適切なものを，以下の①〜④のうちからすべて選び，その番号を答えなさい。なお，着色料は溶液の塩分濃度，温度，及び密度に影響を及ぼさないものとします。

① 溶液1と溶液2の塩分濃度が同じで，溶液1の温度が溶液2よりも高い場合，溶液1が溶液2の上に移動する。

② 溶液1と溶液2の塩分濃度が同じで，溶液1の温度が溶液2よりも高い場合，溶液2が溶液1の上に移動する。

③ 溶液1と溶液2の温度が同じで，溶液1の塩分濃度が溶液2よりも高い場合，溶液1が溶液2の上に移動する。

④ 溶液1と溶液2の温度が同じで，溶液1の塩分濃度が溶液2よりも高い場合，溶液2が溶液1の上に移動する。

(☆☆☆◎◎◎)

【3】平成21年3月告示の高等学校学習指導要領　理科　地学基礎　内容(2)　変動する地球　には，「変動する地球について観察，実験などを通して探究し，地球がプレートの運動や太陽の放射エネルギーによって変動してきたことを理解させる。また，地球の環境と人間生活とのかかわりについて考察させる。」と示されています。指導事項エの(イ)日本の自然環境　の内容において，「見いだした関係性や傾向から，課題を設定する力」を育成することに重点を置き，授業を行うこととします。その際，どのような指導を行いますか。「見いだした関係性や傾向から，課題を設定する力」の育成につながる指導の工夫が分かるように具体的に書きなさい。

(☆☆☆◎◎◎)

解答・解説

中高理科共通

【1】1 (1) A ③   B ⑦   C ③   D ⑦   (2) ①
(3) ③   2 (1) ③   (2) ①, ②, ③   (3) 1.23×10^{-1}
3 (1) ②, ③, ④   (2) ①, ②   (3) ①, ③   4 (1) ②,
④   (2) ⑦   (3) ア ⑤   イ ③   ウ ⑥

〈解説〉1 (1) コイルの左から出た磁界は，コイルの外側を回り，コイルの右からコイル内部へ入る。   (2) 水平な銅線の位置では，磁界は上から下の向き，電流は右から左の向きである。フレミングの左手の法則より，銅線は奥から手前の向きに力を受ける。   (3) コイルの電圧の実効値の比は，コイルの巻数の比に等しい。V_1に対してV_2が0.4倍だから，コイル2の巻数はコイル1の巻数100の0.4倍で40となる。

2 (1) $HCl \rightarrow H^+ + Cl^-$で，$H^+$が酸性を示し，負極へ移動する。

(2) ④ 電圧が高すぎて危険である。①③は予期せぬところへ電流を流さないため，②は薬品を目に入れないための操作である。

(3) 1価どうしの酸と塩基の中和反応である。$c \times \dfrac{20.0}{1000} = 0.100 \times \dfrac{24.6}{1000}$より，$c = 1.23 \times 10^{-1}$〔mol/L〕となる。   3 (1) ② 動物細胞には細胞壁がないため，細胞間の境界は観察しにくい。   ③ 発達した液胞を観察できるのは植物細胞である。   ④ 酢酸カーミン溶液は，動物細胞の核も染色できる。   (2) 葉緑体や細胞壁は植物細胞に見られる構造体である。   (3) ② 細胞破砕液は等張液中で作る。   ④ 遠心力は初めに弱い力をかけ，段階ごとに強めていく。初めが強いとすべての細胞小器官が沈殿するため，分離できない。   ⑤ 核が初めに分離される。   4 (1) ① 周囲に比べて2000K前後低い。   ③ 黒点の数が多いほど太陽活動は活発である。   ⑤ 黒点の数が少ないとき太陽活動が弱く，地球は寒冷化しやすい。   (2) 太陽の連続スペクトルには多数の暗線がみられ，フラウンホーファー線とも呼ばれる。この

暗線は，太陽内部から発せられた光のうち特定の波長のものが，太陽の大気中の元素によって選択吸収されてできる。　(3)　ア　土星の平均密度は太陽系の惑星の中で唯一1 g/cm³未満である。　イ　火星は0.006気圧の薄い大気をもつ。また，液体の水の痕跡が多くみられ，かつて水が存在したとこを示唆する。　ウ　天王星は自転軸が横倒しになって，公転面の向きに近い。

中学理科・高校化学共通

【1】1　③　　2　1.8×10³　　3　⑦

〈解説〉1　ゴムの木から得られる樹液をラテックスという。生ゴムに硫黄を数％加え加熱し練り混ぜるとゴムの分子間に硫黄原子が入り架橋構造を作る。この加硫によって弾性や強度が増す。硫黄を30％程度加えると硬いゴムであるエボナイトが生成する。　2　$+CH_2-CH_2+$ の式量が28だから，$28n=5.0×10^4$ より $n=1.8×10^3$ となる。　3　生分解性プラスチックは，微生物によって二酸化炭素と水にまで分解されるプラスチックである。ポリエチレンの分子量は約150万程度で，膜を透過できない。乳酸は $HO-CH(CH_3)-COOH$ の構造をもつカルボン酸で，脱水縮合でエステル結合が生じる。なお，図1はポリ酢酸ビニルである。

中学理科・高校生物共通

【1】1　④　　2　1.92×10⁶　　3　ア　④　　イ　③　　ウ　①

〈解説〉1　Xは食作用を示す抗原提示細胞であり，樹枝状の突起を持つ樹状細胞である。YはヘルパーT細胞によって食作用を活性化されたマクロファージである。　2　H鎖をつくる組合せは $40×25×6=6000$〔通り〕である。L鎖の組合せが320通りだから，求める値は，$n=6000×320=1.92×10^6$〔通り〕となる。　3　二重免疫拡散法では沈降

線の有無とその形状によって，抗原抗体反応の有無と抗原間の相互関係を判別することができる。アのような沈降線が交差する形では二種の抗原がそれぞれ異なる抗原決定基を有し，抗体液にはそれぞれの抗原決定基と結合する抗体が含まれていることがわかる。イのような繋がった沈降線の片方が分岐する形では，二つの抗原は同一の抗原決定基を有し，片方の抗原には抗体液の抗体と結合する抗原決定基が含まれていることがわかる。ウのような沈降線がひとつながりの折れ線になる形では，抗原1と抗原2が同一または，同一の抗原決定基を有することがわかる。

中 学 理 科

【1】1　①　　2　⑥

〈解説〉1　中学校学習指導要領　理科　の目標の(1)では「知識及び技能」，(2)では「思考力，判断力，表現力等」，(3)では「学びに向かう力，人間性等」を示している。　　2　中学校学習指導要領　理科　の　第3　指導計画の作成と内容の取扱い　の1の(3)に記載がある。

【2】まず「課題の設定」の前段階で，関係性や傾向を見いだすための指導を行い，その後，次の3点に留意して「課題の設定」における学習活動の場面を設定する。①「凸レンズの働き」に関する観察・実験などを行い，探究の過程全体，または一部を生徒が主体的に遂行できるようにする。②生徒に，観察・実験などで見られる事物・現象を量的・関係的な視点で捉えさせたり，比較，関係付けなどの考え方を用いて思考させたりする。③意見交換や議論など対話的な学びを取り入れるなどの工夫を行う。

〈解説〉「関係性や傾向を見いだす」過程では，実験により，平行光線が凸レンズを通して一点に集まる焦点があること，スクリーン上に像をつくることができること，などを目にすることで，凸レンズによる光の進み方の変化と仕組みを理解させる。像を結ばせる実験では，凸レ

ンズと物体の距離，凸レンズのスクリーンの距離，像の大きさ，像の向きの関係を見いださせる。「課題の設定」の過程では，像の大きさ，像の向きの大まかな規則性に気付かせることで，さらに量的な関係を探究するという課題が考えられる。その場合，追加でどのような実験を工夫し考案すればよいか考えたり，意見交換や議論をしたりできる。あるいは，理解した内容から，身近な場面で凸レンズの仕組みを利用している事例や，同様に自然界での事例を考えるという課題も考えられる。これも，意見交換したり，インターネットや書籍を用いたりして調査させることもできる。

高 校 理 科

【共通問題】

【1】1　③　　2　⑨

〈解説〉1　高等学校学習指導要領　理科　の目標の(1)では「知識及び技能」，(2)では「思考力，判断力，表現力等」，(3)では「学びに向かう力，人間性等」を示している。　2　高等学校学習指導要領　理科　の第3款　各科目にわたる指導計画の作成と内容の取扱い　の2(2)に記載がある。

【物理】

【1】1　④　　2　⑥　　3　④

〈解説〉1　OB＝b〔cm〕とすると，写像公式より $\frac{1}{12}+\frac{1}{b}=\frac{1}{4}$ より，$b=6$ である。倍率は $\frac{BB'}{AA'}=\frac{OB}{OA}=\frac{6}{12}=0.5$ となる。　2　AA′は対物レンズから見て焦点距離よりも遠い位置にあり，BB′に倒立実像ができる。この倒立実像BB′は接眼レンズから見て焦点距離よりも近い位置にあり，CC′にBB′と同じ向きの虚像ができる。　3　青い光は赤い光に比べ波長が短いことから，図1より屈折率が大きいことがわかる。問題文の

式から，$\dfrac{1}{f}=(n_1-1)K_1+(n_2-1)K_2$であり，$n_1$，$n_2$がともに増加，あるいはともに減少しても，式の値を一定に保つことができるのは，K_1とK_2が異符号の場合である。よって，1枚は凸レンズ，もう1枚は凹レンズを使う必要がある。

【2】1　5.96×10^{24}　　2　④　　3　①

〈解説〉1　地球の質量をM〔kg〕として，地表にある単位質量の物体にかかる重力と万有引力が等しいとすると，$6.67\times10^{-11}\times\dfrac{M}{(6.37\times10^6)^2}=9.80$　より，$M=5.96\times10^{24}$〔kg〕となる。　　2　月の角速度は$\dfrac{2\pi}{T}$だから，月の質量をmとして，等速円運動する月の運動方程式は，$mr\left(\dfrac{2\pi}{T}\right)^2=G\dfrac{Mm}{r^2}$である。よって，$M=\dfrac{4\pi^2r^3}{GT^2}$となる。　　3　重心の位置は，地球と月を結ぶ線分を1：81に内分する点である。従って，重心の位置は，地球の中心から月へ向かう向きに，$3.84\times10^8\times\dfrac{1}{1+81}=4.68\times10^6$〔m〕，すなわち4680kmである。距離が短くなるので，質量は前問で求めた質量よりも小さくなる。

【3】まず「課題の設定」の前段階で，関係性や傾向を見いだすための指導を行い，その後，次の3点に留意して「課題の設定」における学習活動の場面を設定する。　　①「音と振動」に関する観察・実験などを行い，探究の過程全体，または一部を生徒が主体的に遂行できるようにする。　　②　生徒に，観察・実験などで見られる事物・現象を量的・関係的な視点で捉えさせたり，比較，関係付けなどの考え方を用いて思考させたりする。　　③　意見交換や議論など対話的な学びを取り入れるなどの工夫を行う。

〈解説〉設問の学習指導要領は平成21年告示のもので「関係性や傾向を見いだす」過程では，実験により，振動数がわかっている発音体に対して気柱の長さを変えられる筒を用いて共鳴の生じる条件を調査させた

り，弦の振動で定常波をつくり，その性質について観察させたりする。「課題の設定」の過程では，共鳴や定常波に関する大まかな規則性に気付かせることで，さらに量的な視点で捉えるという課題が設定できる。その場合，追加でどのような実験を工夫し考案すればよいか考えたり，意見交換や議論をしたりできる。あるいは，理解した内容から，身近な場面で音の振動の仕組みを利用している事例や，同様に自然界での事例を考えるという課題も設定できる。これも，意見交換したり，インターネットや書籍を用いたりして調査させることもできる。

【化学】

【1】1　④　　2　ア　①　　イ　④　　ウ　⑦　　エ　③
　　3　ア　①　　イ　②　　ウ　⑦
〈解説〉1　原子における電子がもつエネルギーの状態をエネルギー準位という。エネルギーが最も低い状態を基底状態，それよりエネルギーが高い状態を一括して励起状態という。励起状態にある電子がよりエネルギー準位の低い状態に移るとき，差のエネルギーを光として放出する。光エネルギーは振動数に比例する。振動数は波長に反比例するので，光エネルギーは波長に反比例する。　2　炭素の電子数は6個である。基底状態では図1のように，K殻の1sに2個，L殻では2sに2個，2pに2個配置する。メタンCH_4は4つのC-Hが等価である。電子の配置は図3となり，1つの2s軌道と3つの2p軌道が混ざり合うsp^3混成軌道を形成する。　3　アは，1s軌道に電子が1個存在するので水素原子である。イは，ヘリウム原子であり，K殻に2個の電子が存在し，安定しているため原子で存在する。ウは，結合性軌道のエネルギー準位が1s軌道よりも低く，反結合性軌道のエネルギー準位が1s軌道よりも高い図1が正しい。

【2】まず「課題の設定」の前段階で，関係性や傾向を見いだすための指導を行い，その後，次の3点に留意して「課題の設定」における学習活動の場面を設定する。　①「化学反応式」に関する観察・実験など

を行い，探究の過程全体，または一部を生徒が主体的に遂行できるようにする。　②生徒に，観察・実験などで見られる事物・現象を質的・実体的な視点で捉えさせたり，比較，関係付けなどの考え方を用いて思考させたりする。　③意見交換や議論など対話的な学びを取り入れるなどの工夫を行う。

〈解説〉設問の学習指導要領は平成21年告示のもので「関係性や傾向を見いだす」過程では，化学反応を行う物質の物質量の関係を見いだす実験を行う。例えば，塩酸と水酸化ナトリウムの反応で物質量の比が同じになることで酸とアルカリの性質が打ち消されることに気付かせる。「課題の設定」の過程では，他の実験例でも同様の法則性が成立するのかという課題を設定し，どのような実験を工夫し考案すればよいか考えたり，意見交換や議論をしたりできる。あるいは，理解した内容から，身近な場面や工業的な場面で化学変化の量的関係が利用されている事例や，同様に自然界での事例を考えるという課題も設定できる。これも，意見交換したり，インターネットや書籍を用いたりして調査させることもできる。

【生物】

【1】1　②　　2　①，⑥　　3　1.25×10^3

〈解説〉1　制限酵素によって切断される部分の塩基配列は回転対称である。したがって，図の上側DNA鎖の塩基配列は，もともとGAATTCであり，図の下側のDNA鎖の塩基配列はCTTAAGであった。このいずれかの塩基配列が制限酵素に認識された。　2　遺伝子組換え実験に関しては，カルタヘナ法に準じて行う必要がある。　②　水道水は塩素等を含むため，不適である。　③　70％エタノールを噴霧すると大腸菌が死滅するため，不適である。　④　培養時間が長すぎると大腸菌は死滅期に入ってしまうため，不適である。　⑤　ヒートショックを行う場合前後とも氷温で静置する必要がある。　3　プラスミドDNAの量は$0.08 \times 4 = 0.32$〔μg〕である。プラスミドDNAの1μgあたりのコロニー数を求めればよいので，$400 \div 0.32 = 1.25 \times 10^3$となる。

【２】まず「課題の設定」の前段階で，関係性や傾向を見いだすための指導を行い，その後，次の3点に留意して「課題の設定」における学習活動の場面を設定する。　①「気候とバイオーム」に関する観察・実験などを行い，探究の過程全体，または一部を生徒が主体的に遂行できるようにする。　②生徒に，観察・実験などで見られる事物・現象を共通性・多様性の視点で捉えさせたり，比較，関係付けなどの考え方を用いて思考させたりする。　③意見交換や議論など対話的な学びを取り入れるなどの工夫を行う。

〈解説〉設問の学習指導要領は平成21年告示のもので「関係性や傾向を見いだす」過程では，世界，日本の気候とバイオームの関係を様々な資料等を集め調査させ，それらの関係性や傾向を見いだす。また，自分たちの地域の気候から動植物の分布を予測し，実際に野外観察や聞き取り調査を行って，植生や動物の生息状況と，予想との違いについても考えさせる。「課題の設定」の過程では，なぜそのようなバイオームの区分が生じているのか，植物の形態の面に探求課題を設定し，インターネットや書籍を用いて調査を行ったり，意見交換や議論を行ったりして，追加の観察や調査の計画を立てる。あるいは，進行する環境問題との関係に課題を設定し，環境，気候変化と，その結果としてのバイオームの変化，さらに我々の生活への影響について調査させ，意見交換や議論をさせることも考えられる。

【地学】

【１】 1　①，②　　2　②　　3　①

〈解説〉1　③　海洋プレートの沈み込み部分では海溝が生じる。④　日本列島は2つの大陸プレートと2つの海洋プレートの収束境界である。　⑤　南海トラフで接するプレートはユーラシアプレートとフィリピン海プレートである。　2　フランス領ポリネシア地域のマントル内で地震波速度が遅い領域は，周囲よりも高温で軟らかく，ホットプルームの存在が推定される。一方，ユーラシア大陸の下ではマントル物質が下降するコールドプルームがみられる。　3　図と表から，

海嶺から72〜100km離れた場所での正の磁気異常が2.59〜3.59×100万年前に対応する。よって，移動速度は，$\dfrac{100\times10^5\,\text{〔cm〕}}{3.59\times10^6\,\text{〔年〕}}$〔年〕$=2.8$〔cm/年〕となる。

【2】1　ア　①　　イ　③　　ウ　⑥　　エ　⑦　　オ　⑨　　2　⑤
　　3　①，④

〈解説〉1　赤道太平洋では，平常時は東から吹く貿易風によって表層の暖水が西側に吹き寄せられる。何らかの原因で貿易風が強まると暖水の吹き寄せも強まり，赤道太平洋東側の水温が広い範囲にわたって低下する現象がラニーニャ現象である。太平洋高気圧の勢力が強められるため，日本では夏は暑くなり，冬は冬型の気圧配置が強まるために寒冬になる。　2　深層循環は，海水の温度差と塩分による密度差によって駆動する海水の循環であり，表層の海水がグリーンランド沖や南極周辺で沈み込み，大西洋を南下したしたのち，インド洋を経て，北太平洋で浮上して表層に出る。循環には1000〜2000年を要する
　3　海水は，塩分が高いほど，また，温度が低いほど密度が大きい。実験では，①温度が高いほう，④塩分の低い方が上へ動く。

【3】まず「課題の設定」の前段階で，関係性や傾向を見いだすための指導を行い，その後，次の3点に留意して「課題の設定」における学習活動の場面を設定する。　①　「日本の自然環境」に関する観察・実験などを行い，探究の過程全体，または一部を生徒が主体的に遂行できるようにする。　②　生徒に，観察・実験などで見られる事物・現象を時間的・空間的な視点で捉えさせたり，比較，関係付けなどの考え方を用いて思考させたりする。　③　意見交換や議論など対話的な学びを取り入れるなどの工夫を行う。

〈解説〉設問の学習指導要領は平成21年告示のもので「関係性や傾向を見いだす」過程では，自然景観や自然災害などについて，その地域の地学的特徴との関係性で捉えさせる。実地調査を行うことも考えられる。また，経験などをもとに意見交換したり，インターネットや書籍を用

いたりして，地域間の共通性や違いがなぜ生じているか考える。「課題の設定」の過程では，自分たちの住んでいる地域を中心に，自然の恩恵とその利用，あるいは，リスクとしての自然災害について，探求課題の設定ができる。いずれも，課題に基づいた追加の実地調査や各種資料の収集をもとに，社会的な施策なども含め意見交換や議論をさせることが考えられる。

2021年度　実施問題

中高理科共通

【1】次の1〜4に答えなさい。

　1　物体の運動について，次の(1)〜(3)に答えなさい。

　　(1)　次の図1は，停止している電車内のつり革の様子を，模式的に示したものです。この後，この電車が運動をする向きに急発進した際，同じ電車内で座っている乗客からは，つり革が傾くのが見えました。この乗客には，つり革が図中のア，イのどちらの向きに傾いて見えましたか。その記号を書きなさい。また，このつり革の動きは，物体がもつある性質により起きています。この性質によって説明できる現象としてどのようなものがありますか。下の①〜④の中から選び，その記号を書きなさい。

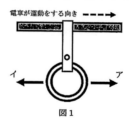

図1

　　　①　台車を斜面に置くと，台車がだんだん速く動いていく。

　　　②　池に浮いたボートに乗って桟橋につながったロープを引くと，ボートが桟橋に向けて動き始めた。

　　　③　机上の紙の上に硬貨を置いてすばやく紙を引き抜くと，硬貨は机上に残った。

　　　④　ローラースケートをはいた人が壁を押すと，人は押した向きとは反対に動き出した。

　　(2)　次の図2は，1秒間に60回打点する記録タイマーを使って，物体

の等速直線運動の様子を記録テープに記録したときの結果の一部を模式的に示したものです。この物体の0.1秒間の移動距離は何cmですか。その移動距離を書きなさい。また，この物体の速さは何m/sになりますか。求めなさい。

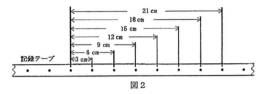

図2

(3)　なめらかで水平な台に等間隔の目盛りをつけ，その上でドライアイスをすべらせました。次の図3は，そのときの様子をストロボスコープを使って撮影した結果を模式的に示したものです。このときのドライアイスの運動について，「時間と速さとの関係」及び「時間と移動距離との関係」をグラフで表すとどのようになりますか。前者についてはア～エ，後者についてはオ～クの中から最も適したグラフを選び，それぞれその記号を書きなさい。また，この運動中の「ドライアイスにはたらく水平方向の力」について適切に説明した文はどれですか。あとの①～④の中から選び，その記号を書きなさい。

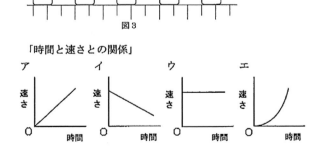

178

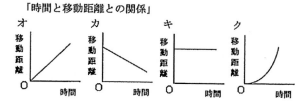

「時間と移動距離との関係」

「ドライアイスにはたらく水平方向の力」

①　ドライアイスにはたらく水平方向の力はない。

②　ドライアイスにはたらく水平方向の力は，運動をする向きに一定の大きさではたらいている。

③　ドライアイスにはたらく水平方向の力は，運動をする向きにだんだんと大きくなりながらはたらいている。

④　ドライアイスにはたらく水平方向の力は，運動をする向きにだんだんと小さくなりながらはたらいている。

2　身の回りの物質を区別するために，実験を行いました。次の資料は，この実験におけるレポートの一部を示したものです。これについて，あとの(1)～(3)に答えなさい。

資料

【目的】砂糖，食塩，片栗粉のいずれかである白い粉末状の物質A～物質Cを区別する。

【方法】①　物質A～物質Cの粉末をそれぞれ多量の水に入れて，よくかき混ぜたときの様子を調べる。

②　次に，物質A～物質Cの粉末をそれぞれ燃焼さじに少量のせ，ガスバーナーで加熱したときの様子を調べる。

③　②で粉末に火がついて燃えた場合，燃焼している状態で燃焼さじを石灰水の入った集気びんに入れて，火が消えた後に集気びんをふり，石灰水の様子を調べる。

【結果】

	物質A	物質B	物質C
① 水に入れて，よくかき混ぜたときの様子	とけた	とけなかった	とけた
② 加熱したときの様子	燃えなかった	燃えた	燃えた
③ 石灰水の様子	―	白くにごった	白くにごった

(1)　この実験によって，物質A～物質Cはそれぞれ何だと分かりますか。その名称を書きなさい。

(2)　この実験を行う上で注意すべきこととして，次の(ア)～(エ)の中から適切でないものを選び，その記号を書きなさい。

(ア)　物質A～物質Cの質量は異なっていても，同じ体積の水に入れてよくかき混ぜる。

(イ)　ガスバーナーや燃焼さじは熱くなっている部分があるため，その部分をさわらないようにする。

(ウ)　石灰水が手につかないようにするとともに，石灰水が目に入らないように保護めがねをかける。

(エ)　燃焼さじを集気びんに入れる際は石灰水につけないようにする。

(3)　【結果】③から，物質B，物質Cはいずれも燃焼した際に，ある気体を発生したと考えられます。ある気体とは何ですか。化学式で書きなさい。

3　植物の体のつくりと分類について，次の(1)～(3)に答えなさい。

(1)　屋外でルーペを使って植物の体のつくりを観察します。ルーペはどのように使えばよいですか。ルーペの使い方として適切なものを，次のア～エの中から2つ選び，その記号を書きなさい。

ア　植物を動かせる場合は，ルーペを目の位置に近づけて固定し，植物だけを動かすことでピントを合わせる。

イ　植物を動かせる場合は，目の位置を動かさずに，ルーペと植物を動かすことでピントを合わせる。

ウ　植物を動かせない場合は，ルーペを目の位置に近づけたまま，

　　　目の位置を動かすことでピントを合わせる。

　エ　植物を動かせない場合は，ルーペをできるだけ植物に近づけ
　　　て固定し，目の位置を動かすことでピントを合わせる。

(2)　コケ植物には，体を土や岩に固定させる根のように見える部分
　　があります。この部分を何といいますか。その名称を書きなさい。
　　また，この根のように見える部分には水分を吸収するはたらきは
　　ほとんどありません。コケ植物は，どのようにして水分を吸収し
　　ていますか。簡潔に書きなさい。

(3)　次の資料は，ある植物Xを観察したり，図鑑で調べたりして分
　　かったことを記録したノートの一部です。この資料を基に考える
　　と，植物Xは，下の図のどのなかまに入りますか。図中のA～Fの
　　中から適切なものを選び，その記号を書きなさい。

資料

【植物Xの特徴】
・花は白色で，模様がある。
・葉は緑色である。
・球根を分けることで，株を増やすことができる。
・花弁が離れている。
・葉脈は平行に並んでいる。
・めしべの根もとに子房があり，その中に胚珠が入っている。

植物X

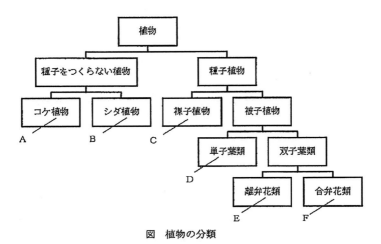

図　植物の分類

4　次の図は，令和2年4月2日6時の日本周辺域の天気図です。これについて，下の(1)～(3)に答えなさい。

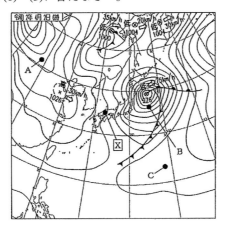

(1)　図中の⊠地点では，煙突からのけむりが南の方向に流れており，雲量が8で雨や雪などは降っておらず，風速は4.8m/sでした。次の風力階級表を参考にして，この地点での風向・風力・天気を天気図の記号でかきなさい。

風力階級表

風力	相当風速〔m/s〕
0	0.3 未満
1	0.3～ 1.6 未満
2	1.6～ 3.4 未満
3	3.4～ 5.5 未満
4	5.5～ 8.0 未満
5	8.0～10.8 未満
6	10.8～13.9 未満
7	13.9～17.2 未満
8	17.2～20.8 未満
9	20.8～24.5 未満
10	24.5～28.5 未満
11	28.5～32.7 未満
12	32.7 以上

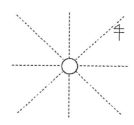

(2) 図中の高気圧の中心部において，地表付近では，上昇気流，下降気流のどちらが生じて，どのように風が吹くと考えられますか，その気流と風の吹き方の組み合わせとして適切なものを，表のア～クの中から選び，その記号を書きなさい。

	気 流	風の吹き方
ア	上昇気流	時計回りに吹き込む
イ	上昇気流	時計回りに吹き出す
ウ	上昇気流	反時計回りに吹き込む
エ	上昇気流	反時計回りに吹き出す
オ	下降気流	時計回りに吹き込む
カ	下降気流	時計回りに吹き出す
キ	下降気流	反時計回りに吹き込む
ク	下降気流	反時計回りに吹き出す

(3) 図中のA～Cの3地点で，風力が最も小さいと考えられる地点はどれですか。その記号を書きなさい。また，そのように考えた理由を「等圧線」という語を用いて簡潔に書きなさい。

(☆☆☆◎◎◎)

中　学　理　科

【1】平成29年3月告示の中学校学習指導要領　理科　について，次の1〜
3に答えなさい。

1　第2分野の目標　(2)　には，「生命や地球に関する事物・現象に関
わり，それらの中に問題を見いだし見通しをもって観察，実験など
を行い，その結果を分析して解釈し表現するなど，科学的に探究す
る活動を通して，多様性に気付くとともに規則性を見いだしたり課
題を解決したりする力を養う。」と示されています。このことにつ
いて，第2分野の特徴として，再現したり実験したりすることが困
難な事物・現象を扱うことがあります。このような事物・現象には，
どのようなものがありますか。2つ書きなさい。

2　第2分野の目標　(3)　には，自然環境の保全に寄与する態度を養う
ことが示されています。自然環境の保全に寄与する態度を養うため
には，どのようなことを認識させるようにすればよいですか。簡潔
に書きなさい。

3　指導計画の作成と内容の取扱い　2　(4)　には，「各分野の指導に
当たっては，観察，実験の過程での情報の検索，実験，データの処
理，実験の計測などにおいて，コンピュータや情報通信ネットワー
クなどを積極的かつ適切に活用するようにすること。」と示されて
います。このことを踏まえると，どのような活用が有効ですか。活
用場面を示した上で，具体的な活用例とともにその有効性について
2つ書きなさい。

(☆☆◎◎◎)

【2】浮力について，次の1・2に答えなさい。

1　中学生のAさん，Bさんは，巨大なタンカーが，水に浮かんでいる
ことに興味をもち，浮力について科学的に探究することにしました。
次の資料は，「物体にはたらく浮力の大きさは，何に関係があるの
だろうか」という課題に対して2人がそれぞれ立てた【仮説】とそ

の【仮説】を確かめるためにAさんが行った【実験Ⅰ】及びBさんが行った【実験Ⅱ】を示しています。これについて，あとの(1)～(3)に答えなさい。ただし，100gの物体にかかる重力の大きさを1Nとします。

資料

【仮説】

Aさんの仮説：物体は，水の中に沈んでいる部分の体積が大きいほど，大きな浮力を受ける。

Bさんの仮説：水の中に沈んでいる部分の体積が同じ場合，鉄のような質量の大きい物質からなる物体よりも，木のような質量の小さい物質からなる物体の方が，浮力が大きい。

【実験Ⅰ】

○方法

① ばねばかりに直方体の物体をつり下げ，ばねばかりが示した値を確認する。

② ①でつり下げた物体を静かに下げていき，水槽の水の中に入れる。

③ 水面から物体の下面までの距離を2.0cmずつ変化させ，そのときばねばかりが示した値を記録して，結果の表にまとめる。

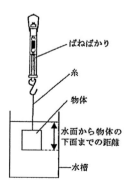

○結果

方法 ① の結果	物体が水面に接していないとき，ばねばかりが示した値は５.０ N だった。

	水面から物体の下面までの距離	2.0 cm	4.0 cm	6.0 cm	8.0 cm	10.0 cm
方法 ③ の結果	ばねばかりが示した値	4.6 N	4.2 N	3.9 N	3.9 N	3.9 N

【実験Ⅱ】

○方法

① 0gと表示された電子てんびんの上に，水の入ったビーカーを置き，表示の数値を確認する。

② ①のビーカーに木でできた物体を入れて浮かべ，表示された数値を確認する。

③ ②で水に浮かべた物体を，細くて丈夫な針金で押して全体を沈め，表示された数値を確認する。

○結果

方法 ① の結果	400 g
方法 ② の結果	505 g
方法 ③ の結果	520 g

(1) 【実験Ⅰ】で使用した物体全体が水に沈んだ時に，物体にはたらく浮力の大きさは何Nですか。求めなさい。

(2) 【実験Ⅱ】で使用した物体の質量は何gですか。また，物体全体を水に沈めた時の物体にはたらく浮力の大きさは何Nですか。それぞれ求めなさい。ただし，針金の質量は無視できるものとします。

(3) Bさんは，自分の仮説を確かめるために【実験Ⅱ】を行いましたが，Aさんから「この実験だけでは，仮説を確かめられないよ。」と言われました。Bさんの仮説を確かめるためには，【実験Ⅱ】とは別に，どのような実験を行えばよいですか。簡潔に書きなさい。

2 中学生のCさんは，理科の授業の中で，「なぜ浮力がはたらくのだろうか」という疑問をもちました。浮力がはたらく理由をCさんに解説するために，どのような実験を行い，どのように説明をしますか。「水圧」の語を用いて簡潔に書きなさい。なお，その際，実験の様子について図で示しなさい。

(☆☆☆◎◎◎)

【3】次の資料は，咲子さんが修学旅行で行く予定のA市の植生について調べてまとめたレポートの一部です。これについて，下の1〜3に答えなさい。

資料

　1年間のうち，月平均気温が5℃以上の各月について，月平均気温から5℃を引いた値を合計した値を温かさの指数といい，暖かさの指数と形成されるバイオームの関係をまとめると表1のようになります。表2は，A市の2019年の月別の平均気温についてまとめたものです。

表1　暖かさの指数と形成されるバイオームの関係

暖かさの指数	バイオーム
240〜180	亜熱帯多雨林
180〜85	照葉樹林
85〜45	夏緑樹林
45〜15	針葉樹林

表2　月別の平均気温（A市 2019年）

月	1	2	3	4	5	6	7	8	9	10	11	12
気温（℃）	-6.8	-5.8	-0.5	5.5	14.7	17.3	22.0	21.0	16.8	10.2	1.2	-3.8

1 資料中の下線部について，5℃となっているのはなぜですか。その理由を書きなさい。

2　資料を基にすると，A市の極相林として形成されるバイオームは何だと考えられますか。その考えの根拠となる暖かさの指数とバイオームの名称を書きなさい。なお，暖かさの指数を求める際，その求め方も書きなさい。また，そのバイオームで優占種となり得る植物種を次の(ア)〜(ク)の中からすべて選び，その記号を書きなさい。

(ア)　エゾマツ　　　　(イ)　ミズナラ　　(ウ)　ガジュマル

(エ)　ハイマツ　　　　(オ)　スダジイ　　(カ)　トドマツ

(キ)　イタヤカエデ　　(ク)　チーク

3　咲子さんは，修学旅行で交流するA市の生徒に自分が生活するB市を紹介するために，B市の自然について調べることとしました。そこで，B市の暖かさの指数を計算してみると170であることが分かりました。B市の極相林で優占種となっている樹木は，どのような特徴をもつ樹木だと考えられますか。簡潔に書きなさい。

(☆☆☆◎◎)

【４】次の1〜5に答えなさい。

1　還元作用を示す糖にはどのようなものがありますか。次の(ア)〜(エ)の中からすべて選び，その記号を書きなさい。

(ア)　グルコース　　(イ)　フルクトース　　(ウ)　スクロース

(エ)　デンプン

2　糖の還元作用は，フェーリング液中の銅(Ⅱ)イオンを還元して赤色沈殿を生じさせることで確認することができます。このとき生じる赤色を示す物質の化学式と名称を書きなさい。

3　次の文章は，糖類について述べたものです。文章中の(a)〜(e)にあてはまる語は何ですか。それぞれその名称を書きなさい。なお，文章中の(d)は酵素名が入ります。

デンプン，セルロース，動物デンプン(グリコーゲン)はいずれも分子式$(C_6H_{10}O_5)_n$で表される多糖類である。

デンプンは植物の光合成によって作られ，植物の種子・根・地下茎などに蓄えられている。デンプン粒は冷水には溶けにくいが，80℃以上の水に浸しておくと，溶性成分と不溶性成分に分けられる。溶性成分は，比較的分子量が小さく，直鎖上の構造をもつ分子でできており，(a)と呼ばれる。不溶性成分は比較的分子量が大きく，枝分かれの多い構造をもつ分子でできており，(b)と呼ばれる。セルロースは植物の(c)の主成分で植物の質量の30%～50%を占めている。動物デンプンは動物の肝臓や筋肉に多く含まれる。デンプンを(d)で分解すると二糖類のマルトースが生じ，セルロースをセルラーゼで分解すると二糖類の(e)が生じる。デンプン，セルロースを単糖類まで加水分解するといずれもグルコースが生じる。

4 グルコースは酵母菌に含まれるチマーゼという酵素群によってエタノールと二酸化炭素に分解されます。この一連の作用をアルコール発酵といいます。これについて，次の(1)・(2)に答えなさい。

(1) アルコール発酵を表す化学反応式をかきなさい。

(2) デンプン50gを加水分解してグルコースをつくりアルコール発酵させると，何gのエタノールが生成されますか。原子量をH＝1.0，C＝12，O＝16として有効数字2桁で答えなさい。ただし，それぞれの反応は100%進行するものとします。

5 次の図は，フルクトース$(C_6H_{12}O_6)$の水溶液中での平衡状態の一部を示しています。これについて，図中の a ・ b にあてはまる原子又は原子団をそれぞれかきなさい。なお，同じ記号には同じ原子又は原子団が入るものとします。

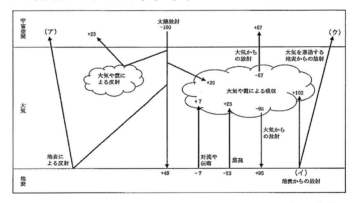

β-フルクトース（六員環構造）　　フルクトース（鎖状構造）　　β-フルクトース（五員環構造）

(☆☆◯◯◯)

【5】太陽の活動について，次の1〜3に答えなさい。

1　次の図は，地球が大気の上端で受ける太陽放射エネルギーを100として，宇宙空間，大気，地表の各領域において，その領域が受け取るエネルギーを＋(プラス)，放出するエネルギーを－(マイナス)で示した模式図です。図中の(ア)〜(ウ)に入る適切な数値を書きなさい。

2　地表に届いた太陽光も一部は反射されますが，地表の状態によって反射される割合は大きく異なります。次のA〜Dの地表の状態のうち，太陽光の反射される割合が最も大きいものはどれですか。その記号を書きなさい。ただし，太陽の高度角は25°以上とします。

A　草地　　B　海　　C　新雪　　D　砂漠

3　太陽放射エネルギーについて，次の(1)・(2)に答えなさい。ただし，地球と太陽はいずれも球体であることとし，円周率を3.14，太陽定数を1.37×10^3W/m²，地球と太陽の間の距離を1.5×10^{11}mとします。

(1)　地球全体で毎秒受け取る太陽放射エネルギーを地球の全表面で平均すると，何W/m³になりますか。有効数字2桁で求めなさい。

(2)　太陽から毎秒放射される全エネルギーは，何Wになりますか。有効数字2桁で求めなさい。

(☆☆☆◎◎◎)

高 校 理 科

【共通問題】

【1】平成30年3月告示の高等学校学習指導要領　理科　について，次の1・2に答えなさい。

1　各科目にわたる指導計画の作成と内容の取扱い　1　(1)には，「単元など内容や時間のまとまりを見通して，その中で育む資質・能力の育成に向けて，生徒の主体的・対話的で深い学びの実現を図るようにすること。その際，理科の学習過程の特質を踏まえ，理科の見方・考え方を働かせ，見通しをもって観察，実験を行うことなどの科学的に探究する学習活動の充実を図ること。」と示されています。理科の学習過程の特質を踏まえながら生徒の主体的・対話的で深い学びの実現を図るために，どのような視点から授業改善を図ることが考えられますか。「主体的な学び」「対話的な学び」及び「深い学び」のそれぞれについて，具体的に書きなさい。

2　各科目にわたる指導計画の作成と内容の取扱い　2　(3)には，「各科目の指導に当たっては，観察，実験の過程での情報の収集・検索，計画・制御，結果の集計・処理などにおいて，コンピュータや情報通信ネットワークなどを積極的かつ適切に活用すること。」と示されています。このことを踏まえると，どのような活用が有効ですか。活用場面を示した上で，具体的な活用例とともにその有効性について2つ書きなさい。

(☆☆◎◎◎)

【物理】

【１】様々な力とそのはたらきについて，次の１～３に答えなさい。

1　「物理基礎」の授業において，次の器具等を使って，物体にはたらく浮力の大きさは，物体の水に沈んでいる体積が大きいほど大きく，物体全体が水に沈んでいるときの水面からの深さや物体の重さには関係しないことを調べる実験を生徒に行わせることとします。どのような実験の方法が考えられますか。簡潔に書きなさい。

> 器具等
>
> 　　金属小球を入れる小型密閉容器，複数の金属小球，
> 　　小型密閉容器の入るメスシリンダー，ばねばかり，糸，水

2　物体にはたらく浮力の大きさと物体の体積の関係の学習において，次の実験を行いました。この実験において，なぜこのような結果になったのかを生徒に説明するために，「金属球が受ける力」及び「水が受ける力」をどのように図示すればよいですか。「金属球が受ける力」及び「水が受ける力」をあとの図にすべてかきなさい。ただし，あとの例のように，何から受ける力なのかを明示しなさい。なお，金属球を水の中に入れても水の重心は変化しないものとします。

実験

> 【目的】作用・反作用の法則について理解を深める。
>
> 【方法】① 　質量$8.0×10^{-2}$kgの容器に0.50kgの水を入れる。
>
> 　　　　② 　①の容器を台ばかりの上にのせ，台ばかりの目盛りを読み取る。
>
> 　　　　③ 　右の図のように，質量0.16kgの金属球をばねばかりにつり下げ，容器の底につかないように水の中に完全に沈め静止させる。
>
> 　　　　④ 　③のばねばかりと台ばかりの目盛りを読み取る。

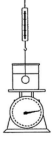

192

【結果】台ばかりの目盛りは，5.0×10^{-2}kg分増え，ばねばかりの目盛りは0.11kgになった。

例 「台ばかりが受ける力」を1例のみ示した場合

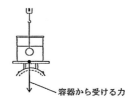

容器から受ける力

「金属球が受ける力」を示した場合　　　「水が受ける力」を示した場合

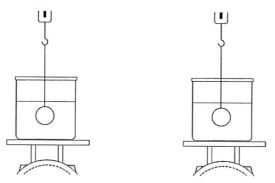

3　授業で浮力について学習したAさんとBさんは，有人潜水調査船「しんかい 6500」がどのようにして海底から浮上するのかということに興味をもち，次の資料を作成しました。この資料を基に，あとの(1)〜(3)に答えなさい。ただし，海水の密度は，1.0×10^{3}kg/m^{3}とし，重力加速度の大きさは，9.8m/s^{2}とします。

資料

有人潜水調査船「しんかい6500」
・全長　9.7m
・質量　2.7×10^4kg
・最大潜航深度　6,500m

6,500m海底調査の1日

07：00	作業開始
09：00	潜航開始
11：30	海底到着，調査開始
14：30	離底開始
17：00	浮上，船上引き上げ

(1)　水深6.5×10^3mにおける物体が受ける圧力は何Paですか。求めなさい。ただし，大気圧は1.0×10^5Paとします。

(2)　作成した資料から，「しんかい6500」の離底開始から浮上までの様子について，離底開始からの経過時間の2乗と水深との関係を表すグラフをかきなさい。また，このとき「しんかい6500」が受ける合力の大きさは何Nですか。求めなさい。ただし，海底から浮上する際の初速度は0で，加速度は一定とするとともに，鉛直上向きに6.5×10^3m移動するものとします。

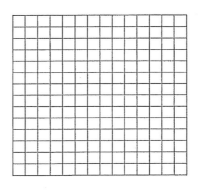

(3)　「しんかい6500」が海底につかないように海中で静止している

とき，海水から受ける浮力の大きさは何Nですか。また，このときの「しんかい6500」の体積は何m³になりますか。それぞれ求めなさい。ただし，海中で静止しているときの質量は，資料中に示されている値とします。

(☆☆☆◎◎◎)

【2】電気と磁気について，次の1～3に答えなさい。

1　電磁波について，次の(1)・(2)に答えなさい。

(1)　次の文章は，電磁波について述べたものです。文章中の(a)・(b)にあてはまる語の組み合わせとして適切なものを，下のア～エの中から選び，その記号を書きなさい。

> 　電磁波は，電界と磁界が進行方向に垂直に同位相で振動して空間を伝わる。導体棒を並べてつくった格子を置くとき，導体棒の向きと電界の方向が垂直な場合は，電磁波は透過するが，平行な場合は，電磁波は透過しない。このことから，電磁波は(a)である。また，電磁波が伝わる速さは，(b)の速さと同じである。

	a	b
ア	横波	超音波
イ	横波	光
ウ	縦波	超音波
エ	縦波	光

(2)　次のA～Dは，波長によって分類された電磁波の名称です。それぞれ，どのようなものに利用されていますか。下の(ア)～(エ)の中から選び，それぞれその記号を書きなさい。

A　マイクロ波　　B　赤外線　　C　紫外線　　D　X線

(ア)　殺菌灯　　　(イ)　電子レンジ　　(ウ)　レントゲン写真
(エ)　リモコン

2　次の図は，ケイ素の結晶の中に微量のリンを混ぜた半導体Aと，ケイ素の結晶の中に微量のアルミニウムを混ぜた半導体Bとに，電極

195

ア・イをつけて接合させたダイオードを模式的に示したものです。半導体B側の電極イを電池の正極に接続し，半導体A側の電極アを電池の負極に接続すると，ダイオードに電流が流れます。これについて，下の(1)・(2)に答えなさい。

(1)　半導体Aと半導体Bの名称をそれぞれ書きなさい。

(2)　電極アを電池の正極に接続し，電極イを電池の負極に接続すると，ダイオードに電流は流れません。それはなぜですか。その理由を簡潔に書きなさい。

3　交流回路について，次の(1)・(2)に答えなさい。

(1)　図1は，角周波数 ω 〔rad/s〕，$V = V_0 \sin \omega t$〔V〕で表される交流電圧を加えることができる交流電源について，その電圧をオシロスコープで調べたときの画像を模式的に示したものです。この交流電源を，図2のように，電気容量 C〔F〕のコンデンサーに接続し，オシロスコープでコンデンサーに加わる電圧と流れる電流を調べました。このとき，オシロスコープの画像を模式的に示すとどのようになりますか。あとのア～エの中から最も適切なものを選び，その記号を書きなさい。また，その記号を選んだ理由を簡潔に書きなさい。なお，図1の横軸は時間を，縦軸は電圧の大きさを表し，あとのア～エの横軸は時間を，縦軸は電圧の大きさ及び電流の大きさと向きを表しています。

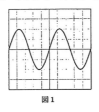

図1

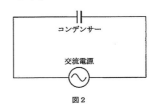

図2

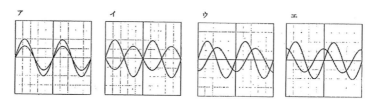

(2)　図3は，R〔Ω〕の抵抗，自己インダクタンスL〔H〕のコイルと交流電源を直列に接続した回路図です。この回路に，角周波数ω〔rad/s〕の$I = I_0 \sin \omega t$〔A〕で表される交流電流が流れるとき，この回路のインピーダンスはいくらですか。求めなさい。その際，求め方も書きなさい。

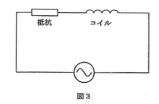

図3

(☆☆☆◎◎◎)

【化学】

【1】次の1〜3に答えなさい。

　1　次の文章は，ダイヤモンドと黒鉛について述べたものです。下の(1)・(2)に答えなさい。

> 　ダイヤモンドと黒鉛は，いずれも炭素原子だけからなる（　a　）である。しかし，これらの性質は異なる。このように，同じ元素からなるが，性質の異なる（　a　）を，互いに（　b　）という。

(1)　文章中の（　a　）・（　b　）にあてはまる適切な語を，次のア〜オの中から選び，それぞれその記号を書きなさい。なお，文中の同じ記号には同じ語が入ります。

　　ア　化合物　　イ　単体　　ウ　同位体　　エ　同素体

197

　　オ　混合物
　(2)　黒鉛は，鉛筆の芯として用いられます。その理由を，黒鉛の構
　　　造と関連付けて，簡潔に書きなさい。
２　次の文章は，イオン結晶と金属結晶について述べたものです。下
　の(1)～(3)に答えなさい。

> 　　イオン結晶は一般に硬く，外部から力を加えると同種の電
> 荷をもつイオンどうしが（　a　）し合うようになるため，結晶
> の特定の面に沿って割れやすい。一方，<u>金属結晶では，外部
> から力を加えると変形が起きる</u>。このことから，金属はたた
> くと薄く広がる性質である（　b　）や引っ張ると長く伸びる性
> 質である（　c　）をもつこととなる。

　(1)　文章中の（　a　）～（　c　）にあてはまる適切な語を，それぞれ
　　　書きなさい。
　(2)　文章中の下線部について，図を用いて解説することとします。
　　　生徒に解説するための図及び説明を書きなさい。
　(3)　金属の電気抵抗は，温度が高くなるほど大きくなります。それ
　　　はなぜですか。その理由を，「金属原子」，「自由電子」，「熱運動」
　　　の語を用いて簡潔に書きなさい。
３　分子やイオンは，それぞれ特有の形をしています。アンモニウム
　イオンはどのような形をしていますか。次のア～エの中から選び，
　その記号を書きなさい。また，その記号を選んだ理由を，「化学結
　合」，「電子対」に着目して簡潔に書きなさい。
　　ア　折れ線形　　イ　正方形　　ウ　四角錐形　　エ　正四面体形
　　オ　三角錐形

（☆☆☆◎◎◎）

【２】次の１～７に答えなさい。
１　還元作用を示す糖にはどのようなものがありますか。次の(ア)～
　(エ)の中からすべて選び，その記号を書きなさい。

(ア)　グルコース　　(イ)　フルクトース　　(ウ)　スクロース

(エ)　デンプン

2　糖の還元作用は，フェーリング液中の銅(Ⅱ)イオンを還元して赤色沈殿を生じさせることで確認することができます。そのとき生じる赤色を示す物質の化学式と名称を書きなさい。

3　次の文章は，糖類について述べたものです。文章中の(　a　)～(　e　)にあてはまる語は何ですか。それぞれの名称を書きなさい。なお、文章中の(　d　)は酵素名が入ります。

> 　デンプン，セルロース，動物デンプン(グリコーゲン)はいずれも分子式$(C_6H_{10}O_5)_n$で表される多糖類である。
> 　デンプンは植物の光合成によって作られ，植物の種子・根・地下茎などに蓄えられている。デンプン粒は冷水には溶けにくいが，80℃以上の水に浸しておくと，溶性成分と不溶性成分に分けられる。溶性成分は，比較的分子量が小さく，直鎖上の構造をもつ分子でできており，(　a　)と呼ばれる。不溶性成分は比較的分子量が大きく，枝分かれの多い構造をもつ分子でできており，(　b　)と呼ばれる。セルロースは植物の(　c　)の主成分で植物の質量の30%～50%を占めている。動物デンプンは動物の肝臓や筋肉に多く含まれる。デンプンを(　d　)で分解すると二糖類のマルトースが生じ，セルロースをセルラーゼで分解すると二糖類の(　e　)が生じる。デンプン，セルロースを単糖類まで加水分解するといずれもグルコースが生じる。

4　グルコースは酵母菌に含まれるチマーゼという酵素群によってエタノールと二酸化炭素に分解されます。この一連の作用をアルコール発酵といいます。これについて，次の(1)・(2)に答えなさい。

(1)　アルコール発酵を表す化学反応式をかきなさい。

(2)　デンプン50gを加水分解してグルコースをつくりアルコール発酵させると，何gのエタノールが生成されますか。原子量をH＝

1.0，C＝12，O＝16として有効数字2桁で答えなさい。ただし，それぞれの反応は100％進行するものとします。

5　次の図は，フルクトースの水溶液中での平衡状態の一部を示しています。これについて，下の(1)・(2)に答えなさい。

β-フルクトース（六員環構造）　　　　鎖状構造X　　　　β-フルクトース（五員環構造）

(1)　図中の　a　・　b　にあてはまる原子又は原子団をそれぞれかきなさい。なお，同じ記号には同じ原子又は原子団が入るものとします。

(2)　図中の 鎖状構造X を構造式でかきなさい。

6　セルロースは，綿や麻などの天然繊維として利用されています。セルロースが繊維として利用されるのはなぜですか。その理由をセルロース分子の構造と関連付けて簡潔に書きなさい。

7　次の資料は，メチルシクロヘキサンの立体配座についてまとめたものです。この資料を基にすると，β-グルコースの安定な立体配座は，あとの図中の(C)・(D)のどちらだと考えられますか。その記号を書きなさい。また，その記号を選んだ理由を簡潔に書きなさい。

資料

> メチルシクロヘキサンは，シクロヘキサン環にメチル基が1つ結合した構造で，メチル基が環平面に対して水平な方向を向いた(A)の配座と，メチル基が環平面に対して垂直な方向を向いた(B)の配座の，二つのいす型配座をとりうる。これらは環の反転で相互変換可能だが，水素原子や置換基の相互作用により，(B)に比べて(A)の配置が安定する。

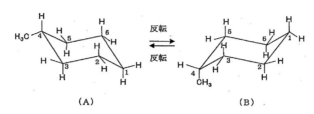

(A)　　　　　　　　　　　　　　(B)

※メチルシクロヘキサンの構造式は環炭素を省略して示して
いる。また，図中の1〜6の番号はメチルシクロヘキサン中
の環炭素の位置番号を示している。

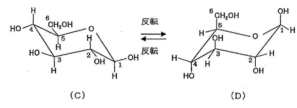

(C)　　　　　　　　　　　　　(D)

※β-グルコースの構造式は環炭素を省略して示している。また，
図中の1〜6の番号はβ-グルコース中の炭素の位置番号を示して
いる。

(☆☆☆◎◎◎)

【生物】

【1】次の文章は，登校中に行われた，3人の生徒による会話の一部です。
これについて，あとの1〜6に答えなさい。

> アナ　「今朝，山の木々を見ると全体が赤く見えたわ。私が1年
> 　　　前まで住んでいたブラジルのアマゾン川流域では，そん
> 　　　なことはなかったわ。ここではどうして木々が赤く見え
> 　　　るの。」
>
> 咲子　「この現象は，紅葉っていうのよ。私たちの住む地域で
> 　　　は，（　a　）が優占する①夏緑樹林が分布しているの。（　a　）
> 　　　は，春や夏にはへん平な葉で光合成を盛んに行って，秋

に紅葉・落葉することで，寒さに適応した樹木のことよ。」

真一　「紅葉はきれいだよね。紅葉もきれいだけど，僕が小学生の頃住んでいた長野県から見える中央アルプスもきれいだったよ。標高2500mを超えると，高木の森林が見られなくなるんだ。」

咲子　「えっ，高木の森林が見られない山って，どんな感じなの。」

真一　「遠目に見ると低木が生えている場所がまだら模様のように見えるんだ。それと，（　ｂ　）植物のお花畑は，とてもきれいだよ。（　ｂ　）植物は，短い夏の間にいっせいに花を咲かせるからね。」

アナ　「お花畑，私も見たいわ。そして，標高2500mを超えると，高木の森林が見られなくなる理由が知りたいわ。」

真一　「②学校に行って，先生に聞いてみよう。」

咲子　「ところでアナ。あなたが住んでいたブラジルの森林は，どんな森林なの。」

アナ　「③熱帯雨林よ。でも詳しく説明できないから，調べてみるわ。」

真一　「アナ，ありがとう。世界では様々なバイオームが成立し，熱帯雨林だけでなく，砂漠，④ツンドラなどには，見たことがない景色が広がっているらしいね。とても興味深いよ。」

咲子　「そうね。世界のバイオームも興味深いけど，日本のバイオームも様々だということが分かってとても興味深いわ。日本列島では，緯度の違いに伴う気温の変化に沿ったバイオームの分布もあって，これは（　ｃ　）分析というのよ。各地で豊かな森林が形成されているの。各地でどのような森林が形成されるかは，⑤暖かさの指数によっても知ることができるらしいわ。暖かさの指数がバイオームを規定する全てではないらしいけどね。」

1 （ a ）〜（ c ）にあてはまる適切な語をそれぞれ書きなさい。なお，同じ記号には同じ語が入ります。

2 下線部①のバイオームで優占種となり得る植物種を次の(ア)〜(ク)の中からすべて選び，その記号を書きなさい。

(ア) エゾマツ　　　(イ) ミズナラ　　(ウ) ガジュマル

(エ) ハイマツ　　　(オ) スダジイ　　(カ) トドマツ

(キ) イタヤカエデ　(ク) チーク

3 下線部②について，真一さんから質問を受けた先生が，本州中部の「垂直分布」及び「森林限界」について図をかいて解説することとします。どのような解説をしますか。その図と説明をかきなさい。

4 次の文章は，下線部③について，アナさんが調べ，まとめたものです。文章中の（ d ）〜（ f ）にあてはまる適切な語を，下のア〜クから選び，それぞれその記号を書きなさい。

> 　熱帯多雨林は，年間を通して高温多湿で，（ d ）が発達し，高さが50mを超える巨大な高木も見られる。また，他の植物に巻き付いたり付着したりして伸びていく（ e ）や，樹木や岩など土壌以外のものに根を付着させて生育する（ f ）など極めて多様な種類の植物が繁栄している。

ア　生産構造　　　イ　階層構造　　ウ　つる植物

エ　短日植物　　　オ　着生植物　　カ　食虫植物

キ　木生シダ類　　ク　地衣類

5 下線部③の熱帯多雨林及び下線部④のツンドラの土壌は，どちらも肥沃ではありません。それはなぜですか。それぞれその理由を書きなさい。

6 下線部⑤について，咲子さんは，修学旅行で行く予定の北海道旭川市の暖かさの指数を計算してみることにしました。咲子さんが，事前に調べてまとめた次の資料について，あとの(1)・(2)に答えなさい。

資料

> 　1年間のうち，⑥月平均気温が5℃以上の各月について，月平均気温から5℃を引いた値を合計した値を暖かさの指数といい，暖かさの指数と形成されるバイオームの関係をまとめると表1のようになります。表2は，旭川市の2019年の月別の平均気温についてまとめたものです。
>
> 表1　暖かさの指数と形成されるバイオームの関係
>
> | 暖かさの指数 | バイオーム |
> |---|---|
> | 240〜180 | 亜熱帯多雨林 |
> | 180〜85 | 照葉樹林 |
> | 85〜45 | 夏緑樹林 |
> | 45〜15 | 針葉樹林 |
>
> 表2　月別の平均気温（旭川市 2019年）
>
> | 月 | 1 | 2 | 3 | 4 | 5 | 6 | 7 | 8 | 9 | 10 | 11 | 12 |
> |---|---|---|---|---|---|---|---|---|---|---|---|---|
> | 気温(℃) | -6.8 | -5.8 | -0.5 | 5.5 | 14.7 | 17.3 | 22.0 | 21.0 | 16.8 | 10.2 | 1.2 | -3.8 |
>
> （気象庁ホームページ　月ごとの値による。）

(1)　下線部⑥について，5℃となっているのはなぜですか。その理由を書きなさい。

(2)　資料を基にすると、旭川市の極相林として形成されるバイオームは何だと考えられますか。その考えの根拠となる暖かさの指数とバイオームの名称を書きなさい。なお、暖かさの指数を求める際，その求め方も書きなさい。

(☆☆☆◎◎◎)

【2】次の文章は，呼吸について述べたものです。これについて，あとの1〜6に答えなさい。

> 　生物における呼吸は，次の2種類に分けて考えることができます。その2種類とは，細胞が有機物を好気的に分解する代謝としての呼吸と，多細胞生物が体内と外界との間で行うガス交換と

204

しての呼吸です。

　生物は細胞内で有機物を分解し，このとき取り出されるエネルギーを用いて，生命活動に必要なATPを合成しています。呼吸によって分解される物質を[　a　]といい，①炭水化物，脂肪，タンパク質がありますが，グルコースを[　a　]としたときの呼吸の反応は，一般に次の式で表すことができます。

$$C_6H_{12}O_6 + 6O_2 + 6H_2O \rightarrow 6CO_2 + 12H_2O + エネルギー$$

　仮に，気温20℃の部屋で，生徒が朝食として，茶碗二膳分の白飯およそ300gを食べたとします。これに含まれる炭水化物はほとんどデンプンですが，そのデンプンを消化すると約120gのグルコースを得ることができます。120gのグルコースを呼吸で分解するために，必要な酸素の量は[　b　]Lになります。

　呼吸の過程は，②解糖系，クエン酸回路，電子伝達系の3段階に分けられ，③それぞれ別の場所で反応が行われています。この中で最も多くのATPを合成する電子伝達系では，解糖系とクエン酸回路で生じた[　c　]や[　d　]から，電子を渡され，複数のタンパク質複合体の間を移動する際に生じるエネルギーを利用し，グルコース1mol当たり最大34molのATPを合成しています。また，呼吸の反応全体では，グルコース1mol当たり最大38molのATPを合成しています。

　次に，ガス交換としての呼吸に関して，④呼気中の二酸化炭素と換気との関係を考えてみましょう。授業を行う際，学習環境を整えることは大切です。高等学校の教室において，⑤教師と生徒合わせて40人が50分間の授業を行うこととして，授業後の二酸化炭素濃度を計算すると，二酸化炭素濃度が高まることが分かり，換気の重要性が理解できます。二酸化炭素濃度が3,000ppmを越えると頭痛，めまい，吐き気の恐れが，6,000ppmを越えると意職喪失の恐れがあります。

1　空欄[　a　]～[　d　]にあてはまる適切な語又は数値をそれぞれ書

きなさい。ただし，同じ記号には同じ語が入ることとし，空欄[　b　]にのみ数値が入ります。なお，原子量は，H＝1.0，C＝12，O＝16とし，気温は20℃で気体1molは24Lとします。

2　下線部①について，呼吸商が1.0になるものは何ですか。次の(ア)〜(ウ)の中から選び，その記号を書きなさい。また，呼吸商とは何かを簡潔に書きなさい。

(ア)　炭水化物　　(イ)　脂肪　　(ウ)　タンパク質

3　下線部②について，次の(1)・(2)に答えなさい。

(1)　次の図は，下線部②で1分子のグルコースが変化する過程を模式的に示したものです。図中の＿ア＿，＿イ＿，＿ウ＿，＿オ＿，＿キ＿，＿ケ＿にあてはまる数字は何ですか。また　エ　，　カ　，　ク　，　コ　，　サ　にあてはまる物質名は何ですか。適切な数字又は物質名をそれぞれ書きなさい。なお，物質名は，その略称・略号で書いてもよいこととします。

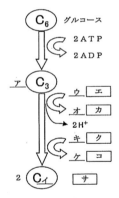

(2)　激しい運動をしているとき，筋肉では，酸素が少ない状況でエネルギーの供給をするため，下線部②の反応が盛んに行われ，ATPを合成しています。このような酸素が少ない状況での下線部②の反応の後，筋肉中にはある物質が一時的に蓄積されます。その物質とは何ですか。物質名を書きなさい。

4　下線部③の反応の場所に関して，次の(ア)〜(エ)の反応が行われて

いる場所はどこですか。それぞれ反応が行われている場所の名称を
書きなさい。

(ア) 水を合成する反応

(イ) ピルビン酸から生じたアセチル基(CH_3CO^-)とCoAを結合させ
アセチルCoAを生成する反応

(ウ) エタノールが生じる発酵の過程にある反応

(エ) 脱炭酸反応によって，二酸化炭素が生じる反応

5 下線部④について，組織で放出された二酸化炭素は，血しょう中
に溶け込んだ後，赤血球に入ります。その後，どのようにして肺ま
で運搬され，体外に放出されますか。簡潔に書きなさい。

6 下線部⑤について，十分な換気後に授業を1回した後の教室のCO_2
濃度はいくらになりますか。下のア～オの中から最も近いものを選
び，その記号を書きなさい。その際，求め方も書きなさい。ただし，
教室は奥行き7m×間口9m×高さ3m(容積189,000L)の密閉された空
間とし，次に示したデータも用いなさい。

・生徒(教師)一人の呼吸量は1回で500mL

・呼吸回数は1分で15回

・大気中のCO_2濃度は400ppm

・呼気中のCO_2濃度は大気中の濃度の100倍

ア 2,500ppm 　　イ 3,500ppm 　　ウ 4,500ppm

エ 5,500ppm 　　オ 6,500ppm

(☆☆☆◎◎◎)

【地学】

【1】地球の構造について，次の1～4に答えなさい。

1 次の文章は，地球の形について述べたものです。これについて，
あとの(1)・(2)に答えなさい。

> 　私たちは，宇宙ステーションや衛星から送られてくる画像から，地球の形が球に近いことを知っている。驚くべきことに，古代ギリシャ人は，現代のような最先端の技術はなかったが，①自然現象を観察して，地球の形は球であると考えていた。また，古代ギリシャ人のエラトステネスは，紀元前220年ごろ地球が球形であるとして，②地球の大きさを求めた。

(1)　文章中の下線部①について，地球が球形に近いことによって起こる現象にはどのようなものがありますか。具体例を2つ，簡潔に書きなさい。

(2)　文章中の下線部②について，学校の運動場で，GPS受信機を用いて生徒に緯度・経度を確認させ，地球の大きさを計測させることとします。誤差を少なく計測させるにはどのようなことに気を付ける必要がありますか。簡潔に書きなさい。

2　次の文章は，回転楕円体について述べたものです。これについて，あとの(1)・(2)に答えなさい。

> 　リシェーは南米の仏領ギアナを訪れたとき，パリ(北緯約49°)では正確に時を刻む振り子時計が，赤道に近いギアナ(北緯約5°)では1日に2分28秒遅れることに気が付いた。リシェーがパリにもどると，この振り子時計の遅れはもとにもどった。振り子は重力が小さくなるほどゆっくりと振動するので，重力が小さくなると振り子時計は遅れる。
> 　このことから，ニュートンは，①地球が回転していることによって赤道付近では重力が小さくなるのではないかと考えた。しかし，詳しく計算してみると，地球が回転している効果だけでは赤道上の重力が予想したほど小さくならず，振り子時計の遅れを説明できなかった。そこでニュートンは，②地球の形が赤道方向に膨らんでいる偏平な回転楕円体であれば，説明できると考えた。

(1) 下線部①について，「重力は極付近で最大となり，赤道付近では最小となる。また，極と赤道以外では，重力は地球の中心からずれた方向に働くことになる」ということを，図を用いて解説することとします。生徒に分かりやすく解説するための図及び説明をかきなさい。

(2) 下線部②に関して，この回転楕円体を地球楕円体としてとらえた場合，地球楕円体の極半径は何kmになりますか。次の赤道半径，偏平率の数値を用いて求めなさい。その際，求め方も書きなさい。なお，答えは，小数第1位を四捨五入しなさい。

〔 赤道半径：6378km　　偏平率：$\dfrac{1}{300}$ 〕

3 次の図は，地球表面の高さ・深さの分布を表したものです。地球表面の起状分布にはピークが2つあります。それはなぜですか。その理由を，下に示す語を用いて簡潔に書きなさい。

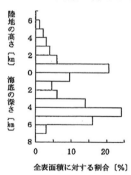

全表面積に対する割合〔％〕

┌─────────────────────────────────┐
│ アイソスタシー　　リソスフェア　　密度 │
└─────────────────────────────────┘

4 「地学基礎」の授業において，次の器具等を使って，地球の層構造について考えさせるために，様々な岩石や金属の密度を測定する実験を行わせることとします。どのような実験の方法が考えられますか。簡潔に書きなさい。

器具等
　電子てんびん，ビーカー，輪ゴムまたは糸，緻密で水がし
　み込まない岩石(花こう岩・斑れい岩・かんらん岩)，金属
　(鉄でできたボルトやナットなど)

（☆☆☆☆◎◎）

【2】太陽の活動及び恒星について，次の1・2に答えなさい。
　1　太陽の活動について，次の(1)〜(3)に答えなさい。
　　(1)　次の図は，地球が大気の上端で受ける太陽放射エネルギーを
　　　　100として，宇宙空間，大気，地表の各領域において，その領域
　　　　が受け取るエネルギーを＋(プラス)，放出するエネルギーを−(マ
　　　　イナス)で示した模式図です。図中の(　ア　)〜(　ウ　)に入る適
　　　　切な数値を書きなさい。

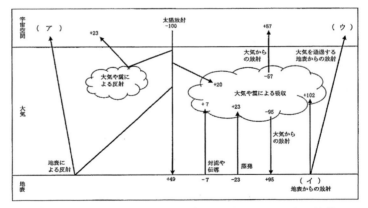

　　(2)　地表に届いた太陽光も一部は反射されますが，地表の状態によ
　　　　って反射される割合は大きく異なります。次のA〜Dの地表の状
　　　　態のうち，太陽光の反射される割合が最も大きいものはどれです
　　　　か。その記号を書きなさい。ただし，太陽の高度角は25°以上と
　　　　します。
　　　　A　草地　　B　海　　C　新雪　　D　砂漠

(3) 太陽放射エネルギーについて，次の①・②に答えなさい。ただし，地球と太陽はいずれも球体であることとし，円周率を3.14，太陽定数を$1.37 \times 10^3 W/m^2$，地球と太陽の間の距離を$1.5 \times 10^{11} m$とします。

① 地球全体で毎秒受け取る太陽放射エネルギーを地球の全表面で平均すると，何W/m^2になりますか。有効数字2桁で求めなさい。

② 太陽から毎秒放射される全エネルギーは，何Wになりますか。有効数字2桁で求めなさい。

2 2つの恒星(星X，星Y)が共通の重心の周りを円軌道で回っている連星があります。次の資料を基に，下の(1)～(3)に答えなさい。

資料

・星Xが主星，星Yが伴星である。

・この星Xと星Yは，地球からの視線方向と連星の公転面が平行であるため，食連星として見える。

・星Xと星Yはいずれも変光星ではない。

・星Xと星Yの絶対等級及び見かけの等級は，表1のようになっている。

表1

	星X	星Y
絶対等級	-1.2	2.0
見かけの等級	2.2	5.0

---

(1) 表2は，おおいぬ座のシリウスの絶対等級と見かけの等級をまとめたものです。この連星とシリウスについて，表1と表2を比較すると，地球からの距離はシリウスの方が近いことが判断できます。それはなぜですか。その理由を，あとに示す語をすべて用いて簡潔に書きなさい。

表2

	シリウス
絶対等級	1.5
見かけの等級	-1.4

絶対等級	見かけの等級	パーセク

(2) 次の図は，この連星の運動の様子を模式的に示したものです。この連星の運動について，時間と地球から見た連星の光度との関係をグラフに表したものとして最も適切なものを，下のア～エの中から選び，その記号を書きなさい。ただし，グラフ中のA，Bは，それぞれ図中のA，Bの位置に星Yが位置しているときの光度を表しているものとします。

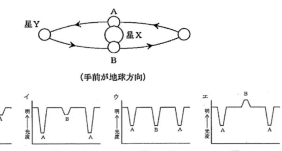

（手前が地球方向）

(3) この連星の公転周期Pを96年，星Xと星Yとの平均距離aが48天文単位，星Xと星Yから共通の重心までの距離の比を1：5とすると，星X，星Yの質量はそれぞれ太陽の質量の何倍になりますか。求めなさい。その際，求め方も書きなさい。ただし，星X，星Yの質量をそれぞれm_X，m_Y，万有引力定数をGとします。

（☆☆☆◎◎◎）

解答・解説

中高理科共通

【1】1 (1) 向き…イ　　現象…③　　(2) 移動距離…18〔cm〕
速さ…1.8〔m/s〕　　(3) 時間と速さとの関係…ウ　　時間と移動距離
との関係…オ　　ドライアイスにはたらく水平方向の力…①
2 (1) 物質A…食塩　　物質B…片栗粉　　物質C…砂糖
(2) (ア)　　(3) CO_2　　3 (1) ア，ウ　　(2) 名称…仮根
水分の吸収…体の表面全体から水分を吸収する。　　(3) D
4 (1)

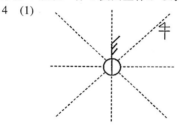

(2) カ　　(3) 記号…C　　理由…等圧線の間隔が最も広くなってい
るため。

〈解説〉1 (1) 電車が運動をしても，つり革は慣性によってその場に静
止し続けようとするので，車内で見るとイの向きに傾く。また，慣性
によって説明できる現象は，③である。紙が動いても，硬貨は静止し
続けようとする。　　(2) 隣り合う打点の間の経過時間は$\frac{1}{60}$s。図2より，
$\frac{1}{60}$sごとに3cm進んでいるので，0.1sでは6倍の18cm進んでいる。また，
物体の速さは，$3 \div \frac{1}{60} = 180$〔cm/s〕$= 1.8$〔m/s〕　　(3) 図3より，ド
ライアイスが単位時間あたりに進む距離は等しいことがわかるので，
このドライアイスの運動は等速直線運動である。等速直線運動は，運
動の向きに力がはたらいていないことを意味するから，適切に説明し
た文は①となる。　　2 (1) 片栗粉は水に溶けない。また，砂糖と片

栗粉は燃える。　(2)　この実験では同じ質量で溶け方を比べる必要があるので(ア)が誤り。　(3)　方法③では，$Ca(OH)_2 + CO_2 \rightarrow CaCO_3 + H_2O$の反応が起こり白濁する。　3　(1)　ルーペの使い方は次の通りである。対象物が手で持てるものの場合，ルーペを目の位置に固定し，対象物を動かしてはっきり観察できるピントに合わせる。対象物が手で持てない場合，対象物にできるだけルーペを近づけ，目の位置を動かすことでピントを合わせる。　(2)　コケ植物は根と維管束をもたず，全身で吸水し，光合成を行う。また，吸水機能をもたない仮根によって基物に着生している。　(3)　花は白色であることから，コケ植物やシダ植物でないことがわかる。それぞれ特徴のヒントが挙げられているが，子房があり，その中に胚珠が入っていることから，被子植物であるとわかり，葉脈は平行であることから，単子葉類であると断定できる。　4　(1)　天気図の記号は，その地点に描く円に示す天気記号で天気を表し，天気記号から出る直線(矢)の向きが風向きを，矢からでる線(矢羽根)の数で風力を表している。快晴・晴・曇の区別は空全体を10としたとき雲が占める割合を表す雲量で決まっており，雲量が0～1のときを快晴，2～8のときを晴，9または10のときを曇としている。今回雲量が8であるから晴である。風力は風力階級表に従って決まるので，風力3となる。風向きはけむりが流れる方向から推測する。けむりが南に流れていることから北から吹く風によって流されていると考えられる。　(2)　高気圧の中心部において，地表付近では下降気流が生じているため雲がなく晴の天気となる。一方低気圧では上昇気流が生じているため，上空で雲が発達し，曇や雨となる。北半球において高気圧は時計回りに風が吹き出し，低気圧は反時計回りに風が吹き込む。南半球ではコリオリの力が北半球とは逆向きにはたらく関係で高気圧が反時計回り，低気圧が時計回りとなる。　(3)　風は，2地点間で気圧差が生じたときに高圧側から低圧側へ等圧線に対して垂直に空気を押す力がはたらくために吹く。等圧線が密になればこの力が大きいため風が強く吹くことが考えられる。3地点を比べるとBが最も等圧線の間隔が密であることから最も風力が大きいとわかる。AとCを

比べるとCの方が等圧線の間隔が広いことから風力が最も小さいと考えられる。

中 学 理 科

【1】1 　・生物体に見られる複雑な物質の相互関係から生じる現象。　・長大な時間の経過に伴う生物の進化。　・日常の経験を超えた時間と空間の中で生じる地質や天体の現象。　から2つ　　2　自然の恵みや災害を取り扱い，人は自然から多大な恩恵を受けている一方で，災害がもたらされる場合もあることや，人間の活動も自然環境に多大な影響を与えること。　　3　・観察，実験のデータ処理の場面において，コンピュータで表計算ソフトなどを活用することによって，生徒の探究の目的に合わせたデータ処理や，グラフを作成したりそこから規則性を見いだしたりすることが容易となる。　　・観察，実験の場面において，ビデオカメラとコンピュータを組み合わせて活用することによって，観察，実験の結果を分析したり，より総合的に考察を深めたりすることができる。

〈解説〉　1　中学校学習指導要領(平成29年告示)解説　理科編(平成29年7月)　第2章　第2節　第2分野　1　の(2)に例として示されている内容を答えればよい。　　2　1と同じ項の(3)に示されている内容を答えればよい。　　3　同解説　第3章　2　(4)　に例として示されている内容をまとめればよい。解答例のほかに，各種のセンサを用いた計測を行い，通常では計測しにくい量や変化を数値化あるいは視覚化して捉えることや，観測しにくい現象などをシミュレーションすることが可能である点を述べてもよい。

【2】1　(1)　1.1〔N〕　　(2)　質量…105〔g〕　　浮力…1.2〔N〕
(3)　実験Ⅱで使った木片と同形で同体積の鉄でできた物体を用いて，実験Ⅰと同様の方法で，浮力の大きさを測定する実験　　2　円柱形の容器に高さを変えて，3つの同じ大きさのあなをあける。その容器

に水を入れて，それぞれの穴から出る水の勢いを比較させる実験を行う。

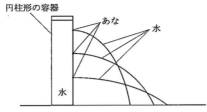

円柱形の容器

あな

水

水

　　下のあなほど勢いよく水が出るという実験結果より，水深が深い場所ほど水圧が大きいことが分かる。水中に物体を沈めた場合，物体の上面と下面にはたらく水圧を比べると，下面のほうが上面よりも水圧が大きいので，面にはたらく力も大きい。そのため，水中の物体には，上下の面にはたらく力の差によって上向きの力である浮力がはたらく。

〈解説〉1　(1)　実験Ⅰにおいて，方法③の結果より，物体全体が水に沈んだときのばねばかりの示した値は3.9Nと読み取れる。一方，物体が水面に接していないとき，ばねばかりの示した値は5.0Nであるから，求める浮力は，5.0－3.9＝1.1〔N〕　(2)　実験Ⅱにおいて，方法②のとき，物体の重さと浮力がつり合っている。一方，浮力の反作用は電子てんびんの数値の増分に現れるから，求める物体の質量は505－400＝105〔g〕となる。物体全体を水に沈めたときは，方法③での数値を踏まえて，520－400＝120〔g〕分の水の重さであるから，1.2〔N〕　(3)　解答参照。　2　解答参照。

【3】1　植物の生育には，月平均気温で5℃以上が必要とされるため。　2　暖かさの指数と暖かさの指数を求める式…(5.5－5)＋(14.7－5)＋(17.3－5)＋(22.0－5)＋(21.0－5)＋(16.8－5)＋(10.2－5)＝72.5　よって，暖かさの指数は，72.5　バイオーム…夏緑樹林　植物種…(イ)，(キ)　3　表面にクチクラ層が発達した，硬くて光沢がある葉をもつ常緑広葉樹

〈解説〉1　植物の生育に最も適した温度は約15〜25℃で，枝葉が伸びて
いく温度はこれよりも範囲が広く，5〜30℃と言われている。温度が
5℃を下回ると，植物は生育を止めて休眠に入るため，冬には生育を
止めてしまう。さらに，0℃以下になると，植物の細胞が凍り，破壊
され，枯れることが主である。一方，30℃を超える温度が長く続いて
も植物は生育を止めて休眠状態になる。さらに，35〜40℃を長時間超
えると植物は枯れてしまう。砂漠で植物が育たない原因は，雨が降ら
ないことによる水分不足と，高温により植物が生育を止めてしまうこ
とが大きい。このように，植物が生育できる温度を生育温度，生育に
最も適した温度を生育適温と呼ぶ。　　2　(ア)〜(ク)の植物種について
のバイオームは次の通りである。(ア)針葉樹林，(イ)夏緑樹林，(ウ)亜
熱帯樹林，(エ)高山草原，(オ)照葉樹林，(カ)針葉樹林，(キ)夏緑樹林，
(ク)雨緑樹林　　3　表1から，暖かさの指数170は照葉樹林であるとわか
る。照葉樹林は，冬でも落葉しない広葉樹で，葉の表面のクチクラ層
(角質の層)が発達した光沢の強い深緑色の葉をもつ樹木に覆われた森
林のことを指すため，その特徴を答える。

【4】1　(ア)，(イ)　　2　化学式…Cu_2O　　名称…酸化銅(Ⅰ)
3　a　アミロース　　b　アミロペクチン　　c　細胞壁　　d　アミラ
ーゼ　　e　セロビオース　　4　(1)　$C_6H_{12}O_6 \rightarrow 2C_2H_5OH + 2CO_6$
(2)　28〔g〕　　5　a　OH　　b　CH_2OH
〈解説〉1　還元性を示す糖は，単糖類と二糖類のマルトースである。
2　フェーリング液は銅(Ⅱ)イオンCu^{2+}の錯イオンを含み，還元されて
Cu^+に変化する。　　3　デンプンには，鎖状のアミロースと枝分かれ構
造のアミロペクチンがある。　　4　(1)　解答参照。　　(2)　デンプンの
加水分解は，$(C_6H_{10}O_5)_n + nH_2O \rightarrow nC_6H_{12}O_6$で表される。よって，生成
するエタノールの質量をx〔g〕とすると，$162n : (2 \times 46n) = 50 : x$が成
り立ち，$x = 28.3 \fallingdotseq 28$〔g〕　　5　水溶液中での鎖状構造は5番目のC−O
の部分が切れて，Cに−OHが結合する。

【５】1　(ア)　＋8　　(イ)　−114　　(ウ)　＋12　　2　C

　　　3　(1)　3.4×10² 〔W/m²〕　　(2)　3.9×10²⁶ 〔W〕

〈解説〉1　地球は太陽放射を絶えず受けているが，地球放射によって太
　陽放射と等量のエネルギーが大気圏外に放出されており，それぞれの
　領域で熱平衡が保たれている。(ア)は太陽放射から出る矢印の中で完
　結すればよいので，矢印の先の総量が＋100になるように計算する。
　大気や雲による吸収(20)，地表による吸収(49)，大気や雲による反射
　(23)を太陽放射(100)から除いた分が，地表による反射(宇宙空間が受け
　取るエネルギー)となる。(イ)は地表からの放射であるが，地表のエネ
　ルギー収支が±0になるように計算する。地表は太陽放射(49)と大気か
　らの放射(95)からエネルギーを受け取っており，ここから対流や伝導
　(7)，蒸発(23)で放出したエネルギーを除いた残りが地表からの放射エ
　ネルギーとなる。(ウ)は地表からの放射エネルギー(114)から大気や雲
　により吸収されたエネルギー量(102)を除いた分が解答となる。
　2　地表がどれだけ太陽光を反射できるかの割合をアルベドという。
　新雪は0.79〜0.95と太陽光を反射する割合が最も大きい。草地は0.15〜
　0.25，海は太陽の高度角が25°で0.10，砂漠は0.25〜0.40である。地球
　全体では雲による反射などを含めて0.30ほどとなる。　3　(1)　太陽定
　数は，大気圏外で太陽に垂直な1m²の面が1秒間に受け取る太陽の放射
　エネルギーである。太陽の放射エネルギーは一方向からくるので，地
　球が受け取る太陽放射エネルギーは地球の断面積分となる。地球の半
　径をrとすると，断面積は$3.14×r^2$となり，この断面積と太陽定数の積
　が地球全体で毎秒受け取る太陽放射エネルギーとなる。これを地球の
　全表面で平均するので，地球の表面積で割ればよい。地球の表面積は
　$4×3.14×r^2$と表せるので，求める値は太陽定数の4分の1となり，
$$\frac{1.37×10^3×3.14×r^2}{4×3.14×r^2}=\frac{1.37×10^3}{4}=3.42×10^2≒3.4×10^2 〔W/m^2〕$$
　(2)　太陽は地球以外の全方向にエネルギーを放射している。つまり，
　太陽から地球の距離と同じくらい離れた場所で，太陽光線に垂直な単
　位面積には，太陽定数と同じエネルギーが届いており，太陽を中心と
　した半径が太陽と地球の距離となる球の全面積が受けているエネルギ

ーが，太陽が放射しているエネルギーである。つまり，太陽放射の総量は，太陽定数と，太陽と地球の距離を半径とした球の表面積の積であるとわかる。このことから，求める太陽放射の総量は，(太陽定数)×(球の表面積)＝$1.37×10^3×4×3.14×(1.5×10^{11})^2＝3.87×10^{26}≒3.9×10^{26}$〔W〕

高 校 理 科

【共通問題】

【1】1　主体的な学び…自然の事物・現象から課題や仮説の設定をしたり，観察，実験などの計画を立案したりする学習となっているか，観察，実験などの結果を分析し解釈して仮説の妥当性を検討したり，全体を振り返って改善策を考えたりしているか，得られた知識及び技能を基に，次の課題を発見したり，新たな視点で自然の事物・現象を把握したりしているかなどの視点。　　対話的な学び…課題の設定や検証計画の立案，観察，実験の結果の処理，考察などの場面では，あらかじめ個人で考え，その後，意見交換したり，科学的な根拠に基づいて議論したりして，自分の考えをより妥当なものにする学習となっているかなどの視点。　　深い学び…「理科の見方・考え方」を働かせながら探究の過程を通して学ぶことにより，理科で育成を目指す資質・能力を獲得するようになっているか，様々な知識がつながって，より科学的な概念を形成することに向かっているか，さらに，新たに獲得した資質・能力に基づいた「理科の見方・考え方」を，次の学習や日常生活などにおける課題の発見や解決の場面で働かせているかなどの視点。　2　・情報の収集・検索の場面において，研究機関が公開している最新のデータや専門的なデータの利用によって探究の対象を広げ，より発展的な取組ができるようになる。　　・計測・制御の場面において，センサとコンピュータを用いた自動計測によって，精度の高い測定や多数のデータの取得を行うことができるようになる。

〈解説〉1　高等学校学習指導要領(平成30年告示)解説　理科編　理数編

（平成30年7月）　第1部　理科編　第3章　1　(1)　に例示されている内容を記述すればよい。　2　同解説　第1部　理科編　第3章　2　(3)に例示されている内容をまとめればよい。解答例のほかに，結果の集計・処理の場面において，データを数値化し，工夫したグラフの作成によって，類似性や規則性を見いだし，法則の理解を容易にすることができるようになる点を述べてもよい。

【物理】

【1】1　① メスシリンダーに，十分な深さまで水を入れて目盛りを読む。　② 小型密閉容器が，水に沈むように金属小球を入れて密閉し，これを容器Aとする。　③ 容器Aに糸をくくり付けたものをばねばかりにつるして重さを測定する。　④ メスシリンダーの水中に容器Aを半分まで沈め，ばねばかりとメスシリンダーの目盛りを読む。　⑤ 容器Aを全部水中に沈めたときのばねばかりとメスシリンダーの目盛りを読む。　⑥ 容器Aをさらに深く水中に沈めたときのばねばかりの目盛りを読む。　⑦ 容器Aをばねばかりからはずす。この容器Aに金属小球を追加して入れて密閉し，これを新たに容器Bとする。　⑧ 容器Bについて，③から⑥を繰り返す。

2　「金属球が受ける力」を　　　　　「水が受ける力」を示した場合
　　示した場合

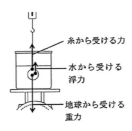

糸から受ける力
水から受ける浮力
地球から受ける重力

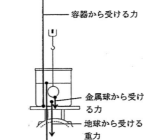

容器から受ける力
金属球から受ける力
地球から受ける重力
空気から受ける力

3　(1)　$6.4×10^7$〔Pa〕

(2)　グラフ…　　　　　　　　　合力の大きさ…4.3〔N〕

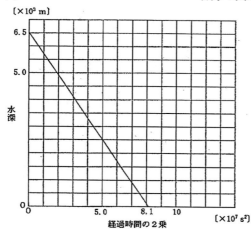

〔×10³ m〕

水深

経過時間の2乗　　　　　〔×10⁷ s²〕

(3)　浮力の大きさ…$2.6×10^5$〔m³〕　　体積…27〔m³〕

〈解説〉1　解答参照。　2　解答参照。　3　(1)　水深$6.5×10^3$mにおける
水平面(面積をS〔m²〕とする)にかかる力を考える。この水平面の上に
ある海水の重さは，$(6.5×10^3)×S×(1.0×10^3)×9.8=6.37×10^7×S$
〔N〕　よって，求める圧力は大気圧を含めて，$(1.010^5)+\dfrac{6.37×10^7×S}{S}$
$=6.38×10^7≒6.4×10^7$〔Pa〕　(2)　加速度をa〔m/s²〕とすると，この
値は条件から一定値なので，離底開始からの上昇距離は，離底開始か
らの経過時間の2乗に比例する。よって，求めるグラフは，経過時間0s
のときが水深$6.5×10^3$mであり，表より，経過時間の2乗が2時間半の2
乗である$(2.5×60×60)^2=(9.0×10^3)^2=8.1×10^7$〔s²〕後に水深0mとなる
一次関数のグラフである。また，合力の大きさについて，$9.0×10^3$sで
$6.5×10^3$m上昇することから，等加速度運動の式，$\dfrac{1}{2}×a×(9.0×$
$10^3)^2=6.5×10^3$を解いて，$a=1.60×10^{-4}$〔m/s²〕　これにしんかい6500
の質量を乗じて，求める合力は，$(2.7×10^4)×(1.60×10^{-4})=4.32≒4.3$
〔N〕　(3)　静止するという条件から，重力と浮力がつり合っているか
ら，浮力の大きさは重力の大きさと等しく，$(2.7×10^4)×9.8=2.646×$

$10^5 ≒ 2.6 \times 10^5$〔N〕また，体積をV〔m³〕とすると，体積V〔m³〕の水の重さが浮力になるから，$V \times (1.0 \times 10^3) \times 9.8 = 2.646 \times 10^5$よって，$V = 27$〔m³〕

【2】1　(1)　イ　　　(2)　A　(イ)　　B　(エ)　　C　(ア)　　D　(ウ)
2　(1)　半導体A…n型半導体　　半導体B…p型半導体　　(2)　半導体Aのキャリアは電子で，電位の高い電極アに移動する。半導体Bのキャリアはホールで，電位の低い電極イに移動する。その結果，接合面でそれぞれのキャリアがなくなるため。　　3　(1)　記号…エ
理由…コンデンサーに交流電流が流れるとき，加えられた交流電圧に対して位相が$\frac{\pi}{2}$〔rad〕だけ進んだ電流が流れるため。
(2)　R〔Ω〕の抵抗，自己インダクタンスL〔H〕のコイルにかかる電圧をそれぞれV_R，V_Lとすると，$V_R = RI_0 \sin \omega t$，$V_L = \omega L I_0 \sin \left(\omega t + \frac{\pi}{2} \right)$ $= \omega L I_0 \cos \omega t$となる。抵抗とコイルにかかる全体の電圧$V$は$V = V_R + V_L = RI_0 \sin \omega t + \omega L I_0 \cos \omega t$となる。ここで，$\tan \alpha = \frac{\omega L}{R}$とおくと，$V = \sqrt{R^2 + (\omega L)^2}\, I_0 \sin(\omega t + \alpha)$　回路のインピーダンスをZとすると，$V = ZI$より，$Z = \sqrt{R^2 + (\omega L)^2}$〔Ω〕

〈解説〉1　(1)　電磁波は横波で，光も電磁波の一種であるから，電磁波の伝わる速さは光の速さと同じである。　　(2)　電子レンジはマイクロ波が使われている。リモコンの信号は赤外線が用いられている。紫外線は殺菌灯に使われている。レントゲン写真はX線を用いている。
2　(1)　半導体Aは電子が余っているので，n型半導体。半導体Bは電子が不足しているので，p型半導体である。　　(2)　ダイオードはp型半導体からn型半導体の方向にしか電流が流れない。このことをダイオードの整流作用という。　　3　(1)　コンデンサーに流れる交流電流I_Cは$I_C = \omega C V_0 \sin \left(\omega t + \frac{\pi}{2} \right)$で表される。　　(2)　三角関数の合成公式より$\tan \alpha = \frac{b}{a}$のとき，$a \sin \theta + b \cos \theta = \sqrt{(a^2 + b^2)} \sin(\theta + \alpha)$である。

【化学】

【1】1 (1) a　イ　　　b　エ　　　(2) 黒鉛は，各炭素原子が隣接する3個の炭素原子と共有結合して，正六角形を基本単位とした平面網目状構造を形成しており，この平面構造どうしは，比較的弱い分子間力で積み重なっている。このような構造により，平面方向に沿って薄くはがれやすいことから，紙に文字等を書くことに適しているため。

2 (1) a　反発　　b　展性　　c　延性

(2) 図…

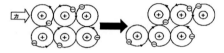

説明…金属では，結晶内の原子が自由電子によってまわりの原子と結合しているので，外部からの力が加わると原子の層が滑るように動くために金属の変形が起きる。　　(3) 温度が高くなると金属原子の熱運動が激しくなり，自由電子の移動を妨げるため。　　3　記号…エ

理由…アンモニウムイオンは，三角錐形であるアンモニア分子の非共有電子対を水素イオンに提供して生じたもので，4つのN−H結合に4組の共有電子対をもっている。アンモニウムイオンが正四面体になるのは，4組の共有電子対が互いに反発し合い，4個の水素原子が正四面体の頂点に位置するとき，互いが最も遠くなり，反発力が最小となってその立体的な形が保たれるため。

〈解説〉1 (1)　同素体とは，同じ原子からなる単体で，構造と性質が異なる物質どうしをいう。　　(2)　黒鉛は4個の価電子のうち3個が共有結合に供され，平面網目状構造をとる。　2 (1)　解答参照。　(2)　金属結晶に自由電子が存在することがポイントとなる。　(3)　温度の上昇とともに粒子の運動エネルギーが大きくなり，熱運動が激しくなる。　3　解答参照。

【2】1 (ア)，(イ)　　2 化学式…Cu_2O　　名称…酸化銅(Ⅰ)

　3 a　アミロース　　b　アミロペクチン　　c　細胞壁　　d　アミラ

ーゼ　　e　セロビオース　　4　(1)　$C_6H_{12}O_6 \rightarrow 2C_2H_5OH + 2CO_2$

(2)　28〔g〕　5　(1)　a　OH　　b　CH₂OH

(2)

6　セルロースの分子は，となり合うグルコース単位が交互に糖の環平面の上下の向きを変えながら結合しているために，分子全体では直鎖上構造をしている。このため，セルロース分子どうしが平行に並びやすく，分子間に多くの水素結合が形成され，強い結び付きをもつ物質になることから。　7　記号…(C)　　理由…いす型立体配座の六員環は，一般に環平面に対して垂直に向いた置換基の数が多いと，立体的な反発が大きくなり不安定になる。(C)は，環平面に対して垂直に向いた位置はすべてHであり反発が小さく安定している。(D)は，環平面に対して垂直に向いた位置に－OHや－CH₂OHがあり，立体的な反発が大きく不安定となる。したがって，β-グルコースの安定な立体配座は(C)となると考えられるため。

〈解説〉1　還元性を示す糖は，単糖類と二糖類のマルトースである。

2　フェーリング液は銅(Ⅱ)イオンCu^{2+}の錯イオンを含み，還元されてCu^+に変化する。　3　デンプンには，鎖状のアミロースと枝分かれ構造のアミロペクチンがある。　4　(1)　解答参照。　(2)　デンプンの加水分解は，$(C_6H_{10}O_5)_n + nH_2O \rightarrow nC_6H_{12}O_6$で表される。よって，生成するエタノールの質量を$x$〔g〕とすると，$162n : (2 \times 46n) = 50 : x$が成り立ち，$x = 28.3 \fallingdotseq 28$〔g〕　5　水溶液中での鎖状構造は5番目のC－Oの部分が切れて，Cに－OHが結合する。また，鎖状構造のフルクトースはケトン基をもつ。　6　ポイントは，セルロースのグリコシド結合では，各グルコースの向きが交互に表・裏・表・裏を繰り返し結合する点であり，水素結合により強く結合することである。

7　資料からいす型立体配座の六員環は置換基が環平面に対して水平

な面を向いた配座の方が安定していることがわかる。

【生物】

【1】1　a　落葉広葉樹　　b　高山　　c　水平　　2　(イ)，(キ)

3　図…

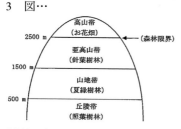

説明…気温は，標高が100m高くなるにつれて，およそ0.5〜0.6℃の割合で低くなります。したがって，陸上のバイオームは，標高によって相観に違いがみられます。標高に沿った明瞭なバイオームの配列をバイオームの垂直分布といいます。通常，夏の平均気温が10℃以上ないと森林は維持できません。この森林形成の上限の標高を森林限界といい，本州中部では標高約2500mとなります。森林限界より高いところは高山帯といい，高木の森林は見られなくなるのです。　4　d　イ
e　ウ　f　オ　　5　熱帯多雨林…高温で有機物の分解速度が速いことから土壌が少なく，また，流水によって土壌が流されやすいため。ツンドラ…低温で微生物による有機物の分解が進みにくいことから，土壌の栄養塩類が少ないため。　6　(1)　植物の生育には，月平均気温で5℃以上が必要とされるため。　　(2)　暖かさの指数と暖かさの指数を求める式…$(5.5-5)+(14.7-5)+(17.3-5)+(22.0-5)+(21.0-5)+(16.8-5)+(10.2-5)=72.5$　よって，暖かさの指数は，72.5
バイオーム…夏緑樹林

〈解説〉1　a　夏緑樹林の優占種であること，へん平な葉をもち秋に落葉する特徴から落葉広葉樹である。　b　森林限界よりも高い標高で見られる植物は，高山草原・高山低木林であることから，高山植物である。　c　主として緯度によるバイオームの移り変わりを水平分布，

高度による変化を垂直分布という。　2　(ア)～(ク)の植物種について
のバイオームは次の通りである。(ア) 針葉樹林，(イ) 夏緑樹林，(ウ)
亜熱帯樹林，(エ) 高山草原，(オ) 照葉樹林，(カ) 針葉樹林，(キ) 夏緑
樹林，(ク) 雨緑樹林　3　図はそれぞれの垂直分布の名称やバイオー
ム，標高があっていることが必須であり，森林限界がどの標高に位置
するのかを明瞭にすること。内容を正しく捉えていれば，表現は異な
っていてもよい。説明部分では，気温減率について触れることで，標
高によって分布を分けることができると示す。また，森林限界が約
2500mになる根拠を明らかにするため，夏の平均気温が10℃以上であ
ることが森林維持の条件であることを示す。　4　熱帯多雨林とは，
一年中気温が高く，降水量も多い(年間2000mm以上)ような熱帯域で成
立する樹林のタイプのことを指す。高さが50メートル以上にもなるよ
うな，背の高い樹が多いことから階層構造が発達していることに加え，
つる植物や樹上着生植物が多いことも特徴である。　5　熱帯多雨林
の土壌の発達は悪く，落葉や腐植の層はほとんどない。これは，気温
が高くて分解速度が速いためと，主としてシロアリが，落葉を素早く
裁断して自分の巣に持ち込んでしまうからである。また地質は，分解
速度の速さと多量の降水のために養分が溶脱してしまい，やせた酸性
の土壌となる。ツンドラについては，地表下数10cmには永久凍土層が
存在し，融解した水分は地下深くに浸透せず，グライ土壌となる。ま
た低温のため蘚苔，地衣類などの有機物の分解が進まないため，栄養
塩類が少ない。　6　(1)　植物の生育に最も適した温度は約15～25℃
で，枝葉が伸びていく温度はこれよりも範囲が広く，5～30℃と言わ
れている。温度が5℃を下回ると，植物は生育を止めて休眠に入るた
め，冬には生育を止めてしまう。さらに，0℃以下になると，植物の
細胞が凍り，破壊され，枯れることが主である。一方，30℃を超える
温度が長く続いても植物は生育を止めて休眠状態になる。さらに，35
～40℃を長時間超えると植物は枯れてしまう。砂漠で植物が育たない
原因は，雨が降らないことによる水分不足と，高温により植物が生育
を止めてしまうことが大きい。このように，植物が生育できる温度を

生育温度，生育に最も適した温度を生育適温と呼ぶ。　(2)　解答参照。

【2】1　a　呼吸基質　　b　96　　c　NADH　　d　$FADH_2$
2　記号…(ア)　　呼吸商…呼吸によって呼吸基質が分解されたときに，放出されたCO_2と吸収されたO_2の体積比$\left(\dfrac{CO_2}{O_2}\right)$　　3　(1)　ア　2
イ　3　　ウ　2　　エ　NAD^+　　オ　2　　カ　NADH　　キ　4
ク　ADP　　ケ　4　　コ　ATP　　サ　ピルビン酸　　(2)　乳酸
4　(ア)　ミトコンドリアの内膜　　(イ)　ミトコンドリアのマトリックス　　(ウ)　細胞質基質　　(エ)　ミトコンドリアのマトリックス
5　二酸化炭素は赤血球に入ると炭酸脱水酵素のはたらきで水と反応し，炭酸水素イオンと水素イオンが生じる。炭酸水素イオンは血しょう中に溶け出て肺まで運搬される。肺では，炭酸水素イオンは二酸化炭素に戻されて体外へ放出される。　　6　記号…イ　　求め方…授業開始時に教室内にあった二酸化炭素量は，189000×0.0004＝75.6〔L〕
呼気の総量は，500〔mL〕×15〔回〕×50〔分〕×40〔人〕＝15000000〔mL〕＝15000〔L〕　呼気に含まれる二酸化炭素量は，15000×0.04＝600〔L〕　この600Lには，授業開始時に教室内にあった二酸化炭素15000×0.0004＝6〔L〕が含まれるので，1回の授業で増加した二酸化炭素の体積は，600－6＝594〔L〕　よって，授業後の二酸化炭素の体積は教室容積の$\dfrac{594＋75.6}{189000}×100≒0.3543$〔％〕　したがって，授業後の教室の二酸化炭素濃度は，およそ3500ppmになる。

〈解説〉1　a　呼吸によって分解される有機物の総称を呼吸基質という。
b　グルコースの質量が1molで180gであることから，120gでは$\dfrac{2}{3}$molであるとわかる。呼吸の反応式より，グルコースが$\dfrac{2}{3}$molであったときの酸素の必要量は，$\dfrac{2}{3}×6×24＝96$〔L〕　c　解糖系は細胞質中で10種類の酵素のはたらきによって進む代謝反応である。グルコース1分子は，脱水素反応などによって2分子のピルビン酸に分解され，この過程で，ATPが2分子生成される。この反応式は，$C_6H_{12}O_6＋2NAD^+$
$→2C_3H_4O_3＋2(NADH＋H^+)＋2ATP$である。クエン酸回路はミトコンド

リアのマトリックスで行われる代謝である。ピルビン酸が，脱炭酸反応と脱水反応によって完全に$NADH$と$FADH_2$に変えられる。この反応式は，$2C_3H_4O_3 + 6H_2O + 8NAD^+ + 2FAD \rightarrow 6CO_2 + 8(NADH + H^+) + 2FADH_2 + 2ATP$である。電子伝達系では，このように生じた$NADH$や$FADH_2$から電子を受け取り，最終的に$ATP$合成に用いている。

2　呼吸商(RQ)の値は，呼吸基質の種類で異なる。解答の通り，RQは$\dfrac{(放出される二酸化炭素量)}{(吸収される酸素量)}$で導かれる。炭水化物の場合，$C_6H_{12}O_6 + 6O_2 \rightarrow 6CO_2 + 6H_2O$より，$RQ = \dfrac{6}{6} = 1.0$となる。脂肪では，$2C_{51}H_{98}O_6 + 145O_2 \rightarrow 102CO_2 + 98H_2O$より，$RQ = \dfrac{102}{145} = 0.703$となる。タンパク質では，$2C_6H_{13}O_2N + 15O_2 \rightarrow 12CO_2 + 10H_2O + 2NH_3$より，$RQ = \dfrac{12}{15} = 0.8$となる。　3　(1)　解糖系では，グリセルアルデヒド3リン酸(GAP)が2つ生成されて，最終的に2つのピルビン酸が生成される，$C_6H_{12}O_6 + 2NAD^+ \rightarrow 2C_3H_4O_3 + 2(NADH + H^+) + 2ATP$の反応が進んでいく。この反応式から，ア〜カ，サは解答できる。キ〜コは，既にATPが2分子使われており，ADPが2分子生成されていることを考慮すると，反応式の通りにするにはATPを4分子生成することとADPを4分子使う必要がある。　(2)　酸素が少ない場合，呼吸ではなく発酵によってエネルギーを生み出す。反応式は，$C_6H_{12}O_6$(グルコース)$\rightarrow 2C_3H_6O_3$(乳酸)$+$(エネルギー)である。　4　(ア)は電子伝達系で行われる反応であることから，ミトコンドリアの内膜。(イ)はクエン酸回路で行われる反応であることから，ミトコンドリアのマトリックス。(ウ)は解糖系で行われる反応であることから，細胞質基質。(エ)はクエン酸回路内で起きる反応であることから，ミトコンドリアのマトリックス。　5　呼吸基質の分解によって細胞内に生じた二酸化炭素は，血しょう中に溶け込み，その大部分が赤血球に入って炭酸(H_2CO_3)になる。H_2CO_3は，炭酸水素イオン(HCO_3^-)と水素イオン(H^+)に解離したのち，HCO_3^-は血しょうに出て炭酸水素ナトリウム($NaHCO_3$)となり，H^+はヘモグロビンと結合して運ばれる。肺胞では，逆の反応が起こり，二酸化炭素は気

体となって体外へ放出される。　6　ppmとは百万分率を意味する割合の単位である。1〔ppm〕＝10^{-6}＝0.000001であることから，大気中の二酸化炭素濃度400ppmは0.000400であることがわかる。同様に人の呼気に含まれる二酸化炭素濃度は大気中の100倍であるため，400〔ppm〕×100＝0.04であるとわかる。単位変換に気をつけながら，解答通りに進めていけば答えを導くことができる。％からppmへの変換は，1〔％〕＝10000〔ppm〕であると知っていることが望ましい。

【地学】

【1】1　(1)　・月食のときに月に地球の円状の影が映る。　・北極星の高度(北極星と水平線のなす角度)は，観察する場所が北から南に行くほど低くなり，南半球では地平線の下に隠れてしまう。　(2)　同一経線上の2点間の距離を計測させる。その際，2点間の距離をできるだけ大きくし，巻き尺等を使用して正確に計測させる。

2　(1)　図…

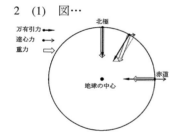

説明…重力は，万有引力と遠心力の合力である。極では，遠心力が0であり，重力は万有引力と等しくなり，重力は最大になる。赤道では，遠心力が最大になり，万有引力とは逆向きであるため，重力が最小になる。極と赤道以外での重力は，万有引力と遠心力が同一線上にないため，万有引力と遠心力の合力は，その向きが地球の中心に対してずれることになる。　(2)　極半径をxとおくと，偏平率＝$\dfrac{赤道半径－極半径}{赤道半径}$より，$\dfrac{1}{300}=\dfrac{6378-x}{6378}$　$6378-x=\dfrac{6378}{300}$　$x=6378-21.26=6356.74$　よって，6357km　3　海洋は地殻が薄く，陸地は地殻が厚い。地殻は密度が低いため，陸地のリソスフェアの密度は海

洋よりも小さい。アイソスタシーが成立しているので，リソスフェアの密度が大きい海洋は相対的に沈み，リソスフェアの密度が小さい大陸は相対的に盛り上がり，結果として2つのピークができることとなるため。　　4　①岩石または金属を試料とし，電子てんびんで試料の質量を測定する。(この質量をmとする。)　②試料が十分につかる程度の水を入れたビーカーを電子てんびんの上にのせて質量を測定する。(この質量をMとする。)　③輪ゴムまたは糸で結んでつるした試料全体を②のビーカー内の水中に沈めて質量を測定する。(この質量をM'とする。)　④増えた質量($M'-M$)を求める。アルキメデスの原理より，($M'-M$)は試料が押しのけた水の質量に等しくなる。また水の密度は$1.0\,\mathrm{g/cm^3}$であるため，($M'-M$)は水に沈めた試料の体積と等しい。　⑤$\dfrac{m}{M'-M}$より，試料の密度を計算する。　⑥試料を別の岩石や金属に変えて，①から⑤を繰り返す。

〈解説〉1　(1)　地球がどのような形であるかは昔から議論されてきた問題である。月食は太陽－地球－月と一直線に並ぶ現象で，地球の影が月に映るため，この影の形から地球の形が分かる。また，北極星は地球の自転軸を北極側に延長した天球面上の天の北極近くにある星で，1年を通して同じ位置にある。北極星が見える高度は，南に行くにつれて高度が低くなり，このことから，地球が球形であるとみなせる。その他の現象としては，地面にある遠くの物体は地上から見えなくても陸地の高い崖の上からは見えるなどがある。　(2)　経線は北極と南極を結んだ線であり，地球上のどの経線でも長さは同じである。一方で緯線を用いた場合，緯度によって長さが異なるため，地球の大きさを計測するには適切ではない。2点間の距離が短い場合は緯度の測定の誤差が生じる可能性が高く，距離計測の誤差も大きい場合は，地球の大きさの計測誤差につながりやすいので留意する必要がある。

2　(1)　重力は物体どうしに働く万有引力と，地球の自転によって働く遠心力の合力である。それぞれの地点で遠心力と万有引力がどのように働くかを矢印で示し，各地点においての合力を作図することで重力がどのように働くかを示すことができる。　(2)　解答参照。

3 リソスフェアとは地殻と上部マントルを合わせたかたい部分のことであり，プレートと一致する。上部マントルは陸地でも海洋でも厚さは変わらないが，地殻は上部地殻と下部地殻の2つに分けられ，下部地殻の方が密度は大きい。海洋は主に下部地殻であり，陸地では下部地殻の上に上部地殻がのっている。このため，海洋のリソスフェアの密度は陸地よりも大きくなる。アイソスタシーとは，地殻を構成する岩石はマントルを構成する岩石よりも密度が小さく，マントルに地殻が浮いた状態でつり合っていることをいう。アイソスタシーが成り立っているので，上部地殻と下部地殻の密度の差が2つのピークとして分かれて出てくる。陸地側は上部地殻のピーク，海底側は下部地殻のピークである。 4 密度の測定には，質量と体積の測定が必要である。アルキメデスの原理は，液体などの流体中にある物体は，その物体が押しのけている流体の重さと同じ大きさで上向きの浮力を受けるというものであり，この浮力は物体が沈むことで押しのけている流体の質量と同じ大きさで，向きが上向きというものである。

【2】1 (1) ア ＋8 イ －114 ウ ＋12 (2) C
(3) ① 3.4×10^2 〔W/m²〕 ② 3.9×10^{26} 〔W〕 2 (1) 絶対等級はすべての星を地球から同じ距離10パーセク(32.6光年)に置き直したときの明るさであるが，この連星は，星Xと星Yがともに見かけの等級より絶対等級の方が明るいことから，10パーセクより遠く，シリウスはその逆で10パーセクよりも近いと判断できるため。

(2) ア (3) ケプラーの第3法則より，$\dfrac{a^3}{p^2} = \dfrac{G(m_X + m_Y)}{4\pi^2}$ これに $P = 96$ 〔年〕，$a = 48$ 〔天文単位〕を代入して，$\dfrac{48^3}{96^2} = 12 = \dfrac{G(m_X + m_Y)}{4\pi^2}$ …① 次に，太陽の質量を M，地球の質量を m とすると，$\dfrac{a^3}{p^2} = \dfrac{G(M + m)}{4\pi^2}$ ここで，m は M に比べてたいへん小さいので，$M + m \fallingdotseq M$ としてよい。よって，$\dfrac{a^3}{p^2} = \dfrac{GM}{4\pi^2}$ 太陽と地球の場合，$P = 1$ 〔年〕，

$a = 1$〔天文単位〕なので，$\dfrac{1^3}{1^2} = 1 = \dfrac{GM}{4\pi^2}$　∴　$\dfrac{G}{4\pi^2} = \dfrac{1}{M}$　…②

①式と②式より，$m_X + m_Y = 12M$　共通の重心までの距離の比から $m_X = 5m_Y$ なので，$m_X = 10M$，$m_Y = 2M$　よって，星Xは10倍，星Yは2倍。

〈解説〉1　(1)　地球は太陽放射を絶えず受けているが，地球放射によって太陽放射と等量のエネルギーが大気圏外に放出されており，それぞれの領域で熱平衡が保たれている。アは太陽放射から出る矢印の中で完結すればよいので，矢印の先の総量が＋100になるように計算する。大気や雲による吸収(20)，地表による吸収(49)，大気や雲による反射(23)を太陽放射(100)から除いた分が，地表による反射(宇宙空間が受け取るエネルギー)となる。イは地表からの放射であるが，地表のエネルギー収支が±0になるように計算する。地表は太陽放射(49)と大気からの放射(95)からエネルギーを受け取っており，ここから対流や伝導(7)，蒸発(23)で放出したエネルギーを除いた残りが地表からの放射エネルギーとなる。ウは地表からの放射エネルギー(114)から大気や雲により吸収されたエネルギー量(102)を除いた分が解答となる。

(2)　地表がどれだけ太陽光を反射できるかの割合をアルベドという。新雪は0.79〜0.95と太陽光を反射する割合が最も大きい。草地は0.15〜0.25，海は太陽の高度角が25°で0.10，砂漠は0.25〜0.40である。地球全体では雲による反射などを含めて0.30ほどとなる。　(3)　①　太陽定数は，大気圏外で太陽に垂直な1m²の面が1秒間に受け取る太陽の放射エネルギーである。太陽の放射エネルギーは一方向からくるので，地球が受け取る太陽放射エネルギーは地球の断面積分となる。地球の半径をrとすると，断面積は$3.14 \times r^2$となり，この断面積と太陽定数の積が地球全体で毎秒受け取る太陽放射エネルギーとなる。これを地球の全表面で平均するので，地球の表面積で割ればよい。地球の表面積は$4 \times 3.14 \times r^2$と表せるので，求める値は太陽定数の4分の1となり，$\dfrac{1.37 \times 10^3 \times 3.14 \times r^2}{4 \times 3.14 \times r^2} = \dfrac{1.37 \times 10^3}{4} = 3.425 \times 10^2 \fallingdotseq 3.4 \times 10^2$〔W/m²〕

(2)　太陽は地球以外の全方向にエネルギーを放射している。つまり，

太陽から地球の距離と同じくらい離れた場所で，太陽光線に垂直な単位面積には，太陽定数と同じエネルギーが届いており，太陽を中心とした半径が太陽と地球の距離となる球の全面積が受けているエネルギーが，太陽が放射しているエネルギーである。つまり，太陽放射の総量は，太陽定数と，太陽と地球の距離を半径とした球の表面積の積であると分かる。このことから，求める太陽放射の総量は，(太陽定数)×(球の表面積)＝$1.37 \times 10^3 \times 4 \times 3.14 \times (1.5 \times 10^{11})^2 \fallingdotseq 3.9 \times 10^{26}$〔W〕
2 (1) 星の明るさは等級という尺度で表され，数値が小さいほど明るい星である。明るさにつながる光強度は距離の2乗に反比例し，遠い星ほど暗くなるため等級は大きくなる。 (2) 食連星において，一方の星がもう片方の星と地球から見て一直線上に並んだ場合の光度は，片方の星の明るさしか届かないため低くなる。Aの場合，主星が伴星をかくすが，主星の方が大きいため光度の変化量は小さい。一方でBのように伴星が主星をかくす場合，明るい星である主星をかくしているため，光度の変化量は大きい。このことからBのときに光度が大きく下がり，AのときにはBのときほど低くならないアが正解となる。
(3) 星Xと星Yについてケプラーの第三法則と万有引力の法則から，$\dfrac{a^3}{p^2} = \dfrac{G(m_X + m_Y)}{4\pi^2}$の式を導出することができる。この式について，太陽と地球の関係を用いて，それぞれの連星の質量について太陽の質量の何倍かを求めていく。共通重心で公転する2つの星の質量をm_1とm_2とし，共通重心までの距離をa_1，a_2とすると，$m_1 \times a_1 = m_2 \times a_2$と表せる。

2020年度　実施問題

中高理科共通

【１】次の1〜4に答えなさい。

1　光について，様々な実験を行いました。次の(1)〜(3)に答えなさい。

(1)　2枚の鏡を90°に開いて立て，鏡の前に鉛筆Aと鉛筆Bを立てました。図1は，それを真上から見た様子を示しています。図2のCの位置から矢印の向きに鏡を見たとき，鏡に映った鉛筆の像が6本見えました。鉛筆Aの像を図2のア〜カの中からすべて選び，その記号を書きなさい。

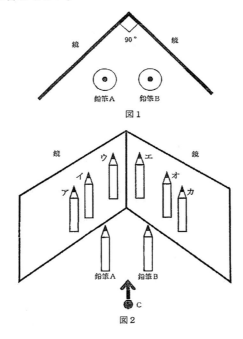

図1

図2

(2) 図3のような半円形レンズを用いて，そのそばにチョークを立て，半円形レンズを通してチョークを観察しました。図4は半円形レンズとチョークの位置関係を真上から見た様子を示しています。図3の面ABCDを，図4の矢印の向きに見たとき，チョークの見え方として最も適しているものを，下のア〜エの中から選び，その記号を書きなさい。

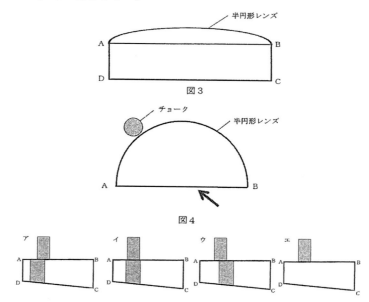

図3

図4

(3) 図5は，ある位置に置いたろうそくの炎のはっきりとした像がスクリーン上に映っているときの，ろうそく，凸レンズ，スクリーンの位置関係を模式的に示したものです。このとき，図5に━━▶で示した光はどのように進みますか。矢印の先からスクリーンに達するまでの道すじを実線でかきなさい。ただし，作図に用いた補助線は消さないこと。

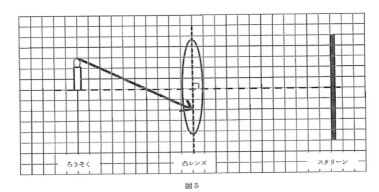

図５

2　水とエタノールの混合物を枝付きフラスコに入れて加熱し，気体の温度を1分ごとに測りながら，試験管に取り出した液体を調べる実験を行いました。次の(1)～(3)に答えなさい。

(1)　次の図は，実験装置の一部を示したものです。この図に必要なものをかき入れ，実験装置を完成させなさい。ただし，温度計，ビーカー，試験管，ガラス管，ゴム管は必ず使用するものとします。図にかき入れたものについては，次の図と同様に，その名称も記入しなさい。

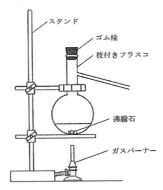

(2)　次の図は，水とエタノールの混合物を加熱したときの温度変化を表したグラフです。試験管に取り出した液体の量，液体のにおい，液体に火が付くかどうかを調べた結果として，適切なものは

どれですか。下のア〜オの中からすべて選び，その記号を書きなさい。

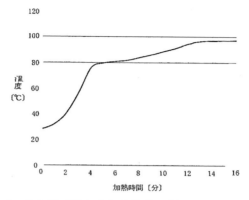

縦軸：温度〔℃〕 横軸：加熱時間〔分〕

ア　3分から4分の間で取り出した液体の量は，6分から7分の間で取り出した液体の量より多い。

イ　13分から14分の間で取り出した液体の量は，15分から16分の間で取り出した液体の量とあまり変わらない。

ウ　5分から6分の間で取り出した液体を，ろ紙にひたして火を近づけると，すぐに燃える。

エ　14分から15分の間で取り出した液体を，ろ紙にひたして火を近づけても火がつかない。

オ　11分から12分の間で取り出した液体は，4分から5分の間で取り出せる液体よりにおいが強い。

(3)　この実験では，体積25.0cm³の水にエタノールを混ぜて40.0gの混合物をつくりました。このとき，混ぜたエタノールの体積は何cm³になりますか。求めなさい。ただし，水の密度を1.00g/cm³，エタノールの密度を0.79g/cm³とします。

3　次の(1)〜(3)に答えなさい。

(1)　次の文章は，草食動物と肉食動物の目のつき方と視野の違いが，それぞれの動物の生活にどのように役立っているかを述べたものです。文章中の（　a　）〜（　e　）にあてはまる適切な言葉を，それ

それ書きなさい。

> 　草食動物と肉食動物は，目のつき方と視野に違いがある。例えば，草食動物では，2つの目が頭の側方に横向きについているので，視野が（　a　）。そのため，（　b　）ことに役立っている。一方，肉食動物では，2つの目が頭の前方に前向きについているので，視野が（　c　）が，立体的に見える範囲が（　d　）ため，（　e　）ことに役立っている。

(2)　次の図は，ライオンが獲物を見るときの刺激の伝わり方を示しています。図中のAは，目に入った光の刺激を受けとる細胞があるところです。Aにあてはまる語を書きなさい。

(3)　ヒトが食べた肉にふくまれているタンパク質を，最初に分解する消化酵素がふくまれている消化液は何ですか。消化液の名称とともに，その消化酵素の名称を書きなさい。

4　図1は，日本が春分，夏至，秋分，冬至のときの太陽と地球の位置を示したものです。太陽の見かけの動きについて，下の(1)～(4)に答えなさい。

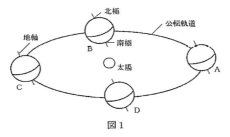

図1

(1)　図2は，地球が図1のAの位置にあるときの地球を模式的にかいたもので，Eは北緯36°東経134°の場所を示しています。Eの場所において太陽が南中したとき，Eの場所における太陽の南中高度を示しているのはどれですか。図2のア～オの中から選び，その

記号を書きなさい。また，そのときの南中高度を求めなさい。ただし，地球の地軸は公転面に垂直な方向に対して23.4°傾いているものとします。

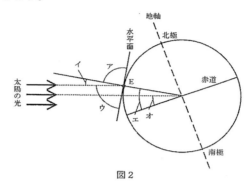

図2

(2) 図3は，太陽の見かけの動きを調べるため，透明半球と同じ大きさの円とその円の中心で直角に交わる2本の線を引き，方位を書いた画用紙の上に透明半球を円に合わせて固定し，画用紙に書いた方位と実際の方位を合わせて水平な場所に置き，1時間ごとにサインペンで太陽の位置を透明半球に記録している様子を示しています。このとき，サインペンでつける印の位置をどのようにして決めればよいですか。その方法を簡潔に書きなさい。

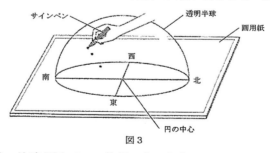

図3

(3) 図4は，地球が図1のAの位置にあるときに，図2のEの場所における太陽の見かけの動きを観測した結果を示しています。地球が図1のCの位置にあるときに，Eの場所で透明半球に太陽の見かけ

の動きを記録すると，観測結果はどうなりますか。その観測結果をかきなさい。

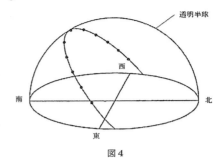

図4

(4)　地球が図1のAの位置にあるときに，南緯36°東経134°の場所で観測した太陽の見かけの動きは，図2のEの場所で観測した太陽の見かけの動きとは異なっていました。図2のEの場所に比べ，太陽の見かけの動きにはどのような動きの違いがありますか。2つ書きなさい。

(☆☆☆◎◎◎)

中学理科・高校生物　共通

【1】生物の進化について，次の1・2に答えなさい。

1　次の資料は，遺伝子頻度について示したものです。これについて，あとの(1)～(3)に答えなさい。

> 遺伝子頻度とは，生物の集団がもつ遺伝子の頻度のことである。生物の集団における遺伝子頻度と遺伝子型頻度の関係には規則性があり，この規則性から次世代の遺伝子頻度や遺伝子型頻度について考えることができる。
> ①ある生物の集団における，ある対立遺伝子Aとaについて，Aの遺伝子頻度がp，aの遺伝子頻度がqであるとする(p＋q＝1)。

この集団内で自由に交配が行われているとき，子世代の遺伝子型頻度は次の表のようにして求めることができる。

親世代の卵 / 親世代の精子	p A	q a
p A	p^2 AA	pq Aa
q a	pq Aa	q^2 aa

表によると，②子世代のAとaの遺伝子頻度は親世代の遺伝子頻度と等しくなることが分かる。このような集団では，遺伝子頻度は世代をこえて変わらない。これをハーディ・ワインベルグの法則という。ハーディ・ワインベルグの法則が成立するためには，③「自由な交配で有性生殖をする」，「注目する形質の間で自然選択がはたらいていない」，「 X が起こらない」，「集団の大きさが十分に大きく，遺伝的浮動の影響を無視できる」，「ほかの集団との間での個体の移入や移出，つまりほかの集団との間の遺伝子の流入・流出がない」という条件を満たしている必要がある。

(1)　下線部①について，この交配の結果生じた子世代のうち，優性形質の割合が84%でした。この集団におけるAの遺伝子頻度pの値はいくらですか。求めなさい。ただし，pの値は小数で答えなさい。

(2)　下線部②について，子世代のAの遺伝子頻度がpとなることを，pとqを用いた式を用いて説明しなさい。

(3)　下線部③について，空欄 X にあてはまる適切な語を書きなさい。また，下線部③の5つの条件をすべて満たしている生物の集団は実在しません。このことから，生物の進化について何がいえますか。簡潔に書きなさい。

2　次の資料は，タンパク質のアミノ酸配列について示したものです。

これについて，下の(1)・(2)に答えなさい。

> 　タンパク質のアミノ酸配列の変化の速度は①分子時計と呼ばれ，DNAの塩基配列の変化の速度も同様に考えることができる。同じ系統の2種間で，同一のタンパク質のアミノ酸配列の変化した数を比べると，その数であるアミノ酸の置換数から②2種が進化の過程で枝分かれした年代を探ることができる。
>
> 　次の表は，4種の脊椎動物について，ヒトのヘモグロビンα鎖のアミノ酸配列から置換しているアミノ酸の数を示している。
>
> | ヒト | イヌ | ニワトリ | コイ |
> |------|------|----------|------|
> | 0 | 24 | 36 | 68 |

(1)　下線部①について，2種が進化の過程で共通祖先から枝分かれした年代を分子時計で推測するためには，ある条件が必要です。どのような条件ですか。簡潔に書きなさい。

(2)　下線部②について，次の図は，文章中の表を基に，ヒトとニワトリが進化の過程で共通祖先から枝分かれしたことを示した分子系統樹です。ヒトとニワトリが進化の過程で枝分かれしたのは3億年前であることが明らかであるとします。このとき，ヒトとコイが枝分かれしたのは何億年前ですか。小数第2位を四捨五入して求めなさい。その際，求め方も書きなさい。また，ヒトとコイが枝分かれした時期が明確に分かるように，図中に実線をかきなさい。ただし，図は，左から右に向けて過去から現在への時間の流れを示しており，目盛の間隔は一定の時間を示しています。

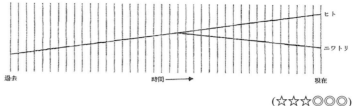

(☆☆☆◎◎◎)

中 学 理 科

【1】平成29年3月告示の中学校学習指導要領 理科 について，次の1・2に答えなさい。

1 次の文章は，理科の目標を示したものです。これについて，下の(1)・(2)に答えなさい。

> 自然の事物・現象に関わり，理科の見方・考え方を働かせ，見通しをもって観察，実験を行うことなどを通して，①自然の事物・現象を科学的に探究するために必要な資質・能力を次のとおり育成することを目指す。
>
> (1) 自然の事物・現象についての理解を深め，科学的に探究するために必要な観察，実験などに関する基本的な技能を身に付けるようにする。
>
> (2) ②観察，実験などを行い，科学的に探究する力を養う。
>
> (3) 自然の事物・現象に進んで関わり，科学的に探究しようとする態度を養う。

(1) 下線部①について，理科の科学的な探究における考察や推論の過程で主に必要とされる資質・能力にはどのようなものがありますか。5つ書きなさい。

(2) 下線部②について，3年間を通じて計画的に科学的に探究する力を育成するために，各学年で主に重点を置く活動は何ですか。

　　それぞれの学年について，簡潔に書きなさい。
　２　指導計画の作成と内容の取り扱い　１　(5)　には，「障害のある生
　　徒などについては，学習活動を行う場合に生じる困難さに応じた指
　　導内容や指導方法の工夫を計画的，組織的に行うこと。」と示され
　　ています。実験の手順や方法を理解することが困難である生徒への
　　配慮として，どのようなことが考えられますか。簡潔に書きなさい。

(☆☆☆◎◎◎)

【２】酸化還元反応に関して，次の１〜５に答えなさい。
　１　酸化銅(Ⅱ)に1種類の単体を混合して加熱し，銅を取り出すことに
　　しました。酸化銅(Ⅱ)に何を混合して加熱すればよいですか。銅を
　　取り出すことのできる非金属の単体を2つ挙げ，それぞれ化学式で
　　書きなさい。
　２　赤色の酸化銅(Ⅰ)と黒色の酸化銅(Ⅱ)の混合物12.0gがあります。こ
　　の混合物をよくかき混ぜながら加熱すると，すべて黒色の酸化銅
　　(Ⅱ)になり，その質量は13.2gになりました。混合物12.0g中に含まれ
　　ていた赤色の酸化銅(Ⅰ)は何gですか。求めなさい。その際，求め方
　　も書きなさい。なお，銅原子と酸素原子の質量比は4：1とします。
　３　中学校において，生徒から，「アルミニウム，亜鉛，鉄などの金属
　　は，塩酸に溶けるのに，銅が溶けないのはなぜですか。」と質問さ
　　れました。そこで，塩化銅(Ⅱ)水溶液にアルミ箔を入れると，アル
　　ミ箔の表面に銅が析出する現象を観察させ，銅が析出する仕組みと
　　関連付けて，銅が塩酸に溶けないことを説明することとしました。
　　どのような説明をしますか。具体的に書きなさい。
　４　オキシドールに含まれる過酸化水素の濃度を調べることにしまし
　　た。コニカルビーカーに入ったオキシドール10.0mLに希硫酸を加え
　　て酸性にしたのち，0.300mol/Lの過マンガン酸カリウムで滴定した
　　ところ，14.0mLを加えたところで反応が終了しました。このこと
　　について，あとの(1)〜(4)に答えなさい。なお，このとき，過酸化水
　　素及び過マンガン酸イオンの反応は，次のイオン反応式で表される

ものとします。

$$H_2O_2 \rightarrow O_2 + 2H^+ + 2e^-$$

$$MnO_4^- + 8H^+ + 5e^- \rightarrow Mn^{2+} + 4H_2O$$

(1) この滴定での酸化還元反応を1つの反応式で表すとどのように
なりますか。イオン反応式で書きなさい。

(2) オキシドールに含まれる過酸化水素の濃度は何mol/Lですか。
求めなさい。

(3) コニカルビーカーの中で酸化還元反応が起こっていることは，
どのように確認できますか。簡潔に書きなさい。

(4) 1.00mol/Lの過酸化水素水の濃度を質量パーセント濃度で表す
と，何％ですか。求めなさい。ただし，水素の原子量は1.00，酸
素の原子量は16.0，過酸化水素水の密度は1.01g/cm³とします。

5 理科の授業で，マグネシウムの質量と化合する酸素の質量の関係
について調べる実験を行いました。次の資料は，この実験における
Aさんのレポートの一部を示したものです。レポート中でAさんが
作成したグラフは適切ではありません。Aさんに適切でない理由を
理解させ，グラフを修正するように指導することとします。どのよ
うな指導を行いますか。具体的に書きなさい。

【目的】マグネシウムを加熱する前後の質量の変化を調べ，マ
グネシウムの質量と化合する酸素の質量の関係について調べ
る。

【方法】① ステンレス皿の質量を測る。

② ステンレス皿とマグネシウム粉末全体の質量を
測り，マグネシウム粉末の質量を求める。

③ マグネシウム粉末をステンレス皿全体に薄く広
げて十分に加熱する。

④ よく冷やして，再び質量を測る。

⑤ ①～④をマグネシウム粉末の質量を変えて繰り
返す。

【結果】

マグネシウムの質量〔g〕	0.40	0.60	0.80	1.00	1.20
酸化マグネシウムの質量〔g〕	0.65	1.04	1.32	1.64	2.03
化合した酸素の質量〔g〕	0.25	0.44	0.52	0.64	0.83

(☆☆☆◎◎◎◎)

高 校 理 科

【共通問題】

【１】平成30年3月告示の高等学校学習指導要領　理科について，次の1・2に答えなさい。

1　次の文章は，理科の目標を示したものです。文章中の下線部について，理科の科学的な探究における考察や推論の過程で主に必要とされる資質・能力にはどのようなものがありますか。5つ書きなさい。

> 自然の事物・現象に関わり，理科の見方・考え方を働かせ，見通しをもって観察，実験を行うことなどを通して，自然の事物・現象を科学的に探究するために必要な資質・能力を次のとおり育成することを目指す。

> (1)　自然の事物・現象についての理解を深め，科学的に探究するために必要な観察，実験などに関する技能を身に付けるようにする。
>
> (2)　観察，実験などを行い，科学的に探究する力を養う。
>
> (3)　自然の事物・現象に主体的に関わり，科学的に探究しようとする態度を養う。

2　各科目にわたる指導計画の作成と内容の取り扱い　1　(4)　には，「障害のある生徒などについては，学習活動を行う場合に生じる困難さに応じた指導内容や指導方法の工夫を計画的，組織的に行うこと。」と示されています。実験の手順や方法を理解することが困難である生徒への配慮として，どのようなことが考えられますか。簡潔に書きなさい。

(☆☆☆◎◎◎)

【物理】

【1】「物理基礎」の授業で，生徒に自由落下する物体の加速度の大きさを調べる実験の計画を立てさせ，実験を行わせました。次の資料は，この実験におけるA班のレポートの一部を示したものです。これについて，あとの1〜5に答えなさい。

【仮説の設定】

　落下するおもりは，重力だけがはたらいているため，等加速度直線運動をすることになる。文献によると重力加速度の大きさは，ほぼ$9.8 \mathrm{m/s^2}$であることが確認されている。おもりを落下させて，速さvと時間tとの関係を表す$v-t$グラフを作成したときの直線の傾きは加速度を表すことから，この傾きを求めることにより重力加速度の大きさを求めることができると考えられる。

【方法】

① 記録タイマーを鉄製スタンドに固定し，次の図のように，水平な机の上に置く。

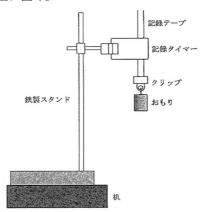

記録テープ
記録タイマー
クリップ
おもり
鉄製スタンド
机

② 長さ約1mの記録テープの下端にクリップでおもりを取り付け，上端を記録タイマーに通し，記録テープを手で持って静止させる。

③ 記録タイマーのスイッチを入れた後，記録テープを放しておもりを落下させる。床の落下地点には，あらかじめスポンジマットを置いておく。

④ 記録テープの打点を観察し，基準となる点を決めて線を引く。

⑤ 基準点から2打点ごとに番号を付け，基準点から各番号の打点までの距離を測定する。

⑥ 2打点ごとに，間隔，平均の速さ，中央時刻を求める。

1　落下させるおもりが，加速度の大きさ9.80m/s²で等加速度直線運動をしたとき，手を放してからおもりがスポンジマットに落下するまでの時間は，何秒ですか。求めなさい。ただし，落下させるおもりの下端からスポンジマットまでの距離は1.47m，$\sqrt{2}=1.41$，$\sqrt{3}=$

1.73, $\sqrt{10}$ =3.16とします。

2　次の図は，【方法】の③で，記録テープに得られた結果を示したものです。この後，【方法】の④で，この記録テープに基準となる点を決めて線を引きます。どこに線を引きますか。その線として最も適切なものを，次のア～エの中から選び，その記号を書きなさい。

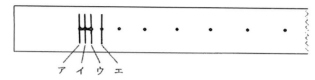

3　次の表は，A班の実験結果をまとめたものの一部です。この表から，落下させたおもりの速さと時間との関係を表すグラフをかきなさい。

No.	時間〔s〕	距離〔cm〕	間隔〔cm〕	平均の速さ〔m/s〕	中央時刻〔s〕
0	0	0.00			
			1.10	0.330	1/60
1	2/60	1.10			
			2.10	0.630	3/60
2	4/60	3.20			
			3.14	0.942	5/60
3	6/60	6.34			
			4.13	1.239	7/60
4	8/60	10.47			
			5.18	1.554	9/60
5	10/60	15.65			
			6.11	1.833	11/60
6	12/60	21.76			
			7.15	2.145	13/60
7	14/60	28.91			
			8.15	2.445	15/60
8	16/60	37.06			
			9.15	2.745	17/60
9	18/60	46.21			

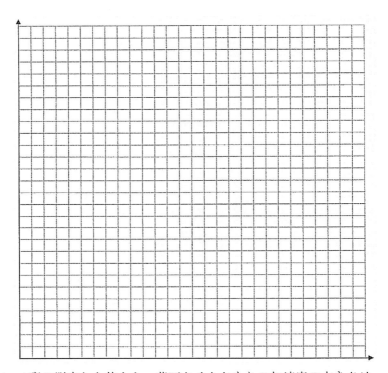

4　A班の測定した値から，落下させたおもりの加速度の大きさは，9.1m/s²という結果が得られました。この結果を生徒に考察させ，その考察を，次の表に示す評価の観点及び評価規準に基づき評価することとします。「十分満足できる」状況と判断できる生徒の考察の例を簡潔に書きなさい。

評価の観点	思考・判断・表現
評価規準	実験の結果から物体が空中を落下する際の運動の特徴及び物体にはたらく力との関係について考察し，導き出した考えを的確に表現している。

5　A班は，落下するおもりをゆっくり落下するように工夫すれば，重力加速度の大きさの測定の精度を上げることができると考えました。次の資料は，実験方法を改善し作成した実験計画書の一部です。これについて，あとの(1)・(2)に答えなさい。

【方法】
① 粘土の質量を測定する。
② 図のように，1本の糸で，おもりX，おもりY及び粘土を糸でつなぎ，粘土の上端からおもりXの下端までの距離hを測る。

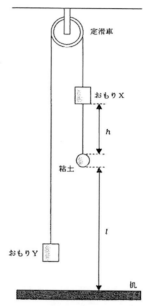

③ おもりXとおもりYをつないだ糸を定滑車にかけ，おもりが動きださないように手で固定しておく。
④ ③の状態で，粘土の下端から机までの距離lを測る。
⑤ 手を放して，粘土が机に衝突してから，おもりXが粘土に衝突するまでの時間tを計測する。
⑥ ③〜⑤の実験を数回繰り返す。
⑦ ⑥で求めた値から，重力加速度の大きさを計算によって求める。

(1)　手を放してから粘土が机に衝突するまでの粘土の運動は，初速度が0の等加速度運動です。このときの加速度の大きさはいくらですか。求めなさい。ただし，滑車は滑らかに回転し，滑車と糸の質量は無視できるものとします。また，おもりXとおもりYの質量は等しいものとします。

(2)　おもりをよりゆっくり落下させることとします。おもりX，おもりY及び粘土の質量の組み合わせとして，最も適切なものを，次のア～エの中から選び，その記号を書きなさい。また，その記号を選んだ理由を簡潔に書きなさい。ただし，滑車は滑らかに回転し，滑車と糸の質量は無視できるものとします。

	おもりX	おもりY	粘　土
ア	100 g	100 g	200 g
イ	100 g	100 g	20 g
ウ	20 g	20 g	100 g
エ	20 g	20 g	20 g

(☆☆☆◎◎◎◎)

【2】原子について，次の1～3に答えなさい。

1　原子核の放射性崩壊について，次の(1)・(2)に答えなさい。

(1)　半減期が5.0日のある原子核について，はじめに存在した原子核の数をN_0とすると，15日後に残っている原子核の数はいくらですか。求めなさい。

(2)　原子番号が92で質量数238のウランが放射性崩壊を繰り返し，原子番号が84で質量数210のポロニウムになるまでに，α崩壊とβ崩壊は，それぞれ何回おこりますか。求めなさい。

2　光電効果について，図1のように，光電管，直流電源，可変抵抗器，電流計，電圧計を接続し，光電管内の陰極に当てる光の強さや振動数，電極間の電圧を変えて，光電流の変化を測定することで，光電

子との関係を調べました。図2は、ある振動数の光を陰極に当てた
ときの、陰極に対する陽極の電圧Vと光電流の大きさIとの関係を示
したものです。下の(1)・(2)に答えなさい。

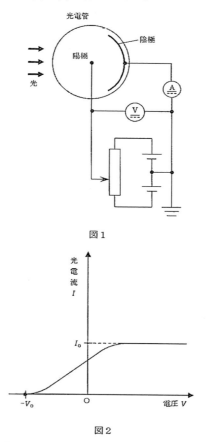

図1

図2

(1)　図2の関係を調べた実験について、次の①・②のように条件を
　　変えたとき、陰極に対する陽極の電圧Vと光電流の大きさIとの関
　　係を示すグラフは、それぞれどのようになりますか。あとのア〜
　　エの中から適切なものをそれぞれ選び、その記号を書きなさい。

また，その理由をそれぞれ簡潔に書きなさい。

① 光を強くする。

② 光の振動数を大きくする。

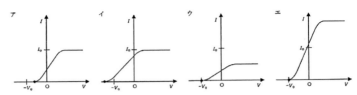

(2) 図3は，陰極に当てた光の振動数νと飛び出してくる光電子の運動エネルギーの最大値K_0との関係を示したものです。図3中のν_0は$K_0=0$となるときの振動数です。この陰極の金属の仕事関数は何Jですか。求めなさい。また，ν_0は何Hzですか。求めなさい。その際，求め方もそれぞれ書きなさい。ただし，1eV＝1.6×10^{-19}J，プランク定数を6.6×10^{-34}J・sとします。

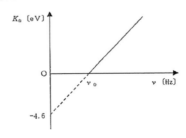

図3

3 ボーアの提唱した原子モデルに基づいて，水素原子の電子の軌道とエネルギー準位について考えます。次の図のように，質量m，電荷$-e$の電子が，電荷$+e$の原子核のまわりを速さv，軌道半径rの等速円運動をしているとき，プランク定数をh，nを正の整数とすると，電子は量子条件

$$mvr=n\frac{h}{2\pi}\quad(n=1,\ 2,\ 3,\ \cdots)$$

を満たす定常状態にあるものとします。このとき，クーロンの法則の比例定数をk_0として，量子数nに対するエネルギー準位E_nを求めな

さい。その際，求め方も書きなさい。ただし，電子と原子核の間に
はたらく静電気力による位置エネルギーの基準を無限遠とし，v，r
を用いずに求めるものとします。

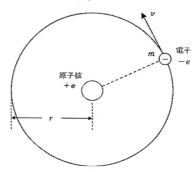

【化学】

【1】「化学基礎」の授業で，炭酸カルシウムと塩酸との反応の実験を行
い，反応に関与した物質の量的関係について探究させました。次の資
料は，このとき生徒が書いたレポートの一部を示したものです。これ
について，あとの1〜5に答えなさい。

〔仮説〕
　塩酸と炭酸カルシウムの反応で生成する二酸化炭素の物質量
は，炭酸カルシウムの物質量に比例して増加していくだろう。

〔操作〕
　①　薬包紙4枚に，炭酸カルシウムを1.00，2.00，3.00，4.00g
　　　ずつはかり取る。
　②　ビーカー4個に，25mLメスシリンダーで2.00mol/L塩酸を
　　　25.0mLずつはかり取る。
　③　②の各ビーカーと，薬包紙にのせた①の炭酸カルシウム
　　　の質量をそれぞれはかり，質量を足し合わせる。
　④　質量をはかった炭酸カルシウムを，それぞれ質量を足し

　　　　合わせたビーカー内の塩酸に加える。そのとき，気体の発
　　　　生に伴ってしぶきが飛び出さないように，薬包紙でふたを
　　　　する。
　　⑤　反応後，ふたに用いた薬包紙を取ってビーカー内に息を
　　　　静かに吹き込み，その薬包紙とともにビーカー全体の質量
　　　　をはかる。

〔結果〕

用いた炭酸カルシウムの質量〔g〕	1.00	2.00	3.00	4.00
炭酸カルシウム＋塩酸＋ビーカーの質量〔g〕	86.73	87.80	88.78	89.80
反応後のビーカー全体の質量〔g〕	86.30	86.92	87.66	88.68

1　塩酸と炭酸カルシウムの反応を表す化学反応式を書きなさい。
2　〔操作〕②において，メスシリンダーで塩酸をはかり取る方法を生
　徒に説明することとします。どのような説明をしますか。書きなさ
　い。
3　〔操作〕⑤において，反応後，薬包紙のふたを取ってビーカー内に
　息を静かに吹き込むのはなぜですか。その理由を簡潔に書きなさい。
4　〔結果〕の表を基に，用いた炭酸カルシウムの物質量と発生した二
　酸化炭素の物質量の関係を表すグラフをかきなさい。ただし，原子
　量は，C＝12，O＝16，Ca＝40とします。

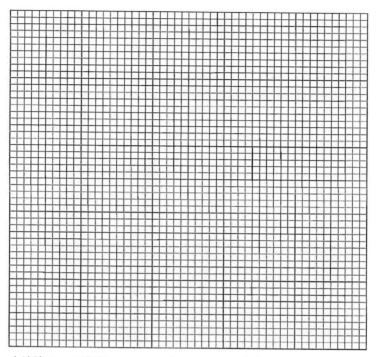

5 水溶液のモル濃度について，次の(1)・(2)に答えなさい。

(1) 10％以下の塩酸は劇物ではありません。塩酸が劇物でないのは，塩酸のモル濃度が何mol/L以下のときですか。求めなさい。ただし，原子量は，H＝1.0，Cl＝35.5，10％塩酸の密度は1.0g/cm³とします。

(2) モル濃度についての理解を深めさせるために，化学反応の量的関係を調べるときの溶液の濃度は，質量パーセント濃度よりもモル濃度で表す方が適しているということに，生徒に実験を行わせることを通して気付かせたいと考えました。どのような指導を行いますか。具体的に書きなさい。

(☆☆☆◎◎◎)

257

【2】アミノ酸とタンパク質について，次の1〜6に答えなさい。

1　次の文章は，α－アミノ酸について述べたものです。文章中の(a)〜(d)にあてはまる適切な語又は数字を，それぞれ書きなさい。

> 　生体のタンパク質を構成する主要なα－アミノ酸は(a)種類ある。このうち，グリシン以外は(b)炭素原子をもつので，(c)異性体が存在する。α－アミノ酸のうち，ヒトの体内で合成されなかったり，合成されにくかったりするものは外部から摂取する必要があり，(d)アミノ酸といわれている。

2　次の文章は，ニンヒドリン反応について述べたものです。文章中の　a 　・　b 　にあてはまる適切な構造式をかきなさい。ただし，文章中のRは，水素原子又は各種置換基を有するアルキル基とする。なお，同じ記号には同じ構造式が入ります。

> 　アミノ酸の検出・定量，タンパク質の遊離アミノ基の検出に，ニンヒドリン反応が用いられる。アミノ酸の水溶液にニンヒドリン水溶液を加えて温めると，次に示す反応が起こり，紫色の色素が生成する。
>

3　pHが6.0のグリシン水溶液を電気泳動したところ，グリシンはどちらの極へも移動しませんでした。それはなぜですか。その理由を，「双性イオン」の語を用いて簡潔に書きなさい。

4　球状タンパク質であるアルブミンは水に溶けやすい性質をもちます。それはなぜですか。その理由を，アルブミンの構造と関連付けて，簡潔に書きなさい。

5　毛髪のパーマは，化学薬品によるタンパク質の変性を利用して行われます。このしくみについて，生徒に説明することとします。どのような説明をしますか。「酸化剤」「還元剤」の語を用いて書きなさい。

6　次の文章は，酵素反応の速さについて述べたものです。基質濃度と反応の速さの関係をグラフで表すと，どのようになりますか。下のア～エの中から最も適切なものを選び，その記号を書きなさい。また，その記号を選んだ理由を，文章中の【式】を用いて，簡潔に書きなさい。

> 　　酵素Eが基質Sに働くとき，まず酵素基質複合体ESを生じる。この変化は可逆変化である。次に，生成物Pが生じ，酵素Eが再生される。この変化はゆっくりと進み，不可逆変化である。これら一連の変化は，まとめて次式のように表される。
>
> 　　E ＋ S ⇄ ES → E ＋ P
>
> 酵素Eの濃度が一定のとき，酵素反応の速さvと基質の濃度[S]との間に，次式の関係が成り立つ。
>
> $$v = \frac{V[\mathrm{S}]}{K + [\mathrm{S}]} \quad \cdots 【式】$$
>
> Kは酵素と基質の種類によって決まる定数を，Vはこの反応の最大の速さを示している。

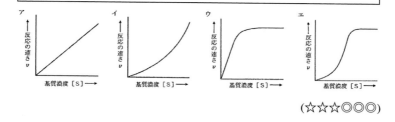

（☆☆☆◎◎◎）

【生物】

【1】次の文章は，高等学校の生物教室において行われた，生徒と先生による会話の一部です。これについて，あとの1～8に答えなさい。

生徒Ａ　「先生，私は光学顕微鏡の操作が，中学生のときから
　　　　苦手なので，教えてもらえませんか。」

先　生　「意欲的ですね。研究テーマは生物関係にしたのかな。
　　　　操作の何が苦手なのですか。」

生徒Ａ　「低倍率でピントを合わせてから，高倍率で観察しよ
　　　　うとすると，時間がかかるうえ，ピントが上手く合わな
　　　　いのです。」

先　生　「低倍率でのピントは合っているのですね。高倍率で
　　　　のピントはどのように合わせているのですか。」

生徒Ａ　「低倍率での操作と同じです。低倍率でピントを合わ
　　　　せた後，試料と[　ａ　]レンズがぶつからないように，試
　　　　料から[　ａ　]レンズが遠ざかるように，いったんステー
　　　　ジを動かします。その後，レボルバーを回して，高倍率
　　　　の[　ａ　]レンズに替えます。そして，試料と[　ａ　]レン
　　　　ズを近付けておいて，[　ｂ　]レンズを覗き，試料から
　　　　[　ａ　]レンズが遠ざかるように，粗動ねじを回してピン
　　　　トを合わせています。」

先　生　「なるほど。その方法では，ピント合わせに時間がか
　　　　かるし，確かに高倍率でピントは合わせにくいでしょう
　　　　ね。」

生徒Ｂ　「えっ？　今の話だけで，わかるのですか。」

先　生　「はい。それでは，やってみましょう。これは，①植
　　　　物のプレパラートです。低倍率でピントを合わせてみて
　　　　ください。」

生徒Ａ　「はい。できました。」

先　生　「では，ちょっと貸してみてください。②高倍率でピ
　　　　ントを合わせてみますね。」

生徒B　「えっ！　それだけでいいのですか。」

先　生　「そうです。顕微鏡はそのように設計されています。あとは，微動ねじや絞りで，画像が精細に見えるようにすれば大丈夫です。」

生徒A　「ありがとうございました。」

先　生　「それでは，せっかく顕微鏡を操作しているので，顕微鏡に内蔵してある接眼ミクロメーターと，トレーの中に準備してある対物ミクロメーターを使って，原形質流動の速度を求めてみましょう。」

生徒B　「はい。計算は任せてください。私がやります。総合倍率40倍のとき，接眼ミクロメーター8目盛りと対物ミクロメーター20目盛りが一致しています。」

先　生　「そうですね。あと，速度を求めるには，何が必要ですか。」

生徒B　「移動距離と時間です。総合倍率400倍で，[　c　]が5秒で接眼ミクロメーター12目盛り分移動したので，[　c　]の移動速度を元に求めた原形質流動の速度は[　d　]cm/hですね。」

生徒B　「顕微鏡で見ている様子より，実際には相当遅いですね。」

生徒A　「Bさん，さすがだね。ところで先生，今気付いたのですけど，前回の授業で，[　c　]は生体膜が二重だと言われていましたが，③細胞小器官には，二重の生体膜を持つものがあるのはなぜですか。」

生徒B　「確かになぜだろう。Aくん，よく気付くね。」

先　生　「そういう気付きが大切です。授業でも取り扱う内容ですが，せっかくなので，自分たちで考えてみてはどうだろう。」

生徒A　「細胞は細胞膜によって，外界から仕切られているよね。細胞膜を二重に持っているようなものか。そもそも，

細胞膜はどのような構造で，何のためにあるんだったっけ。」

生徒B　「細胞膜は，物質の出入りを調節しているって，習ったよね。先生，④細胞膜の構造を分かりやすくかいてもらえませんか。」

先　生　「いいでしょう。生体膜が二重の細胞小器官が存在することと何か関係があるのかな。」
　　　　(細胞膜の構造をホワイトボードにかく。)

生徒A　「ああ，これだ。だから，一般には分子の大きさが小さいと細胞膜を通り抜けやすいのか。大きいものは，アメーバが捕食するときのように包み込むのかな。」

生徒B　「そうか，好気性細菌やシアノバクテリアが細胞に取り込まれることで，二重の膜になったんじゃないかな。」

先　生　「すばらしいですね。細胞膜は陥入して物質を取り込んだりします。これは[　e　]と呼ばれています。[　f　]。」

1　空欄[　a　]・[　b　]にあてはまる適切な語をそれぞれ書きなさい。ただし，同じ記号には同じ語が入ります。

2　下線部①について，このプレパラートの材料として最も適するものを，次の(ア)～(エ)の中から選び，その記号を書きなさい。
(ア)　ユキノシタの葉　　　(イ)　スギナの胞子
(ウ)　オオカナダモの葉　　(エ)　シリブカガシの実

3　下線部②について，高倍率でピントを合わせるために1つの操作を行いました。この1つの操作は，どのような操作ですか。簡潔に書きなさい。

4　空欄[　c　]にあてはまる細胞小器官の名称を書きなさい。ただし，同じ記号には同じ名称が入ります。

5　空欄[　d　]にあてはまる数字を，小数第2位を四捨五入して求めなさい。その際，求め方も書きなさい。ただし，対物ミクロメーターには，1mmを100等分した目盛りが付いていることとします。

6 下線部④について，細胞膜の断面構造を流動モザイクモデルに基づいて，かいて示すこととします。細胞膜はどのような断面をしていますか。模式図をかきなさい。また，模式図には，細胞膜を構成する成分の名称と細胞膜の厚さを書きなさい。

7 空欄[e]にあてはまるはたらきの名称を書きなさい。

8 下線部③の疑問に，空欄[f]で，会話の内容を踏まえたうえで，細胞内共生説を用いて説明するものとします。どのような説明をしますか。簡潔に書きなさい。

(☆☆☆◎◎◎)

【地学】

【1】 大気の構造と自然災害や防災に関して，次の1〜3に答えなさい。

1 次の文章は，対流圏の特徴について述べたものです。これについて，下の(1)〜(3)に答えなさい。

> ①地球の大気は，気温の変化により，対流圏・成層圏・中間圏・熱圏の4つの層に分けられる。②最下層にある対流圏では，気温は上空ほど低い。それは，地表面が太陽によって暖められているからである。自然環境を左右する様々な天気現象のほとんどは，対流圏で起きている。

(1) 下線部①について，地球の大気の主成分のうち，3番目に多い気体は何ですか。その気体を化学式で書きなさい。

(2) 下線部②について，地表から高度約11kmまでの対流圏では，気温は平均して100mにつき約0.65℃ずつ低下していきます。この割合を何といいますか。その名称を書きなさい。

(3) 対流圏の水は，気体，液体，固体の3つの状態で存在しています。水は，その状態を変化させるとき，熱を吸収したり放出したりします。このような，物質の状態の変化に伴って出入りする熱のことを何といいますか。その名称を書きなさい。

2 次の文章は，大気の圧力について述べたものです。これについて，あとの(1)〜(3)に答えなさい。

> 　私たちは日ごろ感じることはないが，大気にも重さがある。ある場所における大気の圧力は，その場所の上部の大気の重さによって生じる。これを気圧という。気圧は，底面積1m²の大気の柱が底面を押す力で表され，その単位には①hPaが用いられる。②高度が上がるほど，その上部の大気の重さが小さくなるので，気圧は小さくなる。

(1)　下線部①について，この単位の読み方を書きなさい。また，1気圧は何hPaですか。その値を書きなさい。

(2)　下線部②について，気圧が小さくなるとどのような現象が起こりますか。具体的な例を1つあげ，簡潔に書きなさい。

(3)　「地学基礎」の授業において，生徒に大気の圧力の実験を行わせました。次の資料は，この実験におけるAさんのレポートの一部を示したものです。レポート中に示す【方法】では，大気の圧力の「あるはたらき」を実感することができません。そのはたらきとはどのようなことですか。簡潔に書きなさい。また，そのはたらきを実感するために追加の実験を行うとすると，どのような実験を行えばよいですか。その方法を簡潔に書きなさい。

> 【目的】大気の圧力を実感し，大気にも重さがあることを確かめる。
> 【準備物】プラスチック製の下敷き，吸盤
> 【方法】プラスチック製の下敷きに吸盤を付けて机の上に置き，吸盤の取手をつかんで持ち上げる。

3　次の文章は，自然災害と防災について述べたものです。これについて，あとの(1)～(3)に答えなさい。

　　日本は，山地に富み，急傾斜地が多い。このような地域に激しい雨が降ると，大規模な土砂災害が発生する。土砂災害の発生件数は，地震災害や火山災害よりはるかに多く，日本各地で毎年発生し，近年，増加傾向にある。土砂災害は発生形態によって3つに区分される。

(1)　下線部について，土砂災害には大きく分けて，がけ崩れ，地すべり，土石流があります。それぞれどのような現象ですか。簡潔に書きなさい。

(2)　自然災害を防ぐための手段の一つとして，災害を封じ込めようとする恒久対策があります。この具体的な対策例にはどのようなものがありますか。簡潔に2つ書きなさい。

(3)　「地学基礎」の授業において，生徒に地震によって引き起こされる，人的・物的被害をもたらすおそれのある現象の発生メカニズムを理解させるため，モデルをつくって実験を行わせることとします。どのような現象についての実験を行わせますか。その現象の名称と実験の手順を書きなさい。ただし，がけ崩れ，地すべり，土石流は除きます。

(☆☆☆◎◎◎)

【2】地層の断面に見られる地質構造に関して，次の1・2に答えなさい。

1　図は，ある崖に見られた地層の露頭の一部を撮影したものです。これについて，あとの(1)〜(3)に答えなさい。

(1) 図中に見られる断層を何といいますか。次のア～エの中から選び，その記号を書きなさい。

　ア　正断層　　　イ　逆断層　　　ウ　右横ずれ断層

　エ　左横ずれ断層

(2) 図中に見られる断層は，地層にどのような力がはたらいたときにできますか。簡潔に書きなさい。

(3) ここでは，地層の逆転は生じていないと考えられます。その理由を，図を基に簡潔に書きなさい。

2　図1は，江戸時代の終わりごろに撮影されたもので，中央に地層の露頭が見られます。図2は，図1中の露頭を模式的に示したもので，図2中のA～Fの記号は地層を表しています。これらに関して，あとの(1)～(3)に答えなさい。

図1

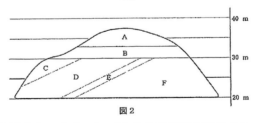

図2

(1) この地域から，ナウマンゾウの歯の化石が発見されました。ナウマンゾウが生息していた地質時代を「代」，「紀」，「世」の語を用いて書きなさい。

(2) 図2に見られるような地層の重なり方は，どのようにしてでき

たと考えられますか。図2中のA～Fの記号を用いて，簡潔に書き
なさい。

(3) 図3は，図1が撮影された付近の現在の地形図を示したもので，
図1は図3中の矢印の方向から撮影されたと考えられます。図2中
のA層は水平で地層の厚さが7m，B層も水平で地層の厚さが3mで
あるとすると，A層とB層は図3中にどのように分布すると考えら
れますか。その範囲を ///// で示しなさい。ただし，A層とB層
を区別する必要はありません。

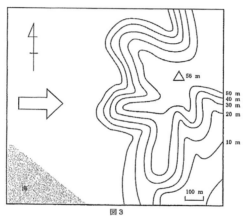

図3

(☆☆☆◎◎◎)

解答・解説

中高理科共通

【1】1 (1) ア，エ，オ　　(2) ア

(3)

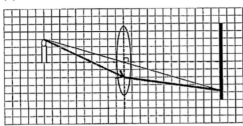

2　(1)

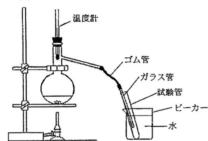

(2)　イ，ウ，エ　　(3)　19cm³　　3　(1)　a　広くなっている
b　敵を早く見付ける　　　c　狭くなっている　　　d　広くなっている
e　獲物までの距離を測る　　(2)　網膜　　(3)　消化液…胃液
消化酵素…ペプシン　　4　(1)　記号…ウ　　南中高度…77.4°
(2)　サインペンの先端の影を円の中心に合わせて印をつける。
(3)

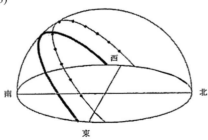

(4)　・北の空を太陽が移動する。　　・低い高度を太陽が移動する。

〈解説〉1 (1) 鉛筆A，Bの像が，鏡に対し線対称の位置にできる。図1
に，左右の鏡による像を書き込むと，下図左のようになる。
(2) チョークから半円形レンズを通らずに直接目に入る光と，チョー
クから半円形レンズを通過して屈折する光を図示すると，下図右のよ
うになる。

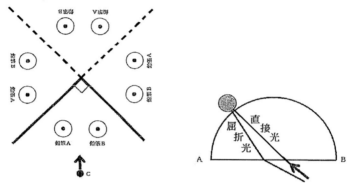

(3) ろうそくの像がスクリーンにはっきり映るとき，同じくろうそく
の炎の先端からレンズの中心に向かう光はそのまま直進しスクリーン
上に至る。この線を記入すると，スクリーン上に映ったろうそくの炎
の先端の像の位置が分かる。ろうそくの炎の先端から出てレンズを通
った光は，すべてこの像の位置に集まるので，設問の矢印の光も，像
に向かって屈折させればよい。 2 (1) 出てきたエタノールの気体
や水蒸気を冷却させるため，受け取る方の試験管は，水や氷水の入っ
たビーカーに浸しておく。また，温度計の液だめの位置は，枝付きフ
ラスコの枝の位置である。 (2) 4分までは沸騰が起こっておらず，
取り出せる液体の量は少ない。4分からはエタノールの多い液体が取
り出せるので，においが強く，ろ紙に浸して火を近づければ燃える。
以降は，取り出せる液体の量はさほど変わらないものの，徐々に水の
割合が多くなり，12分ごろ以降は，エタノールの割合はかなり小さい。
(3) エタノールの体積をx〔cm³〕とする。質量について，$1.00×25.0+0.79x=40.0$が成り立つから，$x≒19.0$〔cm³〕となる。
3 (1) 目が側方についている草食動物では，視野が広く，危険をい

ち早く察知することに有利である。一方，目が前方に並んでいる肉食動物では，視野が狭いが，そのうちで両目の視野が重なり，立体的に見える範囲は広いので，対象物までの距離をより正確に知ることができる。　(2)　目のレンズを通して入ってくる光が網膜上に像を結び，そこにある視細胞が信号に変えて視神経に送る。視神経からの信号が脳に届いて認識する。　(3)　唾液にはタンパク質分解酵素は含まれない。胃液には，ペプシンというタンパク質分解酵素が含まれ，酸性下ではたらく。　4　(1)　太陽の南中高度は，南中時の太陽光と，南の地平線がなす角で，図1の∠ウである。また，∠エが緯度の36°，∠オは地軸の傾きと等しく23.4°であり，∠イ＝∠エ－∠オ＝12.6°である。よって，∠ウ＝90°－∠イ＝77.4°となる。なお，∠アは90°である。

(2)　画用紙上の円の中心に観測者がいると考える。透明半球上にペン先を置いて，ペン先の影が円の中心に来るようにすれば，太陽，ペン先，観測者が一直線に並び，観測者から見た太陽の位置が記録できる。

(3)　Cの位置が冬至である。太陽の南中高度が最も低く，また，動くコースが最も南寄りである。Aでの軌跡とCでの軌跡は平行で，真東，真西から同じ幅でずれている。　(4)　南半球から見る太陽は，東からのぼり北の空を通って西に沈む。地球がAの位置であれば，南半球は冬であり，太陽が最も高くのぼった正中時に，北の地平線からの高度が低く，90－36－23.4＝30.6°である。

中学理科・高校生物　共通

【1】1　(1)　0.6　　(2)　表より，子世代の遺伝子型の頻度はAAがp^2，Aaが$2pq$，aaがq^2である。また，AAの個体がAを2個，Aaの個体がAを1個もつ。よって，次式で示すように子世代のAの遺伝子頻度はpとなる。$\dfrac{2p^2+2pq}{2(p^2+2pq+q^2)}=\dfrac{2p(p+q)}{2(p+q)^2}=p$　　(3)　X　突然変異　　生物の進化…すべての生物は進化し続けている。　　2　(1)　種が分かれてからの期間が長いほど，分子の配列の違いが大きい。　　(2)　年…ヒト

とコイの祖先が枝分かれしたのがx億年前とすると $\dfrac{36}{2}:3=\dfrac{68}{2}:x$

$x\fallingdotseq5.66\cdots$　　小数第2位を四捨五入して，5.7億年前

図

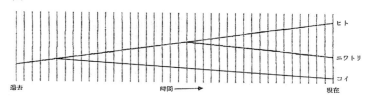

〈解説〉1　(1)　子世代のうち優性形質のAAやAaを示す割合は，$p^2+2pq=p^2+2p(1-p)$となる。これが84％にあたるから，$p^2+2p(1-p)=0.84$が成り立つ。これを解くと，$p=0.6$，1.4となる。$0\leqq p\leqq1$より，$p=0.6$となる。　(2)　Aを2個持つ個体の頻度がp^2，Aを1個持つ個体の頻度が$2pq$だから，Aの数を$2p^2+2pq$と表すことができる。同様にaの数は$2pq+2q^2$と表される。　(3)　ハーディー・ワインベルグの法則は，遺伝子頻度が世代をこえて変化しないことを示した法則である。しかし，実際の生物集団では，環境の変化によって，それまで生存に有利だった遺伝子が生存に不利になることも起こりうる。この場合，遺伝子頻度は大きく変化してしまう。生物は周囲の環境の変化や，突然変異といった要因で，進化し続けている。　2　(1)　DNAの塩基配列の突然変異はすべての生物に生じて，その指定するアミノ酸に変化が生じることがある。一定の時間ごとにアミノ酸が変化すると考えると，アミノ酸配列の変化及びDNAの塩基配列の違いが多いほど，共通の祖先から分岐して以降の期間が長いと考えられる。　(2)　種が分岐した3億年前から，ヒトとニワトリの両者ともアミノ酸の置換は生じている。ニワトリとヒトのアミノ酸置換数は36だから，1種につきアミノ酸の置換数は，$36\div2=18$と求められる。この時間が図では18目盛りで表されている。同様に，ヒトとコイに着目して，1種当たりのアミノ酸置換数を求めると，$68\div2=34$となる。この時間は図では34目盛りで表される。

中 学 理 科

【１】１　(1)　・観察・実験の結果を分析・解釈する力

・情報収集して仮説の妥当性を検討したり，考察したりする力

・全体を振り返って推論したり，改善策を考えたりする力

・新たな知識やモデル等を創造したり，次の課題を発見したりする力

・事象や概念等に対する新たな知識を再構築したり，獲得したりする

力　　・学んだことを次の課題や，日常生活や社会に活用しようとす

る態度　　・主体的に自然現象と関わり，それらを科学的に探究しよ

うとする態度　から5つ　　(2)　第1学年…自然の事物・現象に進んで

関わり，それらの中から問題を見いだす活動　　第2学年…解決する

方法を立案し，その結果を分析して解釈する活動　　第3学年…探究

の過程を振り返る活動　　２　見通しがもてるよう実験の操作手順を

具体的に明示したり，扱いやすい実験器具を用いたりする。

〈解説〉「第1　目標」と「第2　各分野の目標及び内容」は，特に重要な

ので，学習指導要領だけではなく，学習指導要領解説もあわせて理解

するとともに，用語などもしっかり覚えておきたい。

【２】１　C，H_2　　２　混合物Aを加熱すると，以下の化学変化が起こり，

酸化銅(Ⅰ)が全て酸化銅(Ⅱ)に変化している。　　$2Cu_2O＋O_2→4CuO$

その時，酸素が酸化銅(Ⅰ)に化合することで，質量が13.2〔g〕－12.0

〔g〕＝1.2〔g〕増加している。化学反応式より，酸素分子1個と化合す

る酸化銅(Ⅰ)は2個であり，その質量比は$2Cu_2O：O_2＝18：2＝9：1$

したがって，酸素の質量の9倍酸化銅(Ⅰ)が存在したことになる。O_2の

質量が1.2gであるから，それと反応した酸化銅(Ⅱ)の質量は1.2〔g〕×

9＝10.8〔g〕　よって，10.8〔g〕　　３　銅とアルミニウムを比較する

と，アルミニウムの方が，陽イオンになりやすい。そのため，銅イオ

ンの存在する塩化銅(Ⅱ)水溶液にアルミニウムを入れると，アルミニ

ウムが電子を放出して陽イオンとなって水溶液中に溶け出し，銅イオ

ンが電子を受け取って銅となり析出する。金属が塩酸に溶ける仕組み

も同様で，水素に比べマグネシウム，亜鉛，鉄などの金属は陽イオンになりやすい。そのため，水素イオンの含まれる酸性の水溶液にこれらの金属を入れると，金属が電子を放出して陽イオンとなって溶け，水素イオンが電子を受け取って水素の気体が発生する。しかし，銅は水素に比べイオンになりにくいため，水素イオンが存在している水溶液に銅を入れても陽イオンになって溶けることはない。

4 (1) $5H_2O_2+2MnO_4^-+6H^+→5O_2+2Mn^{2+}+8H_2O$ (2) 1.05mol/L
(3) 過マンガン酸カリウムを滴下しても，過マンガン酸カリウムの色が消失すること。 (4) 3.37％ 5 横軸には実験で変化させた量を，縦軸にはその結果変化した量をとる。この実験では，マグネシウムの量を変化させて，化合する酸素の量を調べているので，横軸にマグネシウムの量を，縦軸に化合した酸素の量をとる。測定値は適切な場所に点で記入されているが，その点を折れ線でつなぐのではなく，測定値に誤差があることを考慮に入れ，点の並び具合を見て直線か曲線か判断する。今回は，直線と判断できるので，すべての測定値のなるべく近くを通るように直線を引く。この直線を引くとき，マグネシウムの質量が0gの場合は，化合する酸素も0gとなるので，原点を通り，測定値以外のところでもその値を推測できるように，グラフ用紙の端まで，直線を伸ばす。

〈解説〉1 酸化銅(Ⅱ)に炭素Cを混合して加熱すると，炭素が酸化され，銅の単体が得られる($2CuO+C→2Cu+CO_2$)。水素H_2の場合は，水素が酸化され，銅の単体が得られる($CuO+H_2→Cu+H_2O$)。 2 加熱前後の質量の増加分が，化合した酸素の質量である。酸化銅(Ⅰ)と酸素が化合するときの質量比から，酸化銅(Ⅰ)の質量が求められる。 3 金属の単体が，水溶液中で電子を失って陽イオンになろうとする性質を金属のイオン化傾向という。主な金属をイオン化傾向の大きいものから順に並べると，次のようになる。Li, K, Ca, Na, Mg, Al, Zn, Fe, Ni, Sn, Pb, (H_2), Cu, Hg, Ag, Pt, Au 4 (1) 過酸化水素の半反応式の両辺を5倍し，過マンガン酸イオンの半反応式の両辺を2倍して，電子の数をそろえ，辺々足して電子を消去する。 (2) 反応式か

ら，過酸化水素と過マンガン酸イオンは5：2の物質量比で反応する。オキシドールに含まれる過酸化水素の濃度をC〔mol/L〕とすると，$C\times\dfrac{10.0}{1000}:0.300\times\dfrac{14.0}{1000}=5:2$が成り立つ。解いて，$C=1.05$〔mol/L〕となる。　　(3)　コニカルビーカーの中のオキシドールは無色透明である。過マンガン酸カリウム水溶液は赤紫色で，オキシドールに滴下すると速やかに反応しMn^{2+}を生じ，赤紫色が消失する。　　(4)　1.00mol/Lの過酸化水素水1Lの質量は，$1000\times1.01=1010$〔g〕である。また，過酸化水素H_2O_2の分子量は34.0だから，1.00mol/Lの過酸化水素水1Lに含まれる過酸化水素の質量は，34.0gである。よって，過酸化水素水の質量パーセント濃度は，$\dfrac{34}{1010}\times100\fallingdotseq3.37$〔％〕である。　　5　指導事項として，グラフの作成における縦軸と横軸に取るべき量，線の引き方と誤差の扱いなどに触れる必要がある。

高 校 理 科

【共通問題】

【1】1　・観察・実験の結果を分析・解釈する力　　・情報収集して仮説の妥当性を検討したり，考察したりする力　　・全体を振り返って推論したり，改善策を考えたりする力　　・新たな知識やモデル等を創造したり，次の課題を発見したりする力　　・事象や概念等に対する新たな知識を再構築したり，獲得したりする力　　・学んだことを次の課題や，日常生活や社会に活用しようとする態度　　・主体的に自然事象と関わり，それらを科学的に探究しようとする態度　から5つ　　2　見通しがもてるよう実験の操作手順を具体的に明示したり，扱いやすい実験器具を用いたりする。

〈解説〉第1款にある教科の目標，および，第2款にある各科目の目標は，非常に重要なので，指導要領解説ともあわせて，しっかりと理解しておくとともに，用語などもしっかり覚えておきたい。第3款の各科目にわたる指導計画の作成と内容の取扱いについては，指導要領解説と

もあわせて，整理しておくとよい。

【物理】

【1】1　$5.47×10^{-1}$ 秒　　2　エ

3

4　$v-t$ グラフの傾きが一定なので，速さが一定の割合で増加していることから，おもりは等加速度直線運動をしている。加速度の大きさが文献値より小さいのは，重力以外に摩擦力や空気抵抗の力といった重力とは逆向きの力が，はたらいているためと考えられる。

5　(1)　$\dfrac{h^2}{2lt^2}$　　(2)　記号　イ　　理由　等加速度運動をしている間は，おもりX，おもりY及び粘土は一体となって運動しているので，おもりX及びおもりYの質量をそれぞれM，粘土の質量をm，加速度の大きさをaとして，運動方程式をつくると

$(2M+m)a=mg$　となり，aは　$a=\dfrac{m}{(2M+m)}g$

となる。したがって，aを小さくするためには，Mを大きく，mを小さくすればよいので，その組み合わせはイとなる。

〈解説〉1　かかる時間をt_1〔s〕とすると，$1.47 = \dfrac{1}{2} \times 9.8 \times t_1^2$より，

$t_1 = \sqrt{\dfrac{3}{10}} = \dfrac{1.73}{3.16} = 0.547$〔s〕となる。　2　記録テープを手で持って離すまでの操作では，記録タイマーのスタートにずれが生じる。テープに記録された打点でそれらのずれの影響がなくなったところから測定に用いる。ア～ウは各点が分離できず，使用しない。　3　平均の速さを示す点は，各区間の中間時刻に取る。　4　物体は等加速度運動をしており，$v-t$グラフの傾きから加速度を求めた結果が9.1m/s²となった。これは，一般に知られている重力加速度の値よりも小さい。ここから，評価基準に照らし「十分満足できる」と評価できる考察の例として，物体には重力以外の力が上向きにはたらいていることに考えが至っているものが想定できる。　5　(1)　粘土が机に衝突する瞬間の速度をvとし，そこまで落下する加速度をa〔m/s²〕とすると，等加速度運動の式から，$2al = v^2$より，$a = \dfrac{v^2}{2l}$である。次に，粘土が机に到達したあと，おもりXはYとつり合いながら速度vの等速運動をするから，$v = \dfrac{h}{t}$である。よって，$a = \dfrac{1}{2l} \times \left(\dfrac{h}{t}\right)^2 = \dfrac{h^2}{2lt^2}$である。　(2)　よりゆっくり落下させるには，加速度aを小さくすればよい。そのために，運動方程式を書いて，加速度aを質量を使った式で書き表し，条件を見つける。

【2】1　(1)　$\dfrac{1}{8}N_0$　(2)　α崩壊　7回　　β崩壊　6回

2　(1)　①　記号　エ　　理由　電子にエネルギーを与える光子の数が増えることにより光電流Iの最大値はI_0より大きくなるが，光子がもつエネルギーは変わらず，阻止電圧V_0は変わらないため。

②　記号　イ　　理由　電子にエネルギーを与える光子がもつエネルギーが増えることにより阻止電圧V_0は大きくなるが，光子の数が変わらず，光電流Iの最大値はI_0は変わらないため。

(2)　仕事関数をWとすると，$K_0 = h\nu - W$の関係が成り立つ。

$\nu = 0$のとき，$K_0 = W$より，縦軸の切片の絶対値がWと一致する。した

がって

$W=4.6 \times 1.6 \times 10^{-19}$ 〔J〕 $=7.36 \times 10^{-19}$ 〔J〕

　　$\fallingdotseq 7.4 \times 10^{-19}$ 〔J〕

また，$\nu = \nu_0$ のとき，$K_0 = 0$ より

$\nu_0 = \dfrac{W}{h} = \dfrac{7.36 \times 10^{-19} \text{〔J〕}}{6.6 \times 10^{-34} \text{〔J・s〕}} \fallingdotseq 1.1 \times 10^{15}$ 〔Hz〕

3　負電荷をもつ電子は正電荷をもつ原子核から引力の静電気力 $k_0 \dfrac{e^2}{r^2}$ を受ける。したがって，電子の運動方程式は

$$m\frac{v^2}{r} = k_0 \frac{e^2}{r^2} \quad \cdots ①$$

となる。ボーアの量子条件から，$v = n\dfrac{h}{2\pi mr}$ であるので，これを①式に代入して v 消去すると，半径 r は

$$r = \frac{h^2}{4\pi^2 k_0 m e^2} n^2 \ (n=1,\ 2,\ 3,\ \cdots)$$

無限遠を基準とし，電子の静電気力による位置エネルギーを E_P とすると

$$E_P = -k_0 \frac{e^2}{r}$$

したがって，電子の全エネルギー E は

$$E = \frac{1}{2}mv^2 - k_0 \frac{e^2}{r}$$

となる。①式より，$mv^2 = k_0 \dfrac{e^2}{r}$ を代入して

$$E = -\frac{1}{2}k_0 \frac{e^2}{r}$$

したがって，軌道半径 r より，量子数 n に対するエネルギー準位 E_n は

$$E_n = -\frac{k_0 e^2}{2\dfrac{h^2}{4\pi^2 k_0 m e^2} n^2} = -\frac{2\pi^2 k_0^2 m e^4}{h^2} \cdot \frac{1}{n^2} \quad (n=1,\ 2,\ 3,\ \cdots)$$

〈解説〉1　(1)　半減期5.0日の3倍が15日後だから，原子核の数は $N_0 \times \left(\dfrac{1}{2}\right)^3 = \dfrac{1}{8}N_0$ となる。　(2)　α 崩壊では質量数が4減少し，原子番号が2減少する。また，β 崩壊では質量数は変わらず原子番号が1増加する。

問題の放射性崩壊では，質量数が238－210＝28減少しているので，α崩壊が7回行われた。これにより，原子番号は14減少する。一方，この反応では原子番号が92－84＝8だけ減少している。よって，β崩壊が6回行われた。　2　(1)　①　1個の光子がもつエネルギーは変わらないので，阻止電圧V_0も変わらない。光子数が増えるので，電流は増える。　②　1個の光子がもつエネルギーが大きくなるので，阻止電圧も大きくなる。光子の数は同じなので，電流I_0は変わらない。

(2)　飛び出す電子のもつ運動エネルギーK_0は光量子のエネルギー$h\nu$から仕事関数Wを差し引いたものになる。この$K_0 = h\nu - W$の関係を示したのが図3で，$W = 4.6$〔eV〕である。この単位を〔J〕に換算すればよい。また，$K_0 = 0$とすれば，ν_0を求められる。　3　電子のもつエネルギーは，運動エネルギー$\dfrac{1}{2}mv^2$と，静電気による位置エネルギー$-k_0\dfrac{e^2}{r}$の和である。これらから，vとrを消去すればよい。そのために，原子核のまわりを等速円運動する電子の運動方程式と，ボーアの量子条件を用いる。

【化学】

【1】1　$CaCO_3 + 2HCl \rightarrow CaCl_2 + CO_2 + H_2O$　　2　メスシリンダーに，はかり取る量よりも少なめに塩酸を入れる。その後，液面と目線の高さをそろえ，メニスカスの下側が目的の目盛りに達するまで駒込ピペット等で塩酸を滴下する。　　3　ビーカー内の二酸化炭素を追い出すため。

4

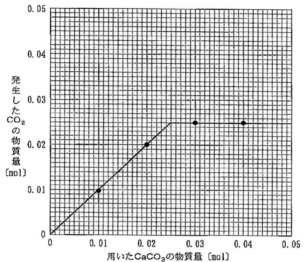

横軸: 用いたCaCO₃の物質量〔mol〕
縦軸: 発生したCO₂の物質量〔mol〕

5　(1)　2.7mol/L　　(2)　1％塩酸10.00mLを過不足なく中和するのに必要な1％水酸化ナトリウム水溶液の体積を予想させたあとに実験を行わせ，10.00mLでは足りないことを確かめさせる。次に，その理由を粒子のモデルを用いて考察させ，同じ質量パーセント濃度で同じ体積の塩酸と水酸化ナトリウム水溶液に含まれる水素イオンと水酸化物イオンの数は，同じ体積であっても異なることを見いださせる。そして，水溶液に含まれる水素イオンと水酸化物イオンの数を考察するのに適した濃度の表し方について考えさせ，モル濃度が適していることに気付かせる。

〈解説〉1　炭酸カルシウム$CaCO_3$が溶けて，二酸化炭素CO_2が発生する。

2　器具などを具体的に提示する。また，水のメニスカスは凹型であり，下側を読み取る。　3　発生した二酸化炭素CO_2は空気よりも重いため，ビーカー内にとどまっている。この実験は反応前後で発生したCO_2分だけ質量が変化することを確かめる実験のため，ビーカー内の

CO_2を追い出すことが重要である。　４　$CaCO_3$の分子量は100だから，$CaCO_3$の1.00gの物質量は0.01molである。反応に用いた塩酸HClの物質量は，$2.00 \times \dfrac{25}{1000} = 0.050$〔mol〕である。化学反応式より，0.050molのHClと反応する$CaCO_3$の物質量は0.025molである。このときに発生するCO_2の物質量は0.025molである。0.025molを超える$CaCO_3$を加えても，CO_2の発生量は増えない。　５　(1)　10％塩酸1.0Lの質量は1000gであり，含まれる塩酸HClは，$1000 \times \dfrac{10}{100} = 100$〔g〕である。HClの分子量は36.5だから，HClの物質量は$\dfrac{100}{36.5} \fallingdotseq 2.74$〔mol〕となる。よって塩酸のモル濃度は約2.7mol/Lである。　(2)　等しい質量の反応物どうしが，過不足なく反応するわけでないこと，そして，原子やイオンの個数に着目したモル濃度が便利であることを気付かせる。

【２】1　a　20　　b　不斉　　c　鏡像　　d　必須

2　a

H−N−H
　　|
　　H

b

3　グリシンは，水溶液では，陽イオン，双性イオン，陰イオンが平衡状態にあり，pHが6.0のときは，ほとんどが双性イオンで，陽イオンと陰イオンはごくわずかに等量存在しているため，全体として電荷が0になっているから。　　4　ポリペプチド鎖が，親水基を外側に，疎水基を内側に向けて折りたたまれているから。　　5　毛髪は，ケラチン分子間のジスルフィド結合（−S−S−）によって，一定の形を保っている。還元剤を含むパーマ液で毛髪を処理すると，まず，−S−S−結合が−SHに還元されて切断される。次に，毛髪に形をつけてお

いて，酸化剤を含む水溶液で処理すると，元の結合とは異なる位置で−S−S−結合が再生され，その形が固定される。　6　記号…ウ理由…Kに比べて[S]が極めて小さい場合，$K+[S]=K$とみなすことができ$v=\dfrac{V}{K}$[S]となり，vは[S]にほぼ比例し，Kに比べて[S]が極めて大きい場合，$K+[S]=[S]$とみなすことができ$v=V$(一定)となるため。

〈解説〉1　グリシンの構造は次の図のとおりで，不斉炭素原子をもたない。

$$H_2N-\overset{\displaystyle H}{\underset{\displaystyle H}{C}}-COOH$$

2　アミノ酸のなかのアミノ基から生じたNH_3により，ニンヒドリン2分子から，ルーエマン紫という色素が生成する。　3　アミノ酸は分子内の酸性基の−COOH，塩基性基の−NH_2をもつ。結晶中では−COOHが−NH_2に水素イオンH^+を与え，同一分子中に陽電極部分−NH_3^+と陰電極部分−COO^-をもつ双性イオンである。pHが6.0のときはほとんどが双性イオンとして存在し，陽イオンと陰イオンがごくわずかに等量存在する。

$$^+H_3N-\overset{\displaystyle H}{\underset{\displaystyle H}{C}}-COOH \underset{H^+}{\overset{OH^-}{\rightleftharpoons}} {}^+H_3N-\overset{\displaystyle H}{\underset{\displaystyle H}{C}}-COO^- \underset{H^+}{\overset{OH^-}{\rightleftharpoons}} H_2N-\overset{\displaystyle H}{\underset{\displaystyle H}{C}}-COO^-$$

4　アルブミンは，血漿中で水を保持するはたらきをする。　5　パーマでは，髪を構成するケラチンタンパク質の結合のうち，ジスルフィド結合の一部を，還元剤を含む1剤で切断し，酸化剤を含む2剤で再結合させる。　6　問題文中の式は，ミカエリス・メンテン式とよばれる。ある一定数の酵素が存在した場合，最初は反応速度が基質濃度に比例して増加していき，ある一定の基質濃度以上になると，最大速度と等しい値となる。

【生物】

【1】1　a　対物　　b　接眼　　2　(ウ)　　3　レボルバーを回して，高倍率の対物レンズに切り替えた。　　4　葉緑体　　5　総合倍率40

倍のときの接眼ミクロメーター1目盛り分が示す長さは

$20 \times \dfrac{10}{8} = 25$ 〔μm〕

総合倍率400倍のとき，5秒で接眼ミクロメーター12目盛り分進む速さは $25 \times \dfrac{1}{10} \times \dfrac{12}{5} = 6$ 〔μm/s〕　これを時速にすると$6 \times \dfrac{3600}{10000} = 2.16$ 〔cm/h〕　小数第2位を四捨五入するので，答えの速さは2.2cm/h

6

7　エンドサイトーシス　　8　好気性細菌やシアノバクテリアが細胞に取り込まれた結果，好気性細菌はミトコンドリアに，シアノバクテリアは葉緑体になったと考えられています。これを細胞内共生説といいます。生体膜は，もともと持っていた膜と宿主側の膜があるので，二重になったという考え方もあります。

〈解説〉1　対物レンズは，試料と対面するレンズであり，長いものほど高倍率である。接眼レンズは，長さが短いほうが高倍率である。

2　オオカナダモの葉は1〜2層の細胞からなり，葉緑体など細胞小器官を含むため，原形質流動の観察が容易である。原形質流動とは，細胞の外形は変化せず，細胞膜の内側の細胞質が流動する現象のことである。　　3　光学顕微鏡では，観察を行うときは低倍率から始める。低倍率の対物レンズでピントを正しく合わせると，レボルバーを回すだけで高倍率でもピントがほぼ合う。微動ねじで少し調整すればよい。

4　細胞小器官のうち，二重膜構造を持つものは，核，ミトコンドリ

ア，葉緑体である。このうち，葉緑体は光合成色素を含むため，確認しやすく，原形質流動の速度を求める際に用いることができる。

5　対物ミクロメーターの1目盛りの長さが10μmであることより，接眼ミクロメーターの1目盛りの長さを求め，これをもとに原形質流動の速度を求める。　6　細胞膜は，リン脂質が二重になったつくりをしている。リン脂質は，疎水性をもつ脂肪酸部分を内側に，親水性をもつリン酸を含む部分を外側にして膜を形成する。また，リン脂質の間には物質の輸送体といったタンパク質がモザイク状に存在している。　7　細胞膜を隔てて物質を輸送するとき，細胞膜を通り抜けることができない大きい分子の場合は，細胞膜が陥入し，物質を細胞膜に包みこむ形で細胞内に物質を取り込むことがある。この働きをエンドサイトーシスという。一方，分泌小胞に膜を融合させて，細胞外へ送り出すはたらきはエキソサイトーシスという。　8　細胞内共生説を支持する根拠として，ミトコンドリアと葉緑体は，異質二重膜を持つという点以外にも，それぞれ独立して増殖をすることや独自のDNAを持つことが挙げられる。

【地学】

【1】1　(1)　Ar　　(2)　気温減率　　(3)　潜熱　　2　(1)　読み…ヘクトパスカル　　値…1013　　(2)　高い山の上では，水の沸点が100℃より低くなる。　　(3)　はたらき…大気の圧力は，あらゆる方向からはたらくこと。　　方法…プラスチック製の下敷きに吸盤を付けて窓ガラスや天井にあてて，吸盤の取手をつかんで垂直に離す。

3　(1)　がけ崩れ…岩や土砂が高速で混じりあいながら斜面を崩れ落ちる現象。　　地すべり…土砂や岩が原型を保ちながらゆっくりと斜面を移動する現象。　　土石流…土砂が水と混じりあい，河川や斜面を流れ下る現象。　　(2)　・建物や堤防などを丈夫につくる。　・ダムや防波堤などの防災施設を建設する。　　(3)　名称…液状化現象　手順…①　砂を水槽に5cm程度の厚さまで入れ，3倍ほどの水を加える。　②　手で，砂を底からかき回し，水とよく混ぜる。　　③　砂が沈ん

だら，上澄みをゆっくり捨てた後，砂の表面を平坦で水平になるように する。　④　水槽を水平な台車に載せる。　⑤　砂の表面に水がなくなると，ゆっくり押して堅くしまっていることを確かめる。　⑥　構造物のモデルとして石片を砂に載せ，それが沈まないことを確かめる。　⑦　地震動を模して，台車を水槽ごと数cmの幅で左右に揺すり，変化を観察する。

〈解説〉1　(1)　窒素が78％，酸素が21％，アルゴンが0.9％，二酸化炭素が0.04％の順である。なお，水蒸気は変動が大きいので，ふつう順位に含めない。　(2)，(3)　解答参照。　2　(1)　解答参照。

(2)　他に，麓から持ち込んだ密閉容器が膨張あるいは破裂する，などが挙げられる。　(3)　問題に提示されている実験では，水平な下敷きに上からかかる圧力のみが実感できる。大気圧がすべての向きからはたらくことを示す実験を追加する。　3　(1)　がけ崩れは急斜面が原形をとどめず崩れるが，地すべりは緩斜面が地下のすべり面を境に，ある程度原形を保ったまま時間をかけて変位する。　(2)　ダムなどにより流水量を調整したり，堤防などにより水位が増しても住空間に及ぶ影響を減らしたり，街そのものを頑丈につくったりすることが考えられる。　(3)　他の例として，津波をモデル化した実験が考えられる。手順として，①長いアクリル水槽に浅海から海岸までの海底を模した板を斜めに入れ，深い部分にゴム等を用いた跳ね上げ板の装置を取り付ける。②斜めに入れた板の上部7割ほど水を入れる。③陸地を模した部分に建物などを模したスチール缶などを入れる。④跳ね上げ装置を用いて，波を起こし，陸地に到達する津波の様子を観察する。

【2】1　(1)　イ　(2)　圧縮の力　(3)　後から堆積した重い地層が，下の未固結の軽い地層に垂れ下がる荷重痕が見られるため。

2　(1)　新世代第四期更新世　(2)　C〜F層が堆積した後，隆起して陸上に現れて侵食され，再び沈降してA・B層が堆積した。

(3)

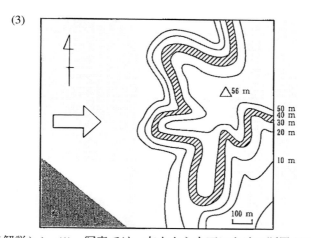

〈解説〉1　(1)　写真では，左上から右下にかけて断層がみられる。右上が上盤であり，左下の下盤に対してずり上がっている。このように，上盤がずり上がった断層が逆断層である。　(2)　逆断層では，両側から圧縮の力がはたらいている。一方，正断層は，両側から引っ張られてでき，断層の上盤側が下がっている。　(3)　地層の上下判定には，特徴ある堆積構造を見つければよい。図の中央付近にある白い層と，その上の灰色の層の境界面が，平らではなく，ところどころたわんでおり，荷重痕とよばれる。　2　(1)　ナウマンゾウは，約40万〜2万年前に現在の日本や中国に生息していたゾウである。　(2)　C〜F層の上に，A・B層が傾斜不整合の関係で乗っている。つまり，C〜F層の堆積→陸化→C〜F層の侵食→再び水底になる→A層・B層の堆積の順に形成された。　(3)　A層もB層も水平だから，観察する向きが変わっても，同じ高さの露頭に地層が現れる。B層の下面の標高は30m，A層の上面の標高は30＋3＋7＝40〔m〕である。

2019年度　実施問題

中高理科共通

【1】 次の1〜4に答えなさい。

　1　電流と電圧について，次の(1)〜(3)に答えなさい。

　　(1)　電源，スイッチ，抵抗器を1個ずつつなぐとともに，電流計と電圧計を1個ずつつなぎ，抵抗器に加わる電圧と流れる電流をそれぞれ測定することとします。どのような回路で測定すればよいですか。次の表の電気用図記号を用いて回路図をかきなさい。ただし，スイッチを入れたときにはじめて回路に電流が流れるものとします。

電源	スイッチ	抵抗器	電流計	電圧計
⊣⊢	／	▭	Ⓐ	Ⓥ

　　(2)　次の図1は，電圧計を使って抵抗器に加わる電圧を測定したときの様子です。この目盛りを130Vと読んだ生徒に対して正しく読みとらせるためには，どのような説明をしますか。書きなさい。

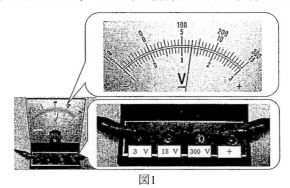

図1

(3) 抵抗器Aと抵抗器Bそれぞれに電圧を加え，加えた電圧と流れた電流の関係を調べたところ，次の図2のような測定結果になりました。この抵抗器Aと抵抗器Bを並列につなぎ，4.5Vの電源に接続したとき，回路全体の電気抵抗は何Ωになりますか。求めなさい。

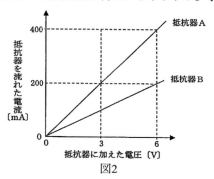

図2

2　うすい塩酸に銅板と亜鉛板を接触しないように入れてつくった化学電池とモーターを導線でつなぐと，モーターに電流が流れてモーターが回りました。次の表は，銅板付近及び亜鉛板付近の反応の様子についてまとめたものです。下の(1)〜(3)に答えなさい。

	反応の様子
銅板付近	①銅板の表面で水素が発生した。
亜鉛板付近	②亜鉛板の表面から亜鉛がとけ出した。

(1)　下線部①・②の反応の様子について，電子を含むイオン反応式でそれぞれ書きなさい。

(2)　うすい塩酸の代わりに砂糖水に銅板と亜鉛板を接触しないように入れると，電流が取り出せませんでした。なぜですか。その理由を簡潔に書きなさい。

(3)　化学電池には，一次電池と二次電池があります。次の(ア)〜(オ)のうち，一次電池及び二次電池はどれですか。それぞれすべて選び，その記号を書きなさい。ただし，(ア)〜(オ)には，一次電池でも二次電池でもない電池も含まれています。

(ア)　鉛蓄電池　　　　(イ)　太陽電池

(ウ)　マンガン乾電池　(エ)　リチウムイオン電池

(オ)　リチウム電池

3　タマネギを用いて，体細胞分裂を観察することとします。次の(1)
　　〜(3)に答えなさい。

(1)　体細胞分裂を観察する際，染色液で細胞に色を付けます。この
　　染色液は何という試薬ですか。その名称を書きなさい。

(2)　体細胞分裂では，染色体がそれぞれ分かれて細胞の両端に移動
　　した後，細胞質が2つに分かれます。その際，動物の細胞と植物
　　の細胞では様子が異なります。動物細胞と植物細胞の様子の違い
　　について簡潔に書きなさい。

(3)　次の表は，体細胞分裂の盛んな組織を観察し，細胞周期の時期
　　ごとの細胞数を数えたものです。細胞周期のそれぞれの時期の細
　　胞数と，細胞周期のそれぞれの時期の長さが比例することとしま
　　す。分裂期の長さを4時間とすると，間期は何時間になりますか。
　　求めなさい。

細胞周期の時期	間期	前期	中期	後期	終期
細胞数〔個〕	160	20	10	4	6

4　ある日の湿度を乾湿計と湿度表を用いて測定しました。次の図は
　　乾湿計の一部，下の表1は湿度表の一部，表2は気温と飽和水蒸気量
　　の関係を示したものです。あとの(1)・(2)に答えなさい。

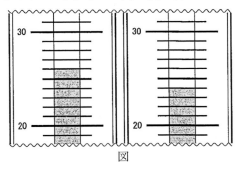

図

表1　湿度表

		乾球と湿球の示度の差〔℃〕					
		0.0	1.0	2.0	3.0	4.0	5.0
乾球の示度〔℃〕	30	100	92	85	78	72	65
	29	100	92	85	78	71	64
	28	100	92	85	77	70	64
	27	100	92	84	77	70	63
	26	100	92	84	76	69	62
	25	100	92	84	76	68	61
	24	100	91	83	75	68	60

表2　気温と飽和水蒸気量の関係

気温〔℃〕	飽和水蒸気量〔g/m³〕	気温〔℃〕	飽和水蒸気量〔g/m³〕
0	4.8	16	13.6
2	5.6	18	15.4
4	6.4	20	17.3
6	7.3	22	19.4
8	8.3	24	21.8
10	9.4	26	24.4
12	10.7	28	27.2
14	12.1	30	30.4

(1)　乾球と湿球が図のような示度を指した場合，湿度は何％ですか。また，空気1m³中に含まれている水蒸気量は何gですか。求めなさい。

(2)　同じ気温でも，湿度が低いほど乾球と湿球の示度の差が大きくなるのはなぜですか。その理由を書きなさい。

(☆☆◎◎◎)

【2】水について，次の1～5に答えなさい。

1　水分子の電子式をかきなさい。

2　温度が20℃で質量40gの水の中に，温度が80℃で質量10gの湯を入れ，かき混ぜました。混ぜた後の全体の温度は何℃になりますか。求めなさい。その際，求め方も書きなさい。ただし，熱は湯から水に移動するだけで外部には逃げないものとし，水の比熱は4.2J/(g・K)とします。

3　植物の生活に必要な水は根から吸収されます。水が根から葉に移動するのはどのような力が働いているからですか。簡潔に書きなさい。

4　火星探査衛星や探査車による調査で，火星表面にはかって大量の水があったことが分かってきています。しかし，現在は，乾燥した砂漠の広がる星となっているのは，なぜですか。その理由を簡潔に書きなさい。

5　デンプンやポリビニルアルコールを主鎖とし，これにポリアクリル酸ナトリウムを側鎖としてつないだ高分子，または架橋したポリアクリル酸ナトリウムは，水の吸収力が非常に強く，多量の水を保持することができます。それはなぜですか。その理由を簡潔に書きなさい。

(☆☆☆◎◎◎)

【3】物体の運動について，次の1〜4に答えなさい。

1　次の文章は，運動の法則について述べたものです。文章中の空欄（　　）にあてはまる適切な内容を，「比例」，「反比例」の語を用いて，簡潔に書きなさい。

> 力を受ける物体は，その力の向きに加速度を生じる。この加速度の大きさは，（　　　）。これを運動の法則という。

2　水平となす角が30°のなめらかな斜面上に置いた質量5.0kgの物体に，斜面に沿って上向きの初速度を与え，斜面をすべり上がらせたところ，やがて最高点に達しました。次の文は，このことについて述べたものです。文中の（　a　）・（　b　）にあてはまる適切な値を，それぞれ書きなさい。ただし，重力加速度の大きさを9.8m/s²とします。

> 最高点に達した瞬間の物体にはたらく重力の大きさは（　a　)Nであり，このときの物体の加速度の大きさは（　b　）m/s²である。

3 次の図のように，床上に静止している質量 m〔kg〕の物体に糸をつけ，鉛直上向きに T〔N〕の一定の力を加えて引き上げます。太郎さんは，この物体が床から高さ h〔m〕の位置まで上昇したときの瞬間の速さ v〔m/s〕を，次のように求めました。しかし，太郎さんの考えは下線部の一部に誤りがあるため，その後の式や求めた v〔m/s〕も誤っています。正しい v〔m/s〕を得るために，下線部を正しく書き直しなさい。

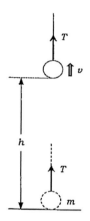

太郎さんの考え

物体の運動エネルギーの変化は，張力がした仕事に等しい。

これを式で表すと，$\dfrac{1}{2}mv^2 - \dfrac{1}{2}m \times 0^2 = Th$ となる。

したがって，$v = \sqrt{\dfrac{2Th}{m}}$

4 重力によって運動する物体のエネルギーについて，次の(1)・(2)に答えなさい。

(1) 図1のように，ある初速度で地面から鉛直上向きに投げ上げた物体が達する最高点の高さを $2h$〔m〕とします。地面から投げ上げた瞬間の物体の運動エネルギーを K〔J〕とすると，この物体が投げ上げられてから高さ h〔m〕の位置をはじめに通過するまで

の間に，物体の運動エネルギーと重力による位置エネルギーはそれぞれどのように変化しますか。物体の高さと，物体の運動エネルギー，重力による位置エネルギーとの関係を表すグラフをかきなさい。ただし，地面を重力による位置エネルギーの基準面とします。

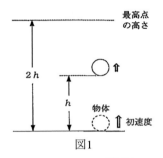

図1

運動エネルギー〔J〕，
重力による位置エネルギー〔J〕

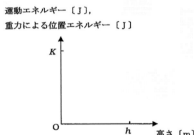

(2)　図2のように，鉛直下向きに落下する質量m〔kg〕の物体が高さh_1〔m〕の位置を速さv_1〔m/s〕で，高さh_2〔m〕の位置を速さv_2〔m/s〕で通過しました。h_1〔m〕の位置とh_2〔m〕の位置での物体の力学的エネルギーが等しいことを，物体の運動エネルギーの変化と物体がされた仕事を関連付けて，説明しなさい。

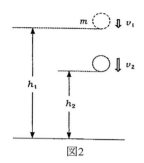

図2

(☆☆☆◎◎◎)

【4】理科の授業で，生徒に植物の働きを調べる実験の計画を立てさせ，実験を行わせました。次の資料は，この実験におけるA班のレポートの一部を示したものです。これについて，あとの1・2に答えなさい。

【目的】植物の働きと二酸化炭素の増減の関係を確かめる。

【方法】① 2本の試験管ア，試験管イに，水と少量のBTB溶液を入れた後，（ a ）色になるように調整する。

② 2本の試験管ア，試験管イに，BTB溶液が緑色に変色するまでストローで息をふきこむ。

③ 2本の試験管ア，試験管イに，オオカナダモ(水草)を入れ，ゴム栓でふたをする。

④ 試験管イにはアルミニウムはくを巻き，オオカナダモに光が当たらないようにする。

⑤ 2本の試験管ア，試験管イに，しばらく日光を当てた後，BTB溶液の色を調べる。

【結果】試験管アでは（ b ）色に，試験管イでは（ c ）色に変色した。

【考察】試験管アでは，オオカナダモが光合成によって，二酸化炭素を吸収したと考えられる。試験管イでは，オオカナダモが呼吸によって，二酸化炭素を放出したと考えられる。

1　資料中の（　a　）～（　c　）にあてはまる適切なBTB溶液の色の組み合わせとして正しいものはどれですか。次のア～エの中から選び，その記号を書きなさい。

ア　a　黄　　b　黄　　c　青
イ　a　黄　　b　青　　c　黄
ウ　a　青　　b　黄　　c　青
エ　a　青　　b　青　　c　黄

2　実験の実施後，A班がレポートの内容を発表したところ，B班の生徒が考察の内容に対して「この実験の結果からの考察としては誤っていると思います。」と指摘しました。A班は，B班の生徒からの指摘を受けて，再度考察を行ったところ，この方法では，目的を達成できないことが分かりました。そこで，方法を見直し実験をやり直すことにしました。レポート中の方法では，目的を達成できないのは，なぜですか。その理由を簡潔に書きなさい。また，レポート中の方法をどのように改善すればよいですか。その方法を予想される結果とともに書きなさい。

(☆☆◎◎◎◎)

【５】カルボン酸について，次の1～5に答えなさい。

1　工業的に合成される酢酸の多くは，ロジウム触媒を用いて，メタノールと一酸化炭素から合成されます。この反応を表す化学反応式を書きなさい。

2　次の図は，シス-トランス異性体の関係にある，マレイン酸とフマル酸の構造式を示したものです。マレイン酸とフマル酸の25℃における水に対する溶解度は，それぞれ78.9，0.70です。マレイン酸の方がフマル酸より溶解度が大きいのはなぜですか。その理由を，分子の形と関連付けて，簡潔に書きなさい。

3 次の文章は，エステル化について述べたものです。これについて，下の(1)・(2)に答えなさい。

> カルボン酸とアルコールが縮合すると，エステル結合をもつ化合物が生成する。このような化合物をエステルといい，エステルを生成する反応をエステル化という。①エステル化は，カルボン酸のOHとアルコールのHから水が生成する脱水縮合反応である。
>
> $$R-\underset{\underset{O}{\|}}{C}-\boxed{OH} + \boxed{H}-O-R' \rightleftarrows R-\underset{\underset{O}{\|}}{C}-O-R' + \boxed{H_2O}$$
>
> R，R′は炭化水素基
>
> 　例えば，酢酸とエタノールの混合物に少量の②濃硫酸を加えて加熱すると，酢酸エチルと水が生じる。

(1) エステル化が，下線部①の反応であることは，酸素の同位体を用いた実験によって明らかになっています。このことについて，図を用いて説明する場合，どのような説明をしますか。その図と説明文をかきなさい。

(2) 下線部②について，濃硫酸を加えるのはなぜですか。その理由を2つ書きなさい。

4 次の図は，カルボン酸とニトリルの構造を示したものです。カルボン酸とニトリルは，ともに求電子的であり，求核付加反応を行うなど，化学的に似た性質を示します。これは，構造に似ている点があるためです。どのような点で似ていますか。簡潔に書きなさい。

$$R-C\overset{\diagup O}{\diagdown_{OH}} \qquad R-C\equiv N$$

5 カルボン酸は塩酸のような無機酸より弱い酸ですが，アルコールやフェノールより強い酸です。共にOHを含んでいるにも関わらず，カルボン酸がアルコールよりも強い酸なのはなぜですか。その理由を，エトキシドイオンと酢酸イオンの構造式を用いて説明しなさい。

(☆☆☆◎◎◎)

中 学 理 科

【１】平成20年3月告示の中学校学習指導要領　理科について，次の1・2に答えなさい。

1　指導計画の作成と内容の取扱い　1　(4)　には，「継続的な観察や季節を変えての定点観測を，各内容の特質に応じて適宜行うようにすること。」と示されています。次の(1)・(2)の内容において，継続的な観察や季節を変えての定点観測を行うこととします。その際，どのようなねらいで，どのような観察や観測をさせることが考えられますか。簡潔に書きなさい。

(1)　第2分野「(3)　動物の生活と生物の変遷」

(2)　第2分野「(6)　地球と宇宙」

2　指導計画の作成と内容の取扱い　1　(5)　には，「博物館や科学学習センターなどと積極的に連携，協力を図るよう配慮すること。」と示されています。博物館や科学学習センターなどの施設で生徒に見学や体験をさせるのはなぜですか。簡潔に書きなさい。

(☆☆☆◎◎◎)

高 校 理 科

【共通問題】

【１】平成21年3月告示の高等学校学習指導要領　理科　各科目にわたる指導計画の作成と内容の取扱い　について，次の1・2に答えなさい。

1　各科目にわたる指導計画の作成と内容の取扱い　1　(2)　には，「『理科課題研究』については，一つ以上の基礎を付した科目を履修した後に履修させること。」と示されています。「理科課題研究」については，一つ以上の基礎を付した科目を履修した後に履修させることとされているのは，なぜですか。理由を簡潔に書きなさい。

2　各科目にわたる指導計画の作成と内容の取扱い　2　(3)　には，

296

「観察，実験，野外観察，調査などの指導に当たっては，関連する法規等に従い，事故防止について十分留意するとともに，使用薬品などの管理及び廃棄についても適切な措置を講ずること。」と示されています。このことを踏まえて，科目「科学と人間生活」において，プラスチックの熱に対する性質や燃え方を調べる実験を10グループで同時に行うことを計画することとします。この実験の計画においては，同時に多数のグループが実験を行うことから，どのような危険要素について検討する必要がありますか。簡潔に書きなさい。

(☆☆☆◎◎◎)

【物理】

【1】音の伝わり方について，次の1～3に答えなさい。

1　次の文章は，音の伝わり方について述べたものです。文章中の（　a　）・（　b　）にあてはまる適切な言葉を，それぞれ書きなさい。

> 　音波は，音速の異なる媒質の境界を通過するとき（　a　）する。よく晴れた夜に，普段では聞こえないような遠くからの音が聞こえることがあるのは，このためである。また，人の姿は見えなくても，塀の向こう側の会話が聞こえることがある。このように，音が障害物の背後にも届くのは，音が（　b　）するためである。

2　次の図のように，0.90m離れた2点A，Bに置いた小さな2つのスピーカーから，同じ振動数で同じ振幅，同位相の音を出すこととします。観測者が直線ABから1.20m離れたABに平行な直線上を移動していくと，2点A，Bから等距離の点Oでは聞こえる音が極大であり，次に点Oから0.45m離れた点Pで再び極大になりました。あとの文は，このことについて述べたものです。文中の（　a　）・（　b　）にあてはまる適切な値を，それぞれ書きなさい。ただし，音の速さを3.4×10^2m/sとします。

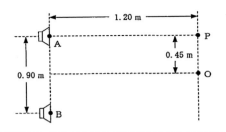

> 　2つのスピーカーから出ている音の振動数は(　a　)Hzであり，2点O，Pを通る直線上で音が大きく聞こえる点は(　b　)個ある。

3　下の文は，図1のように，一定の振動数の音を出す音源が直線上を一定の速度で動いているとき，この直線上で静止している観測者が受け取る音の振動数の変化について述べたものです。これについて，下の(1)・(2)に答えなさい。

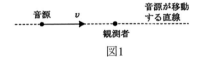

図1

> 　音の速さをV〔m/s〕，音源が出す音の振動数をf_0〔Hz〕，音源から観測者への向きを正として音源の速度をv〔m/s〕とすると，観測者が受け取る音の振動数f'〔Hz〕は，$f' = \dfrac{V}{V-v} f_0$で表される。

(1)　この文中で，振動数f'〔Hz〕がこのような式で表されるのはなぜですか。その理由を簡潔に書きなさい。

(2)　図2のように，観測者が，音源が移動する直線上から離れた位置で，静止して観測します。音源がまだ遠いときから，観測者に最も近い位置を通過し遠ざかるまでに，観測者が受け取る音の振動数はどのように変化しますか。時刻t〔s〕と観測者が受け取る音の振動数f〔Hz〕との関係を表したグラフの概形として最も適

切なものを，下のア～エの中から選び，その記号を書きなさい。また，その理由を簡潔に書きなさい。ただし，グラフ中の t_0〔s〕は，音源が観測者に最も近い位置を通過したときに出した音を，観測者が受け取った時刻とします。

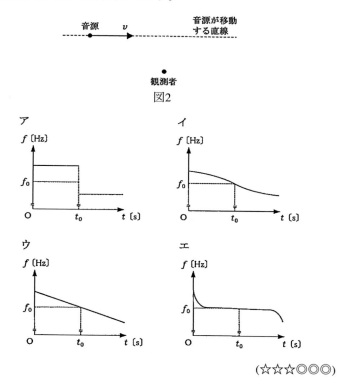

図2

（☆☆☆○○○）

【化学】

【1】反応熱に関して，次の1～5に答えなさい。

1　25℃の水の蒸発熱は44kJ/molです。水の蒸発熱を表す熱化学方程式を書きなさい。

2　次の文章は反応の経路と反応熱の関係について述べたものです。あとの(1)・(2)に答えなさい。

> 　一般に，反応の経路と反応熱については，次のような関係が成り立ち，（　　）と呼ばれる。
>
> 　「物質が変化するときの反応熱の総和は，変化の前後の物質の種類と状態だけで決まり，変化の方法や経路に関係ない。」
>
> 　例えば，固体の水酸化ナトリウムと塩酸が中和する反応には，次の2つの経路がある。
>
> 【反応経路Ⅰ】固体の水酸化ナトリウム1molと塩酸を反応させるとQ_1〔kJ〕の熱量が放出される。
>
> 【反応経路Ⅱ】固体の水酸化ナトリウム1molを多量の水に溶かし，生じた水酸化ナトリウム水溶液と塩酸を反応させると，それぞれ，Q_2〔kJ〕とQ_3〔kJ〕の熱量が放出される。
>
> このことを図で表すと，次のようになる。

(1)　上の文章中の空欄（　　）にあてはまる法則を何といいますか。書きなさい。

(2)　上の文章中の下線部について，エネルギー図を用いて生徒に説明することとします。あなたはどのような図を板書しますか。その図をかきなさい。

3　次の図は水酸化ナトリウム(固体)の溶解熱を測定する実験を行った時の結果を示したものです。水酸化ナトリウムの溶解熱は，測定された最高温度ではなく，外挿法と呼ばれる方法を用いて補正された温度から求めます。外挿法を用いるのはなぜですか。その理由を書きなさい。

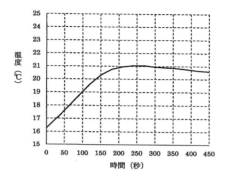

4　11.5gのエタノールを完全燃焼させると，342kJの発熱がありました。エタノールの燃焼熱は何kJ/molですか。求めなさい。その際，求め方も書きなさい。ただし，原子量は，H＝1.0，C＝12，O＝16とします。

5　光合成は，緑色植物が光エネルギーを利用して，二酸化炭素と水からデンプンなどの有機物を合成し，酸素を生成する反応です。二酸化炭素と水からグルコースができるとすれば，1molのグルコースが生成するときの反応熱に使われた光エネルギーは何kJですか。求めなさい。その際，求め方も書きなさい。ただし，黒鉛の燃焼熱が394kJ/mol，水素の燃焼熱が286kJ/mol，グルコースの生成熱が1273kJ/molとします。

(☆☆☆◎◎◎)

【生物】

【1】遺伝子と染色体について，次の1～5に答えなさい。

1　体細胞分裂では，間期にDNAが複製されてその量が倍加した後，1回の細胞分裂が起こります。それに対して，減数分裂では，間期を含め，DNA量はどのように変化しますか。減数分裂におけるDNA量の変化を表すグラフを，間期のS期から第二分裂の終期までかきなさい。なお，縦軸は細胞1個あたりのDNA量の相対値を示し，横軸は細胞周期の各時期を示しています。ただし，G_1期の始まりのDNA量の値は2とします。

2　配偶子形成時には遺伝子の組換えが起こることがあります。どのような現象によって遺伝子の組換えが起こりますか。また，組換えは生物にとってどのような意味がありますか。それぞれ簡潔に書きなさい。

3　遺伝子の組換えが起こる頻度は，組換え価と呼ばれます。組換え価は，検定交雑の結果から求めることができます。検定交雑の結果から組換え価を求めることができるのはなぜですか。その理由を簡潔に書きなさい。

4　染色体数が$2n＝4$のある生物がいます。次の図は優性形質の純系個体と劣性形質の純系個体から生じたF_1(遺伝子型AaBbDd)において，減数分裂第一分裂前期の細胞にある染色体と，遺伝子Aの位置を模式的に示したものです。このF_1と劣性形質の純系個体とを交配し，組換え価を求めると，AB間の組換え価が10％，BD間の組換え価が50％，AD間の組換え価が50％となりました。この遺伝子a，B，b，D，dの位置はそれぞれどこにあると考えられますか。考えられる2種類を模式図中の染色体にそれぞれ記号で書きなさい。

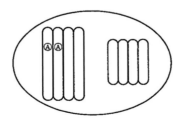

5　ある生物の3組の対立形質について調べるために，表現型が〔ABC〕である個体αと表現型が〔abc〕である個体βを交配したところ，F_1はすべて表現型が〔ABC〕になりました。さらにこのF_1と劣性ホモ

接合体を交配したところ，次代は次表のような結果が得られました。
下の(1)・(2)に答えなさい。なお，〔　　〕は表現型を記号で表すも
のとします。

表現型	個体数
〔Ａ Ｂ Ｃ〕	205
〔Ａ ｂ Ｃ〕	197
〔Ａ Ｂ ｃ〕	44
〔Ａ ｂ ｃ〕	53
〔ａ Ｂ Ｃ〕	47
〔ａ ｂ Ｃ〕	56
〔ａ Ｂ ｃ〕	203
〔ａ ｂ ｃ〕	195

(1)　個体 a 及びF_1からできる配偶子における遺伝子の組み合わせは
それぞれ何通りですか。

(2)　この生物の，異なる2組の対立遺伝子(A・a，C・c)について，
F_1同士を交配して得られた個体のうち，遺伝子型がAAccの個体と
aaCCの個体を交配した時に生じた個体同士が交配して得られる子
の表現型の分離比を求めなさい。ただし，分離比は整数値で書き
なさい。

(☆☆☆◎◎◎)

【2】個体群と生物群集について，次の1～5に答えなさい。

1　次の文章は，個体群の大きさの調査方法について，述べたもので
す。あとの(1)・(2)に答えなさい。

> 　個体群の大きさは，個体群を構成する個体の数で表され，
> 個体群の特徴を考える際の重要な尺度となります。個体群の
> 大きさを調べるとき，調査対象地が広かったり，周辺部との
> 間に明確な境界がなかったりすると，個体群の大きさを正確
> に把握することは困難です。そのような場合に，個体群の大
> きさを推定する方法の一つに区画法があります。

(1)　ある草原に集中分布しているススキの個体群の大きさを推定するため，区画法を用いて調査をしました。このススキの個体群の大きさNを推定する式を書きなさい。ただし，草原の面積をA，区画1つの面積をB，個体群密度の高い場所の面積をC，個体群密度の高い場所の個体群密度をn_c，その他の個体群密度の低い場所の個体群密度をn_{A-c}とします。

(2)　個体群の大きさを推定する方法として，区画法が適する生物には，どのような特性がありますか。簡潔に書きなさい。

2　次の図は，いろいろな動物において，相対年齢と個体数との関係を模式的に示したものです。出生から寿命までの時間軸を共通にし，出生個体数を1000個体に換算すると，生存曲線は図中の(a)～(c)の3つの型に大別されます。図中の(a)～(c)にあてはまる適切な生物名を，下の(ア)～(カ)からそれぞれ2つずつ選び，その記号を書きなさい。

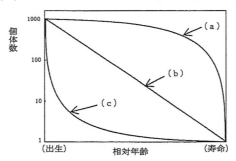

(ア)　ミツバチ　　　(イ)　サル　　　(ウ)　シジュウカラ
(エ)　マイワシ　　　(オ)　トカゲ　　(カ)　アサリ

3　次の図1は，ある動物の群れにおいて，縄張りの大きさと縄張りから得られる利益または縄張りの維持に要する労力との関係を模式的に示したものです。これについて，あとの(1)・(2)に答えなさい。

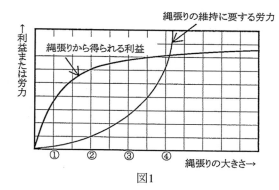

図1

(1) この動物にとって、最適な縄張りの大きさとなるのは図1中の①～④のうち、どれですか。最も適切なものを選び、その記号を書きなさい。また、その理由を簡潔に書きなさい。

(2) この動物の群れにおいて、個体群密度が高くなりました。このとき、縄張りの維持に要する労力を示すグラフはどれですか。図2中の(a)～(c)の中から最も適切なグラフを選び、その記号を書きなさい。なお、図2の(b)のグラフは、図1の縄張りの維持に要する労力のグラフと同一です。

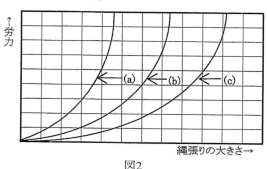

図2

4 セイヨウミツバチのコロニーは、ふつう、1個体の女王バチと多数の雌のワーカー、少数の雄バチとで構成されます。雌は受精卵から発生する二倍体(2n)で、母と父の両方からの遺伝子をもちます。雄は未受精卵から発生する半数体(n)で、二倍体の母のどちらかの遺伝

子をそのまま引き継いでいます。次の図は，セイヨウミツバチにおける遺伝子(A_1〜A_4)の伝わり方を染色体とともに模式的に示したものです。ワーカーが自ら繁殖して子をふやさず，弟よりも妹の世話をすることにはどんな利点があると考えられますか。母娘間，姉妹間，姉弟間のそれぞれの血縁度を求め，それぞれの血縁度の値を用いて簡潔に書きなさい。なお，血縁度は分数で書きなさい。

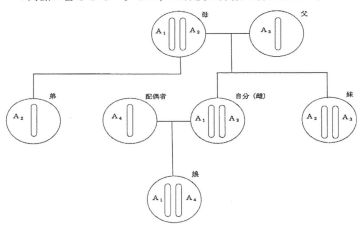

5　次の文章は，被食者と捕食者が共存する場合，それぞれの個体群の大きさの変化を示したロトカ・ヴォルテラの捕食式について述べたものです。被食者と捕食者の個体群の大きさの変化を示した数理モデルとして適切なものを，あとのア〜エから選び，その記号を書きなさい。また，その理由を簡潔に書きなさい。

(被食者の個体群の大きさの変化)

　捕食者がいないとき，単位時間t当たりの被食者の個体数Nは指数関数的に増加します。捕食者がいるときは，単位時間当たりに食べられる被食者の個体数は被食者の個体数Nと捕食者の個体数Pの積に比例するため，捕食効率をaとすると，被食者の個体数はaNPの変化率で減ります。

　よって，被食者の個体群の大きさの変化は次式で表せます。

なお，被食者の増加率をrとします。

$$\frac{dN}{dt} = rN - aNP$$

(捕食者の個体群の大きさの変化)

被食者のいないとき，単位時間t当たりの捕食者の個体数Pは指数関数的に減少します。被食者がいるときは，捕食者は食べた被食者個体あたりfという率で1個体の子を産むとすると，捕食者の個体数は$faNP$の変化率で増えます。

よって，捕食者の個体群の大きさの変化は次式で表せます。なお，捕食者の死亡率をqとします。

$$\frac{dP}{dt} = faNP - qP$$

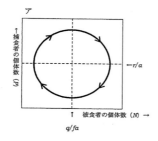

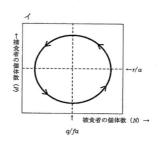

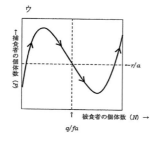

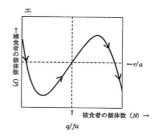

(☆☆☆◎◎)

307

【地学】

【1】変成作用と造山運動に関して，次の1〜4に答えなさい。

1　次の文章は，変成作用と変成岩について述べたものです。これについて，下の(1)・(2)に答えなさい。

> 　火成岩や堆積岩が高い圧力や温度のもとに長くおかれると，岩石中の鉱物が圧力や温度の影響を受けて，固体のまま化学組成の一部が変わったり組織が変化したりして他の種類の鉱物に変わり，別の岩石になることがある。このような作用を変成作用といい，変成作用を受けた岩石を変成岩という。変成作用は，主に①接触変成作用と②広域変成作用の2つに大別される。

(1)　下線部①について，次の図は，京都市内から見た東山連峰を模式的に表した地質断面図です。2つの高い峰は左が比叡山，右が大文字山を表しています。どのような形成過程を経て比叡山や大文字山は高い峰を持つようになったのですか。東山連峰の形成過程を，地質断面図をもとに簡潔に書きなさい。

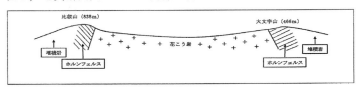

(2)　下線部②について，広域変成作用によって，変成岩が形成された地域は，広域変成帯と呼ばれます。地球上の広域変成帯の多くは，プレートの沈み込み境界で形成され，海溝に近い側に低温高圧型，陸側に高温低圧型という2種類の変成帯が対になって形成されています。海溝に近い側に低温高圧型の変成帯が，陸側に高温低圧型の変成帯が形成されるのはなぜですか。その理由を簡潔に書きなさい。

2　次のア〜エの図は，岩石サイクルを模式的に示したものです。地球表層を構成する岩石は，火成岩，堆積岩，変成岩の3種類からな

ります。これらの岩石は，形成された後も環境の変化に応じて，し
ばしばほかの種類の岩石へと姿を変えます。岩石サイクルの図とし
て最も適切なものはどれですか。次のア～エの中から選び，その記
号を書きなさい。

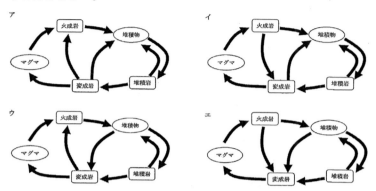

3　次の図はAl₂SiO₅という化学組成をもつ鉱物の藍晶石と珪線石と紅
　柱石の相平衡図を示したものです。鉱物が結晶になる温度や圧力の
　範囲は決まっており，変成岩中に存在する鉱物の種類で生成時の条
　件を推定することができます。このように化学組成が同じで結晶構
　造の異なる鉱物の関係のことを何といいますか。その名称を書きな
　さい。また，ある変成帯における鉱物の存在状態を調べると，X変
　成帯では外側に藍晶石，中心部に紅柱石が分布し，Y変成帯では外
　側に藍晶石，中心部に珪線石が分布していました。X，Yのうち，
　どちらがより高圧の条件下で変成を受けたと考えられますか。X，
　Yのいずれかの記号で答えなさい。また，その理由も簡潔に書きな
　さい。

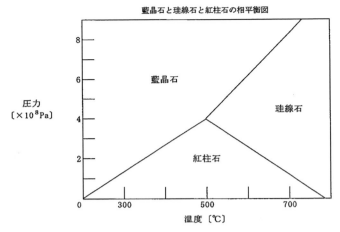

藍晶石と珪線石と紅柱石の相平衡図

4　ヒマラヤ地域の大山脈では褶曲や断層などを伴う複雑な地質構造が見られるとともに，山頂付近では，海に生息していた生物の化石が発見されることがあります。これらのことから，ヒマラヤ地域では，どのようにして大山脈が形成されたと考えられますか。簡潔に説明しなさい。

(☆☆☆◎◎)

【２】地球の自転，公転，太陽の運行及び暦について，次の1〜3に答えなさい。

1　地球が自転していることを実験で証明したのはフランスの物理学者フーコーです。フーコーは，1851年にパリのパンテオン寺院の天井から吊るした長さ約67mの針金の先端に約28kgのおもりをつけた振り子を振らせ，振り子の振動面が時間とともに，上から見て時計回りに回転していくことを示しました。これについて，次の(1)・(2)に答えなさい。

(1)　振り子の振動面が回転するのは，地球が自転することによる見かけの力が振り子に働くためです。その力の名称を書きなさい。

(2)　振り子の振動面が一定時間に回転する角度は，緯度の正弦に比

例して高緯度ほど大きく，極では1日に360°，赤道では0°になります。フーコーが実験を行った緯度49°のパリでは，振り子の振動面が360°回転するのに要する時間は何時間になりますか。求めなさい。その際，求め方も書きなさい。ただし，1日は24時間とし，sin49°＝0.75とします。

2　視太陽時と平均太陽時との差を均時差といいます。次の図は，1年を周期とする均時差の変化の様子を示したものです。これに関して，下の(1)～(3)に答えなさい。

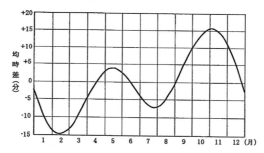

(1)　実際の太陽の動きは一定でなく，早くなったり遅くなったりするため，視太陽時は一様な時刻系にはなりません。天球上の太陽の動きが一定ではないのはなぜですか。その主な理由について簡潔に2つ書きなさい。

(2)　次の図は，東経135°の兵庫県明石市のある地点における日本標準時正午の太陽の位置を，天文シミュレーションソフトを用いて地平座標で示したものです。正午の太陽の位置は，太陽高度の季節変化と均時差のため，図のように「8の字」上を年変化します。図中の○は各月1日正午の太陽の位置を示しています。それぞれの○は何月1日の太陽の位置を示していますか。それらの月番号を下の図中に書きなさい。

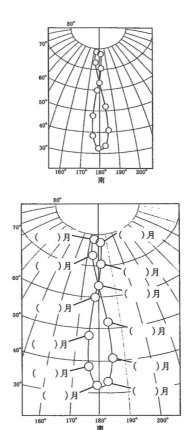

(3)　次の①～④の図は，地図中のA～Dのいずれかの地点の日本標準時正午の太陽の位置を，天文シミュレーションソフトを用いて地平座標で示したものであり，図中の○は，各月1日の正午の太陽の位置を示しています。(2)の図を参考にして，①～④の図に対応する地点を，地図中のA～Dの地点の中からそれぞれ選び，その記号を書きなさい。

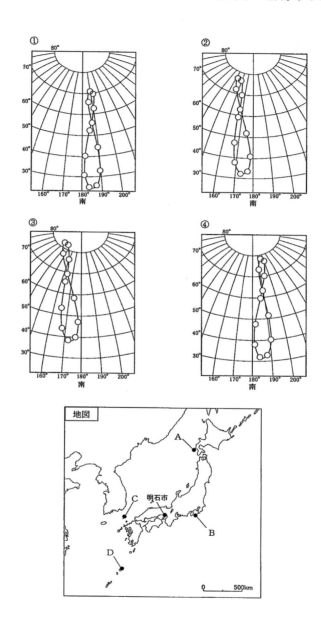

3　春分点にある太陽が黄道上を1周して再び春分点に戻る周期を1太陽年(365.2422日)といい，世界中で広く採用されているグレゴリオ暦の1年は，1太陽年を基準として定められています。1太陽年は，地球の公転周期である1恒星年(365.2564日)よりも少し短くなっています。これに関して，次の(1)・(2)に答えなさい。

(1)　グレゴリオ暦では，季節と暦の月日とのずれを小さくするために，西暦が4で割り切れる年のうち，100で割り切れても400では割り切れない年はうるう年ではなく平年とすることで，400年間に97回のうるう年を設定しています。グレゴリオ暦で，西暦年数が4の倍数であっても平年となる年が次に訪れるのはいつになりますか。その西暦年を答えなさい。

(2)　1太陽年が1恒星年よりも少し短いのは，月や太陽などの引力の影響で地軸が周期約26000年でこまの首振り運動のような動きをするためです。この動きによって春分点の位置が毎年約50″ずつ東から西に移動していくことを歳差運動といいます。もし地球に歳差運動が存在せず，1太陽年と1恒星年とが365.2564日で一致するならば，季節と暦の月日とのずれを小さくするために，4年に1回のうるう年の回数をどのように増減させて設定したらよいですか。設定した根拠がわかるように書きなさい。

(☆☆☆◎◎)

解答・解説

中高理科共通

【1】1　(1)

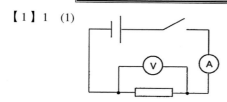

(2)　3Vの－端子につないでいるので，針が目盛りいっぱいに振れたときの値が3Vになります。そのため，最小目盛りが0.1Vとなり，1.30Vと読めます。　(3)　10Ω　2　(1)　①　$2H^+ + 2e^- \rightarrow H_2$

②　$Zn \rightarrow Zn^{2+} + 2e^-$　(2)　砂糖水は非電解質の水溶液であるため。

(3)　一次電池…(ウ)，(オ)　二次電池…(ア)，(エ)　3　(1)　酢酸カーミン溶液，酢酸オルセイン溶液，酢酸ダーリア溶液　から1つ

(2)　植物の細胞は中央部分に仕切りができて分裂するが，動物の細胞は細胞質がくびれて分裂する。　(3)　16時間　4　(1)　湿度…84％

水蒸気量…20.5g　(2)　湿度が低いほど水が盛んに蒸発し，湿球から熱を多く奪いとるため。

〈解説〉1　(1)　抵抗器に対して電流計は直列，電圧計は並列に接続する。

(2)　解答参照。　(3)　抵抗器A，Bの抵抗は，それぞれ$\frac{6}{0.400}=15$

〔Ω〕，$\frac{6}{0.200}=30$〔Ω〕である。求める並列抵抗をRとすると，$\frac{1}{R}=$

$\frac{1}{15}+\frac{1}{30}$　これを解いて$R=10$〔Ω〕　2　(1)　亜鉛が電子を放出してイオンとなると同時に，水溶液中の水素イオンが電子を受け取り水素分子となる。　(2)　電子の授受が発生するためには，$HCl \rightarrow H^+ + Cl^-$

のように溶質が水溶液中で電離して(電解質)，イオンが豊富に存在している必要がある。　(3)　二次電池は充電して繰り返し使用できる電池，一次電池は放電したら再度使用できない電池。なお，太陽電池は

蓄電池ではなく発電機なので，一次電池でも二次電池でもない。

3　(1)　観察対象となる細胞核を染色するための試薬を選ぶ。

(2)　解答参照。　　(3)　分裂期とは前期から終期までのことである。求める時間は$\dfrac{160}{20+10+4+6}\times4=16$〔時間〕となる。　　4　(1)　図より，乾球は26℃，湿球は24℃なので，示度の差は2℃。この値から表1を参照すると湿度は84％となる。また表2より気温＝乾球の示度が26℃のとき飽和水蒸気量は24.4g/m³なので，求める水蒸気量は24.4×0.84＝20.496≒20.5〔g/m³〕となる。　　(2)　解答参照。

【2】1　　H:O:H

2　熱平衡に達した温度をt℃とする。熱量の保存より　40×4.2×(t−20)＝10×4.2×(80−t)　　t＝32　よって32℃　　3　浸透圧による根の吸水によって道管内の水を押し上げる圧力と，葉で水が蒸散して生じる吸引力が働いているため。　　4　火星の重力が地球の3分の1ほどと小さく，水蒸気を含むほとんどの大気が逃げ出してしまったため。

5　吸水によって−COONaが電離すると，−COO⁻間の反発によって，高分子の網目が拡大して水がしみこむ。そして，網目の内側は外側よりイオン濃度が大きいので，浸透圧によりさらに水が浸入するため。

〈解説〉1　電子式とは，価電子(最外殻電子)を「・」で元素記号の周りに示した式を言う。　　2　解答参照。　　3　毛細管現象だけではまだ弱く，根からの浸透力や，蒸散による吸水力が合わさることが必要となる。　　4　解答参照。　　5　ポリアクリル酸ナトリウムの構造は[−CH₂−CH(COONa)−]$_n$と表される。

【3】1　受ける力の大きさに比例し，物体の質量に反比例する

2　a　49　　b　4.9　　3　物体の力学的エネルギーの変化は，張力がした仕事に等しい。

4 (1)

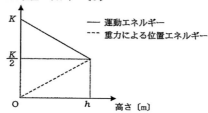

運動エネルギー〔J〕,
重力による位置エネルギー〔J〕

—— 運動エネルギー
---- 重力による位置エネルギー

K

$\dfrac{K}{2}$

O h 高さ〔m〕

(2) 高さh_1〔m〕の位置から高さh_2〔m〕の位置まで落下する間の物体の運動エネルギーの変化は，この間に物体が重力にされた仕事に等しい。したがって，$\dfrac{1}{2}mv_2{}^2-\dfrac{1}{2}mv_1{}^2=mg(h_1-h_2)$

$\dfrac{1}{2}mv_1{}^2+mgh_1=\dfrac{1}{2}mv_2{}^2+mgh_2$ よって，高さh_1〔m〕の位置とh_2〔m〕の位置での物体の力学的エネルギーは等しい。

〈解説〉1　ニュートンの第2法則ともよばれる。　2　a　$5.0\times9.8=49$〔N〕　b　斜面に平行な方向の運動方程式から考えて，求める加速度は$9.8\times\sin30°=4.9$〔m/s²〕　3　運動エネルギーだけでなく，位置エネルギーも変化していることに注意する。　4　(1)　力学的エネルギーが保存し，かつ，位置エネルギーが高さに関する一次関数になるため，運動エネルギーも高さに関する一次関数となる。　(2)　解答参照。

【4】1　エ　2　理由…BTB溶液がオオカナダモ以外の要因によって変色したという可能性を否定できないため。　方法…オオカナダモを入れずにその他の条件は試験管ア，試験管イと同一の条件で行う試験管ア′，試験管イ′の対照実験を設定する。試験管ア，試験管イのBTB溶液の色が変色するのに対し，試験管ア′，試験管イ′は緑色のままで変色しない。このことから植物の光合成により二酸化炭素を吸収すること，呼吸によって二酸化炭素を放出することが明らかになる。

〈解説〉1　BTB溶液は，始めは青色(アルカリ性)に調整してから，息を吹き込むことで緑色(中性)にする。これにより，水中の二酸化炭素が減れば青色に戻り，逆に二酸化炭素がさらに増えれば黄色(酸性)にな

るという色の変化を観察できる。　　2　試験管アと試験管イの結果だけでは，たとえば光の有無によって色が変化したとも考えられる。対照実験を設定することではじめて原因が特定できるようになる。

【5】1　$CH_3OH + CO \rightarrow CH_3COOH$　　2　マレイン酸は，極性をもつカルボキシ基がシスの関係にあるため，分子全体として極性をもつが，フマル酸は，カルボキシ基がトランスの関係にあるため，分子内で極性が打ち消されて，分子全体としては無極性になっているため。

3　(1)　図…

説明文…酸素の同位体^{18}Oを含むアルコールを合成し，エステル化の反応を行い，生成した水の分子量を測定したところ，通常の18($2H + {}^{16}O$)であった。つまり，アルコールの^{18}O原子はエステルの中にあることが分かった。このことから，エステル化は，カルボキシ基－COOHのOHとヒドロキシ基－OHのHが取れる反応であることが分かる。

(2)　・平衡に達するまでの時間を短くするため。　　・エステルの生成率の高い平衡状態をつくるため。　　4　カルボン酸とニトリルは共に，電気的に陰性な原子と3本の結合で結ばれた炭素原子をもち，それぞれπ結合を含んでいる点で似ている点。　　5　アルコールの解離によって生成するアルコキシドイオンの負電荷は一つの酸素原子上に局在化しているのに対して，カルボン酸の解離によって生成するカルボキシラートイオンの負電荷は二つの酸素原子上に等しく分散し，酸のイオン化で生成したアニオンが共鳴安定化しているため。

H_2O ⇌ H_3O^+ +

H_2O ⇌ H_3O^+ +

〈解説〉1　モンサント法と呼ばれる。　2　解答参照。　3　(1)　解答参照。　(2)　濃硫酸は触媒として作用し，平衡反応であるエステル化反応の反応速度を速くし，平衡をずらして反応を完結させる役割を果たす。　4　解答参照。　5　酸性度は，共役塩基(エトキシドイオンと酢酸イオン)の安定性によって決まり，共鳴安定化しているほど安定性が大きくなる。

中　学　理　科

【1】1　(1)　運動の様子や体の特徴などをとらえることをねらいとして，動物を飼育して継続的に観察させる。　(2)　星座の観察記録と太陽を中心とした地球の運動と関連付けることをねらいとして，季節を変えて，ある方位に見える星座を観察させる。　2　科学技術の発展や地域の自然に関する豊富な情報源であり，実物に触れたり，専門家から具体的な説明を受けたりすることを通して，生徒の実感を伴った理解を図ることができるため。

〈解説〉中学校学習指導要領解説　理科編の，「第3章　指導計画の作成と
内容の取扱い　1　指導計画作成上の配慮事項」の，「(4)　継続的な観
察などの充実」および「(5)　博物館や科学学習センターなどとの連携」
に，参考となる記述がある。

高 校 理 科

【共通問題】

【1】1　生徒が高等学校の理科の観察，実験，探究活動などで習得した
探究の方法を用いて研究を行うため。　2　実験室の換気
〈解説〉高等学校学習指導要領解説　理科編に，参考となる記述がある。
第1部　第2章　第10節　1(「理科課題研究」の性格)には，「『理科課題
研究』は，高等学校理科で学習した基礎的・基本的な知識や技能を踏
まえて，これらを活用して探究的な活動に取り組む科目であり，基礎
を付した科目を一つ以上履修した上で履修することとしている。」と
ある。また，第1部　第3章　第2節　3　②(観察，実験中の事故の防止
について)には，「薬品や火気使用に伴う危険や，同時に多数のグルー
プが観察，実験を行う場合の換気や使用電気量などの危険要素につい
ても検討しておく。」とある。

【物理】

【1】1　a　屈折　　b　回折　　2　a　1.1×10^3　　b　5
3　(1)　音源がt〔s〕間進んだとすると，この間に，音が進む距離はVt
〔m〕であり，音源が進む距離はvt〔m〕である。振動数f_0〔Hz〕の音
源は1秒間にf_0個の波を出すので，移動する音源がt〔s〕間に出す波の
数は，$f_0 t$〔個〕である。このとき，音源の進行方向前方では，距離
$(V-v)t$〔m〕の間に，後方では$(V+v)t$〔m〕の間に，$f_0 t$〔個〕の波が
存在することになる。前方での波長をλ'〔m〕とすると，λ'は$\lambda' = \dfrac{(V-v)t}{f_0 t} = \dfrac{(V-v)}{f_0}$となるので，前方で静止している観測者が受け取

る音の振動数 f'〔Hz〕は，$V=f'\lambda'$ より $f'=\dfrac{V}{\lambda'}=\dfrac{V}{V-v}f_0$ となる。音源の後方で静止している観測者が受け取る音の振動数の場合もこの式で表される。このとき，音源の速度 v が負となる。 (2) 記号…イ理由…図で，音源の移動方向と音源と観測者を結ぶ方向との間の角度を θ とする。このとき，音源の速度の観測者方向の成分は $v\cos\theta$ であり，音源は観測者に速さ $v\cos\theta$ 〔m/s〕で近づいていると考えられる。よって，与えられた式の v を $v\cos\theta$ に変えると，観測者が受け取る音の振動数 f''〔Hz〕は $f''=\dfrac{V}{V-v\cos\theta}f_0$ となる。θ の値がしだいに変化するので，観測者が受け取る音の振動数 f は，滑らかに変化する。

〈解説〉1 解答参照。 2 a BP間の距離は，三平方の定理より1.50mとなる。条件から，APとBPの差は1波長に相当するから，波長 $\lambda=$ 1.50−1.20=0.30〔m〕 よって，求める振動数は $\dfrac{3.4\times10^2}{0.30}=1133.33\cdots$ ≒1.1×10^3〔Hz〕 b AB間の距離が0.90mであることから，直線OP上の点Xについて，$|AX-BX|$ は0.90m未満となる。$\lambda=0.30$ であるから，$|AX-BX|$ が0m，1波長(0.30m)，2波長(0.60m)のときに，強め合う点が存在することになる。点Oからの上下を考えると，音が大きく聞こえる点は5個になる。 3 (1)(2) 解答参照。

【化学】

【1】1 $H_2O(液)=H_2O(気)-44kJ$ 2 (1) ヘスの法則(総熱量保存の法則)

(2)

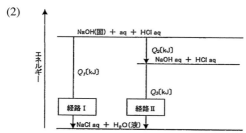

3 この実験では，水酸化ナトリウムが溶けきるまでは溶解熱が生じるとともに，周囲に熱が逃げている。そのため，測定された最高温度

ではなく，水酸化ナトリウムが瞬間的に溶解し熱が逃げなかったとした際に推定される最高温度で溶解熱を求める必要があるため。

4　エタノールの燃焼熱を Q〔kJ/mol〕とおく。エタノール1molが完全燃焼するときに発生する熱量が燃焼熱である。エタノールの分子量が46であるので，エタノールの物質量は，$\dfrac{11.5}{46}=0.25\text{mol}$ となる。0.25molのエタノールが燃焼したときの発熱量が342kJであるので 0.25：342＝1：Q　Q＝1368　よって，1368kJ/molとなる。

5　求める熱化学方程式を $6CO_2(気)+6H_2O(液)=C_6H_{12}O_6(固)+6O_2+Q$ 〔kJ〕とおく。与えられた反応熱は，次の熱化学反応式で表せる。

$C(黒鉛)+O_2(気)=CO_2(気)+394\text{kJ}$　…①

$H_2(気)+\dfrac{1}{2}O_2(気)=H_2O(液)+286\text{kJ}$　…②

$6C(黒鉛)+6H_2(気)+3O_2(気)=C_6H_{12}O_6(固)+1273\text{kJ}$　…③

これらを①〜③とする。③－(6×①+6×②)より，$Q=-2807$ となる。したがって，$6CO_2(気)+6H_2O(液)=C_6H_{12}O_6(固)+6O_2-2807\text{kJ}$ となる。よって，2807kJとなる。

〈解説〉1　水の蒸発や融解は吸熱反応であるため，熱化学方程式における熱量の表記は，符号が－となる。　2　(1)　解答参照。　(2)　ヘスの法則より，反応経路Ⅰと反応経路Ⅱのエネルギー変化が等しくなるように描く。　3　ここでの外挿法とは，温度が下がっていくときの直線を左側に延長し，グラフの縦軸との交点を求めることをいう。4, 5　解答参照。

【生物】

【1】1

2　現象…減数分裂の第一分裂の対合の過程で，相同染色体間で乗換えが起こるという現象。　意味…配偶子の遺伝子の多様性が高くなる。

3　検定交雑において，劣性の個体がつくる生殖細胞は生じる個体の形質に影響を与えないので，検定交雑によって生じた個体の形質は，優性形質を現す個体がつくる生殖細胞の遺伝子の組み合わせに対応しているため。

4

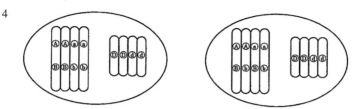

5　(1)　個体α…1通り　　Ｆ₁…8通り　　(2)　〔AC〕：〔Ac〕：〔aC〕：〔ac〕＝51：24：24：1

〈解説〉1　DNA量は，S期で母細胞の2倍になり，第一分裂の終期に母細胞の量に戻り，第二分裂の終期に母細胞の半分の量になる。　2　解答参照。　3　劣性のホモを掛け合わせた結果の表現型から，検定交雑をした個体が形成した配偶子の遺伝子型とその分離比が分かる。　4　問題条件より，遺伝子AとD(aとd)，BとD(bとd)はそれぞれ別の染色体上にあり(独立)，AB(ab)は連鎖していると考えられる。AB(ab)間で組換えが起こらなかった場合と起こった場合の2種類を書けばよい。　5　(1)　個体αの遺伝子型はAABBCCであるから，できる配偶子はABCのみで1種類である。Ｆ₁の遺伝子型はAaBbCcだから，できる配偶子は2^3＝8種類。　(2)　遺伝子型がAAccとaaCCの個体を交配すると，次代の遺伝子型はAaCcである。この個体同士の交配を考えるとき，組換えが起こらなければ，Aとc，aとCが連鎖しているから，できる配偶子の遺伝子型の分離比はAc：aC＝1：1である。しかし，ABCの検定交雑の結果の表より，配偶子の遺伝子型の分離比がAC：Ac：aC：ac＝403：97：103：398≒4：1：1：4となることから，AC(ac)間で組み換えが起こっており，その組み換え価は20％である。よって，AaCcからできる配偶子の遺伝子型の分離比は，AC：Ac：aC：ac＝1：4：4：1となる。次表より，〔AC〕：〔Ac〕：〔aC〕：〔ac〕＝51：24：24：1となる。

	1AC	4Ac	4aC	1ac
1AC	1〔AC〕	4〔AC〕	4〔AC〕	1〔AC〕
4Ac	4〔AC〕	16〔Ac〕	16〔AC〕	4〔Ac〕
4aC	4〔AC〕	16〔AC〕	16〔aC〕	4〔aC〕
1ac	1〔AC〕	4〔Ac〕	4〔aC〕	1〔ac〕

【2】1　(1)　$N = n_c \times \dfrac{C}{B} + n_{A-c} \times \dfrac{(A-C)}{B}$　　(2)　動かないかあまり移動しないこと　　2　(a)　(ア)，(イ)　　(b)　(ウ)，(オ)　　(c)，(エ)，(カ)　　3　(1)　記号…②　　理由…縄張りから得られる利益と縄張りの維持に要する労力の差が最も大きくなるため。　　(2)　(a)　4　血縁度が母娘間は$\dfrac{1}{2}$，姉妹間は$\dfrac{3}{4}$，姉弟間は$\dfrac{1}{4}$であるため，妹の世話をすることは，自ら繁殖して子を増やしたり，弟の世話をしたりするよりも，自己と同じ遺伝子をもつ個体をふやすことができるという利点。5　記号…イ　　理由…$P = \dfrac{r}{a}$の横線は，被食者が増えも減りもしない$\dfrac{dN}{dt} = 0$であり，この横線をはさんだ下では捕食者の個体数は少なく，被食者の個体数は増加する。横線をはさんだ上では捕食者の個体数は多く，被食者の個体数は減少する。$N = \dfrac{q}{fa}$の縦線は，捕食者が増えも減りもしない$\dfrac{dP}{dt} = 0$であり，この縦線をはさんだ右では被食者の個体数が多く，捕食者は増加する。縦線をはさんだ左では被食者の個体数が少なく，捕食者の個体数は減少する。そのため，被食者と捕食者の個体群の大きさの変化を示す数理モデルは反時計回りとなる。

〈解説〉1　(1)　個体群の大きさとは総個体数のことである。　　(2)　生物が区画内から移動しないことを前提とするから，植物のような動きのないものや，動きの遅い動物の調査に向く。　　2　一般に，晩死型は哺乳類のように生まれる数は少ないが親が面倒を見て育てるもの，平均型は鳥類・ハ虫類で死亡率は生涯ほぼ一定，早死型は魚類のように産卵数が多く子育てをしない生物である。ミツバチは巣の中で成虫になるまで育てられるので晩死型となる。　　3　(1)　解答参照。

(2)　縄張りの維持に要する労力は，個体群密度が増加すると，縄張り

への侵入者が多くなるため，大きくなる。　**4**　血縁度とは，個体同士が遺伝的に共通している割合である。母から見た娘の血縁度は，自分の2本の染色体から1本が選ばれるので$\frac{1}{2}$，父から見た娘の血縁度は，自分の染色体がすべて引き継がれているので1，娘から見た両親の血縁度は，それぞれ染色体を1本ずつもらっているから$\frac{1}{2}$である。姉妹間の血縁度は，(姉と父親の血縁度)×(父と妹の血縁度)＋(姉と母の血縁度)×(母と妹の血縁度)＝$\frac{1}{2}×1+\frac{1}{2}×\frac{1}{2}=\frac{3}{4}$，姉弟間の血縁度は，(姉と母の血縁度)×(母と弟の血縁度)＝$\frac{1}{2}×\frac{1}{2}=\frac{1}{4}$と計算される。なお，このように遺伝子の生存率を高めるという観点から個体の行動を説明することを利己的遺伝子論という。　**5**　ロトカ・ヴォルテラの式において，$\frac{dN}{dt}=rN-aNP=0$，$\frac{dP}{dt}=faNP-qP=0$のとき，それぞれ，$P=\frac{r}{a}$，$N=\frac{q}{fa}$となる。式$P=\frac{r}{a}$は，図中の横の点線，$N=\frac{q}{fa}$は縦の点線である。

【地学】

【**1**】**1** (1)　京都の東側には堆積岩が分布していたが，そこに地下からマグマが貫入してきて，そこにあった堆積岩をとかし込み，周辺の地層には熱の影響で変成作用を与えた。マグマは冷えて花こう岩になり，その周囲は熱変成を受けてホルンフェルスになった。その後，地殻変動で山地となり，風化侵食が始まった。花こう岩は風化しやすいため，その部分だけが周囲より低くなった。一方，ホルンフェルスは硬く風化に強いため高い峰となった。　(2)　プレートが沈み込む境界では，地球表層で冷却された海のプレートが高温のマントル内に沈み込み，沈み込み境界深部にもち込まれた火成岩や堆積岩はしだいに高い圧力を受けるが，周囲のマントルに比べてその温度はそれほど高くならない。一方，より陸側の地下では火成活動がおきてマグマが大量に陥入し，その周囲は温度が高くなるため。　**2**　イ　**3**　名称…多形(同質異像)　　高圧の条件下で変成を受けた変成帯…Y　　理由…X変成帯の紅柱石から藍晶石に移る圧力は，約$4×10^8$Pa以下であり，Y変成帯

の珪線石から藍晶石に移る圧力は，約$4×10^8$Pa以上なので，Y変成帯のほうが高圧で変成を受けたと考えられる。　4　大陸プレート同士が衝突して，一方のプレートが他方のプレートの下に入り込み，海洋でつくられた地層や岩石の一部と共に大陸プレートが重なり合って隆起し，大山脈が形成されたと考えられる。

〈解説〉1　(1)(2)　解答参照。　2　変成岩から直接火成岩になることはなく，マグマを経て火成岩になるので，アとウは誤り。また，堆積物から直接変成岩になることはなく，堆積岩を経て変成岩になるので，エも誤り。　3　解答参照。　4　大山脈は2つの陸のプレートが，互いに近づく境界でできる。2つのプレートは密度の小さい大陸地殻を含むため，地球内部に沈み込むことができない。このため大陸同士が衝突し，隆起して山脈を形成する。

【2】1　(1)　転向力(コリオリの力)　　(2)　地球の地軸が360°自転すると，北緯49°のパリに置かれた振り子は地軸に対して，360°×sin49°回転する。したがって，振り子の振動面が360°回転するのにかかる時間は，24時間×$\dfrac{360°}{360°×\sin49°}$＝32時間となる。　　2　(1)　・天の赤道に対して，黄道面が傾いているため。　　・地球の公転軌道が楕円で，公転速度が変化するため。

(2)

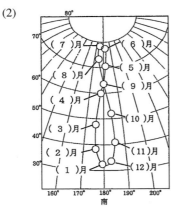

(3)　①　A　　②　C　　③　D　　④　B　　3　(1)　西暦2100年
(2)　1年が365.2564日の場合，4年に1回うるう年を設定すると，1年に
つき365.2564－365.25＝0.0064日のずれを生じて，実際の1年よりも短
くなる。このずれが蓄積して1日分になるには，1÷0.0064＝156.25年
かかる。これはおよそ300年で2日のずれであるから，4年に1回の設定
では300年に75回の設定となるうるう年の回数を，さらに2回増やして
77回とすればよい。

〈解説〉1　(1)　地球の自転のため，北半球では地面や方位が反時計回り
に回転している。地球上の人間から見れば，逆に振り子があたかも力
を受け，振動面が時計まわりに回転するように見える。　　(2)　解答参
照。　　2　(1)　実際の太陽が南中する周期をもとにした時刻系を，視
太陽時という。この周期は，地球の公転速度が一定でないこと，太陽
の1日あたりの自転方向の移動量が季節によって異なることから，年
間を通して一定ではない。このため，天の赤道上を等速で動く仮想の
太陽(平均太陽)をもとに，時刻が決められている。　　(2)　太陽の南中
高度が最も高くなるのは夏至(6月21日ごろ)，最も低くなるのは冬至
(12月22日ごろ)である。また　均時差＝視太陽時－平均太陽時　なの
で，均時差が正の時，正午の太陽は南中を過ぎている。これらのこと
から判断する。なお地平座標の方位は一般には南点を基準に右回りに
測るが，この図のように北を起点とする方法など，表記法にいくつか
あることに留意すること。　　(3)　緯度が大きくなると太陽の南中高度
が低くなること，および東にある地点ほど南中時刻が早いことから判
断する。　　3　(1)　解答参照。　　(2)　解答参照。なお，300年に2回増
やすところを，さらに正確に2500年に16回などとしてもよい。

●書籍内容の訂正等について

　弊社では教員採用試験対策シリーズ（参考書，過去問，全国まるごと過去問題集），公務員試験対策シリーズ，公立幼稚園・保育士試験対策シリーズ，会社別就職試験対策シリーズについて，正誤表をホームページ（https://www.kyodo-s.jp）に掲載いたします。内容に訂正等，疑問点がございましたら，まずホームページをご確認ください。もし，正誤表に掲載されていない訂正等，疑問点がございましたら，下記項目をご記入の上，以下の送付先までお送りいただくようお願いいたします。

> ① **書籍名，都道府県（学校）名，年度**
> 　（例：教員採用試験過去問シリーズ　小学校教諭 過去問　2025年度版）
> ② **ページ数**（書籍に記載されているページ数をご記入ください。）
> ③ **訂正等，疑問点**（内容は具体的にご記入ください。）
> 　（例：問題文では"ア～オの中から選べ"とあるが，選択肢はエまでしかない）

〔ご注意〕

○ 電話での質問や相談等につきましては，受付けておりません。ご注意ください。

○ 正誤表の更新は適宜行います。

○ いただいた疑問点につきましては，当社編集制作部で検討の上，正誤表への反映を決定させていただきます（個別回答は，原則行いませんのであしからずご了承ください）。

●情報提供のお願い

　協同教育研究会では，これから教員採用試験を受験される方々に，より正確な問題を，より多くご提供できるよう情報の収集を行っております。つきましては，教員採用試験に関する次の項目の情報を，以下の送付先までお送りいただけますと幸いでございます。お送りいただきました方には謝礼を差し上げます。

（情報量があまりに少ない場合は，謝礼をご用意できかねる場合があります）。

◆あなたの受験された面接試験，論作文試験の実施方法や質問内容

◆教員採用試験の受験体験記

- -

送付先	○電子メール：edit@kyodo-s.jp
	○FAX：03-3233-1233（協同出版株式会社　編集制作部 行）
	○郵送：〒101-0054　東京都千代田区神田錦町2-5
	協同出版株式会社　編集制作部 行
	○HP：https://kyodo-s.jp/provision（右記のQRコードからもアクセスできます）

　※謝礼をお送りする関係から，いずれの方法でお送りいただく際にも，「お名前」「ご住所」は，必ず明記いただきますよう，よろしくお願い申し上げます。

教員採用試験「過去問」シリーズ

広島県・広島市の
理科 過去問

編　集	Ⓒ 協同教育研究会
発　行	令和5年12月25日
発行者	小貫　輝雄
発行所	協同出版株式会社
	〒101-0054　東京都千代田区神田錦町2 - 5
	電話　03－3295－1341
	振替　東京00190－4－94061
印刷所	協同出版・POD工場

落丁・乱丁はお取り替えいたします。